JOHN WAYNE

Seine Filme – sein Leben

von GEORGE CARPOZI

WILHELM HEYNE VERLAG
MÜNCHEN

HEYNE-BUCH Nr. 32/71
im Wilhelm Heyne Verlag, München

Titel der amerikanischen Originalausgabe:

THE JOHN WAYNE STORY

Deutsche Übersetzung: Dr. Burkhard Busse
Redaktion der erweiterten Auflage:
G. Binder und P. Kraus-Kautzky
Bearbeitung der erweiterten Neuausgabe: Gregor Ball

3. Auflage

Inhalt

1. »Das müssen wir begießen«

Es war im Jahr 1966, während der alljährlichen Verleihung des *Photoplay Magazine Award,* im Hotel Manhattan, als die Herausgeberin der Zeitschrift, Mary Fiore, zu mir sagte: »Ich möchte, daß Sie sich mit John Wayne verabreden. Versuchen Sie, alles über sein Leben zu erfahren.«
Ich war knapp einen Meter und achtzig groß und hatte seine gebundene Krawatte in Augenhöhe. Als ich zu seinem Gesicht hochblickte, erwartete ich ein Grinsen. Aber es war so, als ob das Empire State Building auf mich heruntersah.
»Ich freue mich, Sie zu treffen, George«, sagte Wayne zur Begrüßung und gab mir die Hand. Er drückte dabei so fest zu, daß mir für einen Augenblick die Luft wegblieb. Lässig hielt er in der Linken ein Glas Scotch on the rocks, nippte kurz daran und fragte mich nach einer Weile, was ich sonst alles tat, wenn ich nicht Beiträge für das Magazin *Photoplay* schrieb.
»Ich bin außerdem Reporter für die *New York Post*«, erwiderte ich. Daß ich bis vor kurzer Zeit in der Tretmühle des *New York Journal-American* gewesen war, verschwieg ich ihm.
»Für welche Zeitung arbeiten Sie denn noch?« fragte John Wayne schlechtgelaunt und verzog das Gesicht wie Sergeant Stryker, der seiner Truppe Anweisungen gab, das Ufer zu erobern. Diese Figur spielte Wayne in dem Film *Sands of Iwo Jima* (›Du warst unser Kamerad‹, ›Todeskommando‹, 1950).
Aber es hatte bestimmt keinen Sinn, wenn ich ihm erklärte, warum ich für die *New York Post* arbeitete. Dieses Blatt war nicht nur die auflagenstärkste Abendzeitung in Amerika, sondern auch die älteste Zeitung im Land, die kontinuierlich erschien. Hätte ich ihm das erklärt, wäre ich mit Sicherheit bei Wayne auf taube Ohren gestoßen.
John Wayne gestikulierte wild mit den Händen und bestieg ein behelfsmäßiges Rednerpult in der Mitte der Persönlichkeiten, die in Manhattans Playbill Bar versammelt waren.
»Die *New York Post* ist ein verdammtes linksorientiertes Käseblatt für Salonbolschewisten«, rief er wütend aus. »Jeder, der sich mit dieser schäbigen Zeitung beschäftigt, muß ein Vollidiot sein. Ich habe einfach keine Zeit, um mich mit jemandem zu be-

schäftigen, der für dieses schwachsinnige Blatt schreibt.« Dann zeigte er auf mich und schrie: »Ich könnte Ihnen überhaupt nicht trauen, weil Sie für dieses Boulevardblatt schreiben. Sie sind ein hoffnungsloser Fall, wenn Sie bei der *Post* arbeiten.« Dann stieg er von dem Rednerpult herunter, kam auf mich zu und packte mich am Hemd. Er schüttelte mich einige Male hin und her, und mir war noch immer nicht klar, ob er das Ganze im Spaß oder Ernst meinte.

»Ich werde jetzt weggehen«, sagte Wayne und trank hastig einen Schluck aus seinem Whiskyglas. »Und ich wünsche nicht, daß Sie wiederkommen.«

Er schüttelte mich noch einmal kräftig hin und her, löste dann seinen Griff und drehte sich um. Danach ging er geradewegs zur Bar und stellte sein Glas auf die Theke.

Mary Fiore, die den Vorfall mitangesehen hatte, brach in schallendes Gelächter aus. »Er ist nicht sauer auf Sie, George«, sagte sie zu mir und lachte noch immer. »Aber er kann nun einmal die *New York Post* nicht leiden.«

»Das beruhigt mich ungemein«, erwiderte ich bissig. »Aber erzählen Sie das lieber meinem geschundenen Körper, damit der Schmerz nachläßt.«

Die nächsten Stunden verbrachte ich an dem Tisch, der für *Photoplay* reserviert war, und unterhielt mich mit anderen Persönlichkeiten aus Hollywood.

Es war schon lange nach Mitternacht, als John Wayne schließlich an unseren Tisch kam. In der Zeit, die inzwischen vergangen war, war Wayne mehrere Male an mir vorbeigegangen und hatte mich jedesmal angestarrt, während er irgend etwas vor sich hingemurmelt hatte. Und immer hatte er dabei ein Whiskyglas in einer Hand gehalten. Jetzt legte er den Arm um meine Schultern, packte mich plötzlich am Jackett und riß mich von meinem Stuhl hoch.

»Sie sind auf dem falschen Dampfer«, sagte ich ärgerlich. »Die Schlußszene im Saloon findet nicht vor morgen früh statt.«

»Regen Sie sich nicht auf«, bemerkte Wayne grinsend. »Ich habe überhaupt nichts gegen Sie.« Mit einem heftigen Ruck drückte er mich an seine breite Brust, daß mir fast die Luft wegblieb. Dann ließ er mich wieder los und setzte sein Whiskyglas an meine Lippen. »Trinken Sie erst mal einen Schluck«, sagte Wayne erheitert. »Dann beruhigen Sie sich wieder.«

Während der Whisky durch meine Kehle rann, hörte ich erneut seine Stimme. »Soll ich Ihnen etwas sagen? Ich habe wirklich nichts gegen Ihre Person einzuwenden. Es ist eben nur das verdammte Blatt, für das Sie schreiben.«

Dann schüttelte er mir die Hand. »Wir sind Freunde, nicht wahr?« fragte er.

»Einverstanden«, gab ich zurück, und meine Stimme klang wie die eines Westentaschenhelden.

Wieder legte Wayne seinen Arm um meine Schultern. Aber diesesmal fühlte es sich nicht so hart an. »Das müssen wir begießen«, sagte er und zog mich zur Bar. »Ich werde Ihnen erst mal einen Drink spendieren.«

Menschen, die die Szene zwischen Wayne und mir mitangesehen hatten, oder andere Leute, die darüber erfahren hatten, fragten mich immer wieder, wieso ich eine Biographie über ihn schreiben und so einen weiteren Mosaikstein zu der Legende von John Wayne setzen wollte.

»Warum nehmen Sie sich nicht einen anderen Leinwandstar vor?« wurde ich gefragt. »Eine Persönlichkeit, die Sie und das Blatt, für das Sie schreiben, mehr achtet und respektiert?«

Meine Antwort darauf ist einfach. Ich konnte ihm an dem Abend, als er mich so grob behandelte, nicht meine Faust ins Gesicht schlagen, weil er zu kräftig war. Daher habe ich diesen Weg gewählt, um ihm die Sache in der Playbill Bar heimzuzahlen.

Ich habe diese Biographie geschrieben, damit alle Welt sehen kann, wer John Wayne in Wirklichkeit ist. Verfaßt ist sie in der Sprache eines Zeitungsreporters, den alles über diesen Mann aus Iowa interessierte. Und ich wollte wissen, warum der Held zahlloser Faustkämpfe die Kinokassen füllte, wer der Mann ist, der zwei Generationen von Kinogängern begeistern konnte, und der noch heute zu den Filmgrößen Hollywoods gehört.

Ich hoffe, daß dieses Buch ihn so durcheinanderbringen wird, wie er mich an dem Abend in der Bar durchschüttelte. Viele meiner Leser kennen den Stil, in dem ich die Biographien über Brigitte Bardot, Marilyn Monroe, Clark Gable, Vince Edwards, Jacqueline Kennedy, Gary Cooper und Johnny Cash geschrieben habe. Ich habe in all diesen Büchern die Persönlichkeiten schonungslos dargestellt und sie in all ihren Schwächen und auch Größen gezeigt. Denn mein oberster Grundsatz lautet, nach der Wahrheit zu suchen.

Dies also ist die Geschichte von John Wayne. Vieles, was ich niedergeschrieben habe, stammt aus seinem eigenen Mund. Andere Dinge und Ereignisse wurden mir von Menschen berichtet, die ihm sehr nahestehen und ihn genau kennen. Und aus allem, was ich erfahren, gehört und gesehen habe, entstand dieses Buch.

Notwendige Anmerkung: Dieses Vorwort wurde ebenso wie das Buch 1972, also mehrere Jahre vor dem Tod John Waynes von George Carpozi geschrieben.

2. Auf der Farm

Dreißig Meilen außerhalb von Des Moines gibt es eine kleine Stadt in Iowa, die Winterset heißt. Für die meisten Menschen ist dieser Name genauso vertraut wie Cadiz in Ohio. Beide Städte nehmen für sich den Ruhm in Anspruch, der Filmwelt den männlichsten Darsteller geschenkt zu haben, den dieses Land jemals besessen hat. Der Beitrag von Cadiz ist Clark Gable. Und der von Winterset ist Marion Michael Morrison.

»Wer ist das denn?« werden Sie bestimmt fragen.

Als John Wayne diesen Namen viele Jahre später ablegte, war es ein schwerwiegender Entschluß für ihn. Denn seine Eltern hatten diesen Namen auf seine Geburtsurkunde gesetzt, die am 26. Mai 1907 ausgestellt worden war. Damals hatte er noch nicht diese lederne Haut, aber seine Augen waren schon so blau wie heute, und sein Blick war der eines freundlichen und traurigen Hundes.

Wayne war sich nie ganz sicher, ob dieser Vergleich mit dem Hundeblick als Kompliment zu verstehen ist. Andererseits hat es ihn nicht weiter beunruhigt, weil er ein Hundenarr ist.

»Wenn Sie die Wahrheit wissen wollen«, sagte Wayne zu mir, »dann glaube ich, daß ich nicht direkt häßlich bin. Aber ich kann mir nicht vorstellen, daß ich irgendeinen Schönheitspreis gewinnen würde. Mein Vater sah als Baby und auch später als Erwachsener wesentlich besser aus als ich heute.«

Clyde Morrison war von schottischer Abstammung und fast so kräftig wie Wayne später. Er hatte sich um die Jahrhundertwende in Winterset niedergelassen und dort einen Drugstore eröffnet.

Waynes Vater war ein staatlich geprüfter Apotheker, aber er tat immer mehr, als nur Arzneimittel herzustellen. Er war bei allen Leuten der Umgebung als ›Doc‹ bekannt und gab Ratschläge zu vielen Problemen, die ihm von vielen Menschen angetragen wurden.

»Er gab seinen Kunden die eigene selbstgestrickte Philosophie, zusammen mit den Anweisungen für die Rezepte, die sie ihm brachten«, erklärte Wayne. »Außerdem ließ er sich die Arzneien häufig nicht bezahlen, wenn er wußte, daß jemand in Geldschwierigkeiten war.«

Wayne beschrieb seinen Vater als den »freundlichsten und geduldigsten Mann«, dem er in seinem ganzen Leben begegnet ist. Der ältere Morrison habe niemals einen hinterlistigen Gedanken gehabt und sei weder zu seinem Sohn noch zu jemand anderem unfreundlich oder grob gewesen. Auch hat er den jungen Marion nie bevormundet. Dennoch gab er ihm drei eiserne Regeln für sein Leben mit, die direkt von den Lippen Davy Crokketts stammen könnten:

1. Halte immer dein gegebenes Versprechen.
2. Ein Gentleman beleidigt niemanden absichtlich.
3. Suche keinen Streit. Aber wenn du in einen Kampf verwikkelt bist, muß du unbedingt versuchen, ihn zu gewinnen.

Trotzdem stelle ich fest, daß Wayne an dem Abend, als ich ihn wegen seiner Biographie ansprach,

1. kein Gentleman war,
2. mich absichtlich beleidigte.

Und ich habe nicht den geringsten Zweifel, daß er sich auch nicht immer an die dritte Regel hielt, die ihm sein Vater mit auf den Lebensweg gab.

Marion Michaels Mutter, Mary Margaret Brown, war das genaue Gegenteil ihres Mannes. Sie stammte von wetterfesten Iren ab und war, wie Wayne es selbst beschrieb, »ein schmales, lebenslustiges, rothaariges Energiebündel.«

»Ich glaube, ich habe meine Größe von einem Meter dreiundneunzig von den Vorfahren meiner Mutter geerbt«, erklärte mir Wayne. »Ihr Vater war knapp unter einem Meter neunzig. Ich habe deshalb auch nie verstanden, warum Ma nicht größer war.«

Die Erinnerungen an die Tage in Winterset sind undeutlich und verschwommen, weil Marion Michael Morrison nur die ersten sechs Lebensjahre in diesem Ort verbrachte. Daher kann er lediglich ein paar Ereignisse erzählen, die ihn damals besonders beeindruckt haben.

»Ich weiß noch genau, wie ich öfter mit Pferden ausgeritten bin, oder wie wir als Kinder Football gespielt haben.« Gedankenverloren fügte er hinzu: »Verdammt noch mal, wie gerne habe ich damals Football gespielt. Ich könnte heute jederzeit wieder spielen.«

Eine Erfahrung jedoch machte Marion Michael in Winterset, die er niemals vergessen wird. Es geschah in der Zeit, als sein Bruder Robert im Jahre 1910 erst wenige Tage auf der Welt war.

»Ich wollte natürlich unbedingt den kleinen Bobby sehen. Also zog ich mir leise die Schuhe aus und stellte sie vorsichtig auf den Teppich vor seinem kleinen Bett. Unglücklicherweise stieß ich dabei heftig gegen den Metallfuß seines Bettes. Im gleichen Augenblick sprühten Funken los, weil ich elektrostatisch aufgeladen war. Das wußte ich damals natürlich nicht, sondern ich glaubte, ein Wunder des Universums entdeckt zu haben. Leider war ich mir damals noch nicht der Tatsache bewußt, daß Benjamin Franklin mich mit seiner Entdeckung um mindestens 150 Jahre geschlagen hatte.«

Die Sommer in Winterset waren schön, und die saubere, klare Luft war gut für die Gesundheit der Menschen. Aber nicht für Clyde Morrison. Und wenn die Winter kamen, konnte Doc kaum die kalte, dunstige Luft einatmen, die in seinen Lungen wie mit tausend, spitzen Nadeln stach.

Der Hausarzt, den die Familie so selten aufgesucht hatte, gab Clyde Morrison folgenden Rat: »Clyde, deine Lungen sind in einem sehr schlechten Zustand. Und du wirst hier in unserem Klima von dem Blutandrang in deinen Lungen kaum geheilt werden. Ich möchte nicht sehen, wie du hier in Winterset an der Schwindsucht zugrunde gehst. Von ärztlicher Seite kann ich dir daher nur einen Ratschlag geben: Geh weiter nach Westen. Ich hoffe sehr, daß du meine Worte ernst nimmst.«

»Ich kann mich noch gut daran erinnern, wie mein Vater in den nächsten Tagen litt«, sagte Wayne mit ernstem Gesicht. »Aber er wurde immer wieder von schweren Hustenanfällen geschüttelt, und stets fühlte er sich erschöpft. Morgens mußte er sich in seinen Drugstore schleppen, und spät am Abend verließ er ihn, um mit schlurfenden Schritten nach Hause zu gehen. Und dann hatte er kaum noch die Kraft, um zu seinem Bett zu gelangen.«

Eines Tages, als er zwischen einer Reihe von Hustenanfällen kaum noch atmen konnte, sagte er zu seiner Frau: »Molly, ich gehe nach Kalifornien und suche eine neue Heimat für uns. Ich kann es hier beim besten Willen nicht mehr aushalten.«

Morrison verkaufte seinen Drugstore »für einen Apfel und ein Ei« und fuhr nach Südkalifornien, um für sich und seine Familie eine neue Bleibe zu suchen. Sechs Monate danach kam er wieder nach Winterset und erklärte seiner Frau und den beiden Kindern, was er in der Zeit vorher unzählige Male in Briefen geschrieben hatte. Jede Einzelheit der neuen Heimat wurde in den schillerndsten Farben ausgemalt.

»Ich habe eine Farm von achtzig Morgen gekauft und ein großes Haus darauf gebaut«, sagte er seiner Familie, und Marion und Bob tanzten vor Freude im Wohnzimmer herum.

»Wir werden bald auf einer richtigen Farm leben!« schrie Marion immer wieder. »Wir können dann auf unseren eigenen Pferden reiten und Cowboy und Indianer spielen.«

Als die Familie auf der ›Farm‹ in der Nähe von Palmdale am Rande der öden Mojave-Wüste ankam, waren Mary Morrison und die Kinder der Meinung, daß das ›Farmhaus‹, das Clyde Morrison gebaut hatte, eher einer kleinen Hütte in der Wildnis glich. Auf dem kargen Boden wuchsen nur Kakteen und Salbei, und an Tieren gab es nur Klapperschlangen und Kaninchen.

Für die Morrisons waren die Schlangen und die Kaninchen gleichermaßen Feinde. Wie Wayne erklärte, waren sie »schmarotzende Siedler, die sich auf unserem Gebiet niedergelassen hatten und versuchten, uns an der Aufzucht von Mais zu hindern. Daher sind wir mit Gewehren auf unserem Gelände umhergelaufen und haben sie reihenweise abgeschossen.«

Zu dieser Zeit war Bob noch zu klein, um eine echte Hilfe auf der Farm zu sein. Aber Marion konnte seinem Vater schon gut zur Hand gehen. Er wich nicht von der Seite des alten Morrison und rodete das Land von den Kakteen und Salbeipflanzen, schoß mit ihm Klapperschlangen und Kaninchen, um das Land für die Bepflanzung von Mais nutzbar zu machen. Regenfälle waren in dem Gebiet um Palmdale eine Seltenheit. Aber glücklicherweise brauchten die Morrisons auf ihrem Land nicht sehr tief zu graben, um auf Grundwasser zu stoßen. Mit einer gut arbeitenden Pumpe hatten sie bald eine Bewässerungsanlage installiert und konnten ihr Land reichlich mit dem nötigen Wasser versorgen.

Am ertragsreichsten war in dem Gebiet um Palmdale die Nutzung des Bodens mit der Alfapflanze. Aber das war nichts für Morrison. Er kam aus Iowa und wollte auf diesem Boden unbedingt Mais ernten.

»Dad baute auf vierzig Morgen seiner Farm Mais an«, erinnerte sich Wayne. »Es war das einzige, was er tun konnte, weil er sich zur Erntezeit nicht diese teuren landwirtschaftlichen Maschinen leisten konnte, die für die üblichen Getreidesorten notwendig waren.«

»Und wie hat er dann die Ernte eingebracht?« wurde Wayne daraufhin gefragt.

*So lieben ihn Fans noch heute: John Wayne als Reiter für Recht und Ord-
nung.*

»Ich habe mehr Maiskolben mit meinen eigenen Händen ge-
pflückt, als es jemals ein Kind auf dieser Welt getan hat«, erwiderte Wayne. »Die vielen Schwielen auf meiner Haut sind bestimmt noch aus dieser Zeit. Aber auch mein Vater hat seinen
Teil zur Ernte geleistet.«

Es kamen sehr schwierige Zeiten für die Familie Morrison.

»Es war ein hartes Leben, und wir lebten zeitweise am Rande
des Existenzminimums«, fuhr Wayne fort. »Wir aßen Kartof-
feln und Bohnen in jeder nur möglichen Form. Und wenn wir
einmal etwas anderes zu essen bekamen, war das eine wunderbare Sache.«

Wayne erinnerte sich lebhaft an einen Weihnachtsabend, als es
etwas ganz Besonderes gab: heiße Würstchen mit gedünsteten
Bohnen.

»Wir setzten uns an den Tisch und warteten auf Dad, der noch
nicht nach Hause gekommen war. In der Mitte des Tisches stand
die große Schüssel mit den heißen Würstchen. Und während wir
auf meinen Vater warteten, gab es ein schabendes Geräusch am
Fenster. Ich stand sofort auf und öffnete die Eingangstür, um
nachzusehen, wer vor unserem Haus war. Und dann sah ich
plötzlich neben dem Fenster einen weißen Schatten.«

Wayne machte eine kurze Pause und blickte in die Runde. Dann
fuhr er mit ernstem Gesicht fort: »Ich sagte zu mir selber, daß es
sich nur um einen Geist handeln konnte. Also rannte ich, so
schnell ich konnte, in das Wohnzimmer zurück, packte die
Schüssel mit den Würstchen und stellte sie an das Fenster zu
dem weihnachtlichen Geist. Aber plötzlich packte mich die
Angst, und ich warf dem Geist den Deckel der Schüssel an den
Kopf.« Auf diese Weise verhalf er seinem einfallsreichen Vater
zu einer Beule am Kopf und beschmutzte das wertvolle weiße
Laken, das sein Vater sich an dem Weihnachtsabend übergezo-
gen hatte, um die Kinder zu erschrecken.

Beim Weglaufen in das Haus fiel der kleine Morrison über die
Schüssel mit den Würstchen und zertrat somit ihr Abendessen.
Es wurden nicht viele Worte über diesen Vorfall verloren. Aber
es gab wieder ein Essen wie alle Tage.

Das Leben auf der Farm bescherte dem jungen Marion Michael
das erste sensationelle Erlebnis, an das er sich selbst noch erinnern kann. Es bestand darin, daß er ein Pferd ganz allein reiten
durfte. Und das nicht nur auf dem Gelände auf der Farm, sondern auch in der näheren Umgebung.

»Unser Pferd hieß Jenny«, erklärte Wayne, und sein Gesicht verzog sich zu einem breiten Grinsen. »Und wenn ich dem Tier gegenüber so freundlich sein soll, wie ich kann, würde ich bestenfalls sagen, daß sie eine ausgebrannte, erschöpfte braune Mähre war. Aber ich liebte Jenny mehr als alles andere auf der Welt.«

Die nächstgelegene Grundschule für Marion war in Lancaster, einer Stadt, die acht Meilen von der Morrison-Farm entfernt lag. Da die Strecke für einen Fußmarsch zu weit war, mußte Jenny als ›Schulbus‹ herhalten. Marion Michael ritt Jenny an jedem Wochentag bis vor das Schulgebäude und wieder zurück zur Farm. Und zweimal in der Woche mußte er zu dem großen Warenhaus von Lancaster, um Lebensmittel und Haushaltsgeräte mit seinen Schulbüchern auf den Rücken von Jenny zu laden.

Jenny zu satteln und zu reiten war für Marion Michael keine Schwierigkeit, weil er schon von Iowa her wußte, wie man mit Pferden umgehen mußte. »Das Reiten von Pferden war mir inzwischen so selbstverständlich geworden wie Atmen«, sagte Wayne mit einem gewissen Stolz. Aber er hatte früher in Iowa niemals auf dem Rücken eines Pferdes Cowboy spielen können, wie er es mit Jenny tat. Schließlich war er jetzt schon sieben Jahre alt.

Der Weg von der Schule zur Farm führte über unbefestigte Straßen, die vor Dreck und Staub strotzten und mit rötlichen Felsen übersät waren. Aber diese Gegend war wie geschaffen, um den täglichen Ausritten eines Knaben den fantasievollen Anstrich zu geben.

»Wenn ich spät am Nachmittag nach Hause ritt, manchmal mit den Lebensmitteln auf dem Rücken des Pferdes und meinen Schulbüchern auf der Schulter, kam ich immer an einer Stelle des Weges zu einem Punkt, wo der Pfad einen scharfen Knick um einen riesigen Felsbrocken machte. Und jedesmal dachte ich, daß dahinter Verbrecher in einem Versteck lagen und nur darauf warteten, bis ich auftauchte.«

Wayne trank einen Schluck Whisky, stellte das Glas auf den Tisch und fuhr dann fort: »Manchmal habe ich mich auch zu Tode erschrocken, weil ich mir einbildete, daß neben dem Felsen eine Leiche lag. Dann habe ich immer meine Fersen in die Flanken von Jenny gestoßen, und wir beide sind wie die Wilden ins Tal geritten. Natürlich gab es diese Verbrecher und die Leichen niemals in Wirklichkeit. Aber ich habe es mir so intensiv vorgestellt, daß ich glaubte, sie existierten tatsächlich. Die einzigen Lebewesen, denen ich an dem unheimlichen Ort wirklich begegnete, waren ein paar Klapperschlangen und hin und wieder einige Kaninchen, die meinen Weg kreuzten.«

Als Marion Michael Morrison tatsächlich Verbrechern hinter einem Felsvorsprung begegnete, waren zwanzig Jahre vergangen.

Wayne lachte laut auf, als er weitererzählte: »Zu dieser Zeit war ich schon der Held eines Films – und ich tötete die Gesetzesbrecher immer, bevor sie mich erschießen konnten.«

Neben den vielen Schwierigkeiten, die das Leben auf der Farm mit sich brachte, und den Erfahrungen, daß sie immer wenig zu essen hatten, kannte Marion Michael noch nicht die volle Bedeutung des Leidens oder einer menschlichen Tragödie, bis er das achte Lebensjahr erreicht hatte. Dann erlebte und durchlitt er ein Ereignis, das eine seelische Wunde hinterließ, die niemals heilte. Jenny, die noch nie mit einer überschüssigen Menge an Vitalität ausgestattet war, verlor auch noch die wenige Energie, die in ihrem ausgemergelten Körper steckte. Sie nahm immer mehr ab, bis sie nur noch aus Haut und Knochen bestand.

»Je mehr Hafer ich ihr gab, um so dünner und schwächer wurde sie«, berichtete Wayne und zuckte resigniert mit den Schultern. »Die Menschen in Lancaster, die Jenny auf der Straße stehen sahen, während ich in der Schule war, dachten, ich würde das Pferd vernachlässigen – ihm zu wenig zu essen geben oder es sogar schlagen. Sie beschwerten sich bei der örtlichen Gesellschaft für Humanität, oder was für ein Verein das auch immer war, und sie schickten jemanden, der meiner Lehrerin über Jenny und mich Bescheid sagen sollte. Aber sie trat für mich ein wie meine eigene Mutter. Sie erklärte, daß niemand in der ganzen Gegend so gut zu seinem Pferd war wie ich.«

So sehr sich der junge Morrison auch um Jenny bemühte, seine Anstrengungen hatten auf die Dauer keinen Erfolg. Am Ende brachte Marion Michaels Vater das kranke Pferd zu einem Tierarzt in Lancaster, der Jenny genau untersuchte, aber auch keinen Weg wußte, wie man das Pferd retten konnte.

»Das Tier leidet sehr«, erklärte der alte Veterinär. »Und es wird bestimmt bald sterben. Man sollte Jenny von seinem Leiden erlösen.«

»Heißt das, daß wir das Pferd töten müssen?« fragte der alte Morrison.

Sie erschossen Jenny noch am selben Tag.

»Ich bin über diese Erfahrung niemals hinweggekommen«, berichtete Wayne mit brüchiger Stimme. »Jenny war ein Teil von mir, und als man sie wegbrachte, glaubte ich, daß ein Bein oder ein Arm von mir entfernt worden war.«

In den Jahren, als John Wayne schon der Held zahlreicher Westernfilme war, hatte er immer eine starke Leidenschaft für Pferde. Und in unzähligen Filmen war er der Anführer eines berittenen Bataillons.

»Wenn ich einmal gesehen habe, wie ein Bursche ein Pferd mißhandelt hat«, sagte Wayne und verzog grimmig das Gesicht, »bin ich zu ihm hingegangen und habe ihm erklärt, daß ich ihm gleich zeigen werde, wie sehr ein Tier unter einem Schlag leide. Diese Leute haben dann in meiner Gegenwart kein zweitesmal ein Pferd geschlagen.«

Durch den Tod von Jenny war Marion Michael ohne Reitgelegenheit zur Schule. Da sein Vater das Geld nicht aufbringen konnte, das ein neues Pferd kostete, mußte sich der achtjährige Marion Michael auf einen Nachbarn verlassen, der ihn auf seinem einspännigen Wagen immer mit zur Schule nahm.

»Das beendete dann meine Begegnungen mit den Verbrechern an dem Felsvorsprung«, sagte Wayne traurig.

3. Sie nannten ihn Duke

John Wayne (oder Marion Michael Morrison) wäre der erste gewesen, der seinem Vater gesagt hätte, daß er nicht zum Farmer geboren war – wenn es seine Mutter nicht schon früher getan hätte.

»Wir hatten zwei Jahre auf der Farm gearbeitet, und eine Mißernte folgte der anderen, und unsere Not wurde immer größer«, erzählte Wayne. »Meine Mutter konnte uns alle nur noch recht und schlecht ernähren, und sie hatte viele Diskussionen mit meinem Vater, weil sie die Gegend verlassen wollte. Aber er beharrte darauf, daß die Familie auf der Farm bleiben sollte. Ihre Argumente waren so gravierend, daß ich oft glaubte, ihre Ehe würde in die Brüche gehen. So warf sie ihm zum Beispiel vor, daß er für die Landwirtschaft überhaupt nicht geeignet sei. Es dauerte lange Zeit, und dann stimmte er ihr zu. Denn seine ganzen Ersparnisse waren bald zu Ende.«

Zum erstenmal in seinem Leben wurde Clyde Morrison ein Angestellter. Er bekam eine Stelle als Apotheker in Glendale, Kalifornien, einem der aufsteigenden Vororte von Los Angeles – das noch nicht so dicht bevölkert und bebaut war, wie dies heute der Fall ist. Der Drugstore, in dem er arbeitete, war nicht weit von der Louise Street entfernt, in der er ein Haus gemietet hatte. In der Nähe dieser Straße befanden sich auch die Studios der Triangle-Filmgesellschaft, die ihr ruhiges Gelände an Filmproduzenten verlieh, die häufig zwei Western an einem Tag herunterkurbelten.

Obwohl Doc Morrison immerhin dreißig Dollar die Woche verdiente, blieb am Zahltag doch kein Geld mehr übrig, um sich ein paar kleine Luxusartikel zu leisten. Alles, was übrigblieb, wenn die Miete für das Haus bezahlt und die alltäglichen Dinge gekauft waren, legte der alte Morrison für ein unbekanntes Ziel auf die hohe Kante.

Zu dieser Zeit erklärten die Eltern von Marion Michael, daß er sich selbst um Geld kümmern müßte, wenn er sich einen Extrawunsch erfüllen wollte. Wenn er neue Kleider brauche, müsse er sich das Geld dazu verdienen. Er war elf Jahre alt, als er beschloß, einen Job anzunehmen.

»Ich hatte gehört, daß der *Los Angeles Examiner* Kinder suchte, die morgens Zeitungen austrugen«, berichtete John Wayne und grinste. »Ich habe mich daraufhin bei der Zeitung beworben und den Job erhalten. In der folgenden Zeit mußte ich um vier Uhr früh aufstehen, um die Zeitungen zu verteilen. Es war eigentlich kein schlechtes Geschäft, wenn man bedenkt, daß ich immerhin sechs Dollar in der Woche für diese Tätigkeit bekam. Ich mußte lediglich ein paar Stunden am Tag vor der Schule arbeiten und hatte dann für meine damaligen Verhältnisse viel Geld in der Tasche. Das Schlimme allerdings war, daß ich auch am Samstag und Sonntag die Zeitungen austragen mußte.«

Nach zwei Jahren, in denen die Familie sehr sparsam gelebt hatte, konnte Doc Morrison sich seinen größten Wunsch erfüllen und eine eigene Apotheke eröffnen. Er hatte in der Zwischenzeit genügend Geld gespart, um sich selbständig zu machen.

Morrison richtete sich einen Drugstore in dem Jensen Building in Glendale ein, in dem auch das Glendale-Theater ansässig war. Innerhalb kürzester Zeit freundete sich der Doc mit dem Geschäftsführer des Theaters an, der Marion und seinem Bruder Bob immer Freikarten für das Kino schenkte.

»Ich habe laufend von dem Angebot Gebrauch gemacht«, berichtete Wayne. »Ich ging ungefähr vier- oder fünfmal in der Woche ins Kino. Das war viel mehr, als der Durchschnittsjunge in meinem Alter sich leisten konnte, wenn er Eintrittsgeld bezahlen mußte.«

Warum ging Marion Michael Morrison so oft ins Kino?

»Die Filme haben mich fasziniert«, erklärte er mit ernstem Gesicht. »Als *The Four Horsemen of the Apocalypse* in dem Kino gespielt wurde, sah ich mir den Film jeden Tag zweimal an. Und das während der ganzen Woche, die er in Glendale gespielt wurde.«

Douglas Fairbanks senior war der Lieblingsheld von Marion Michael.

»Ich bewunderte seine Duelle, seine Heldentaten und seine Furchtlosigkeit im Angesicht der Gefahr, vor allem aber imponierte mir sein herausforderndes Grinsen, wenn er kurz davor war, eine schöne Frau zu küssen«, gestand Wayne und lachte herzhaft.

Als Marion Michael in einem Film mitspielen sollte, hatte er seine Rolle bereits fest im Griff. Sie wohnten so nahe bei den Triangle-Studios, daß die Kinder in der Nachbarschaft alle filmbesessen waren. Sie beobachteten aufgeregt das Geschehen auf dem Filmgelände in ihrer Nähe und spielten lautstark Cowboy und Indianer, während die Akteure vor der Kamera agierten. Aber das machte in diesen Tagen nichts, weil der Tonfilm noch nicht erfunden worden war.

»Wir Kinder versammelten uns immer an den Umzäunungen und beobachteten die Helden der Filme mit offenem Mund und klopfendem Herzen.«

Was Marion Michael und seine Freunde in der Wirklichkeit der Filmszenen auf dem Gelände der Triangle-Gesellschaft vorfanden, reizte sie zu dem Versuch, es den Profis des Kinos nachzumachen. Sie eröffneten also ihr eigenes Filmstudio in der Louise Street.

»Wir hatten Darsteller, einen Regisseur und einen Kameramann«, erinnerte sich Wayne an diese längst vergangenen Tage. »Der Kameramann hatte eine Zigarrenkiste, in die er zwei leere Spulen gesteckt hatte.«

Und welche Rolle spielte Marion Michael am liebsten?

Wayne grinste. »Ich spielte immer nur den von mir bewunderten Douglas Fairbanks.«

Der junge Morrison kopierte Fairbanks jedesmal, wenn er vor die ›Kamera‹ trat.

»Einmal mußte ich in meiner Rolle aus einem Fenster springen, das im zweiten Stock eines alten Hauses lag.« Wayne hob bei dem Gedanken an diese Szene erschrocken die Hände. »Aber ich traute mich dann doch nicht und klammerte mich an dem Efeu fest, der sich an dem Mauerwerk entlangzog. Und dann bin ich wie Tarzan hin und her geschwungen, bis ich den Ast eines Apfelbaumes zu fassen bekam, den ich auch noch mit abriß.«

Marion Michael und seine Freunde spielten am liebsten die Cowboy- und Indianer-Szenen, die auch in den Filmen von Fairbanks' Abenteuern vorkamen. Und auf diese Weise drehten sie eine Reihe von Westernfilmen.

»Meine liebsten Westernhelden in dieser Zeit waren William S. Hart, Dustin Farnum, Hott Gibson und Tom Mix«, berichtete Wayne schmunzelnd. »Ich habe sie alle gespielt, aber Harry Carey lag mir am meisten, weil seine Gestalt realistisch wirkte. Viele Jahre später hatte ich das Vergnügen, mit Harry in ein paar Filmen gemeinsam zu spielen. In *Red River* (›Red River‹, ›Panik am roten Fluß‹, 1948) zum Beispiel spielte Carey den

*In seinen zahlreichen Kriegsfilmen kehrte John Wayne seine private Ein-
stellung heraus: Ein unerschrockener Patriot wie er im Buche steht.*

Mann, der meine Rinder kaufte, als ich sie nach Abilene gebracht hatte.«

In den vergangenen Jahren wurde Careys Sohn Dobie einer der engsten Freunde von John Wayne und spielte in vielen seiner Filme mit.

Während Marion Michael die schwere Bürde hatte, in den sogenannten Filmen mitzuspielen, die mit einer leeren Zigarrenkiste ›gedreht‹ wurden, hatte er gleichzeitig das verantwortungsvolle Amt, seinen kleinen Bruder Bob überallhin mitzunehmen, um auf ihn aufzupassen.

»Wo auch immer ich hinging, Bob wich keinen Schritt von meiner Seite.« Wayne seufzte bei dem Gedanken daran, daß er Babysitter für seinen Bruder gespielt hatte. »Ich war einmal zu der Geburtstagsparty eines hübschen Mädchens eingeladen. Damals war ich elf oder zwölf Jahre alt. Nachdem wir Kuchen und Eis gegessen hatten, wollten wir ein Kußspiel beginnen. Irgend jemand zeigte auf meinen kleinen Bruder und sagte, daß wir zuerst den jungen Hüpfer aus dem Zimmer bringen sollten. Ich wurde über diese Bemerkung furchtbar wütend, sprang von meinem Stuhl auf und schlug dem Jungen, der das gesagt hatte, voll ins Gesicht.«

Marion Michael wurde von der ganzen Versammlung als der Gewinner des Kampfes erklärt – aber er hatte die Schlacht trotzdem verloren.

»Die Mutter des Mädchens, bei der die Feier stattfand, warf mich kurzerhand hinaus.«

Aber das war noch nicht das Ende der Episode. Marion Michael ging nach dem Rausschmiß geradewegs nach Hause und holte sich ein Luftgewehr, das er sich von seinem Geld als Zeitungsbote verdient hatte. Dann rannte er zu der Garage, die hinter dem Haus des Mädchens lag, und kletterte auf das Dach.

Lachend erzählte Wayne, was weiterhin geschehen war. »Ich zerschoß jeden Luftballon, der in dem Raum hing, in dem die Jungen und Mädchen feierten. Dann ging ich beruhigt wieder nach Hause.«

Wayne hat dieses Ereignis vielen Interviewern im Laufe der Jahre erzählt, und er wurde immer wieder genötigt, eine Einzelheit klarzustellen: »Dies war das erste- und zugleich letztemal, daß ich versucht habe, eine Sache mit Gewalt zu regeln.«

Kommende Ereignisse werfen ihre Schatten voraus. John Wayne erzählte, daß seine filmische Laufbahn wahrscheinlich mit dem Schreibwettbewerb begann, den die Glendale Elementary School ausgeschrieben hatte.

»Es gab einen Preis für den besten Aufsatz«, berichtete Wayne. »Und der Gewinner hatte die zweifelhafte Ehre, sein Traktat bei der Schulabschlußprüfung vorlesen zu dürfen.«

Er schrieb einen Aufsatz über den Ersten Weltkrieg, in dem er die feindseligen Handlungen des deutschen Kaisers gegen Frankreich und die alliierten Mächte in aller Ausführlichkeit darlegte.

»Mir brach der Schweiß aus, als mein Lehrer mir erzählte, daß ich der glückliche Sieger war«, erzählte Wayne und erinnerte sich an den bemerkenswertesten Teil der ganzen Geschichte.

»Tagelang drillte mich mein Lehrer, diesen Aufsatz mit guter Betonung auswendig vorzutragen, damit ich ihn am Tag der Schulfeier wie im Schlaf konnte. Eine Zeile in meinem Aufsatz lautete: ›Und die schlimmste Sache, welche die Deutschen getan haben ...‹ Immer wieder ermahnte mich mein Lehrer, weil ich das Wort ›haben‹ vergaß. Und dann kam der große Tag der Feier. Ich war furchtbar aufgeregt und hoffte, daß ich diese Zeile auch richtig betonen würde. Nervös bestieg ich das Rednerpult, und als ich an die besagte Zeile kam, blickte ich meinen Lehrer direkt an und schrie laut in den Saal: ›Und die schlimmste Sache, welche die Deutschen getan h-a-b-e-n ...‹«

Danach war das Gedächtnis von Marion Michael Morrison blockiert, und er brachte kein Wort mehr hervor.

Wayne grinste bei dem Gedanken an diesen Augenblick. »Ich konnte mich danach an kein Wort meiner Rede mehr erinnern.«

Er wußte noch, wie er sich hölzern vor dem Auditorium verbeugte und dann von der Rednertribüne herunterging. Noch Jahre später, wenn er Glendale besuchte und von einem ehemaligen Mitschüler gefragt wurde, was denn das Schlimmste gewesen war, was die Deutschen vor dem Ersten Weltkrieg getan hatten, konnte sich John Wayne noch immer nicht daran erinnern.

»Ich habe an diesem Punkt eine regelrechte Gedächtnislücke«, gestand Wayne resignierend ein.

Wenig später hatte Marion Michael seinen Schulabschluß hinter sich gebracht, und niemand nannte ihn bei seinem richtigen Namen. Für die meisten Menschen hieß er einfach ›Duke‹.

Im Lauf der Jahre gab es viele Vermutungen darüber, wie John Wayne zu diesem Spitznamen kam. Eine Version besagt, daß er

die Rolle eines britischen Adligen gespielt habe – was er aber in
Wirklichkeit niemals getan hat. Andere Leute wollten wissen,
daß er von einem der ersten Häuser in England abstamme.
»Was sind das alles für blöde Geschichten«, antwortete Wayne.
»Warum will denn niemand die Wahrheit schreiben? Ich verstehe das nicht.«
Der Spitzname geht in Wirklichkeit auf eine einfache Begeben-
heit zurück. Wayne war in der achten Klasse der Hauptschule
und hatte einen großen Hund, der Duke hieß.
»Dieser Hund«, berichtete Wayne vergnügt, »war aus einem
unbekannten Grund verrückt nach einem Feuerwehrhaus.
Sooft er konnte, riß er sich von mir los und rannte zu einem der
Feuerwehrhäuser in Glendale. Wenn ich den Hund also verloren hatte, brauchte ich nur zu den Feuerwehrhäusern der Stadt
zu gehen und war dabei sicher, daß ich Duke bei einem der Häuser wiederfinden konnte. Alle Feuerwehrleute der Stadt kannten meinen Hund. Aber sie wußten meinen Namen nicht. Und
wenn ich dann zu ihnen kam, um nach dem Hund zu suchen,
nannten sie mich einfach auch Duke.«
Während des Sommers, der Marion Michaels Entlassung aus
der Schule folgte, arbeitete er in verschiedenen Jobs. In erster
Linie allerdings war er Aushilfsbote für seinen Vater. Er fuhr
die Strecke mit seinem Fahrrad ab. Dann hatte er noch einen
Nebenjob als Eisverkäufer. Und nachdem er schon in die High-
School eingetreten war, verdiente er sich noch sein Geld als
Aprikosen-Pflücker und Lastwagenfahrer.
Im Jahre 1921 traten zwei entscheidende Ereignisse ein. Marion
Michaels Eltern trennten sich, und er selbst ging in die Glendale
Union High-School. Marion und Bob blieben bei der Mutter,
aber sie durften ihren Vater sehr häufig sehen.
Als an der High School eine Footballmannschaft aufgestellt
werden sollte, war Marion Michael einer der ersten Schüler, die
sich meldeten.
»Ich war völlig verrückt nach Football«, berichtete John
Wayne. »Und ich hatte die ideale Figur für dieses Spiel. Ich war
groß und ziemlich stark und konnte jede Position in einem Team
spielen.«
Der Trainer begutachtete ihn und machte ein paar anstrengende
Übungen mit ihm. Besonders fiel dem Trainer dabei auf, daß
Marion Michael sehr spurtstark war. Und deshalb gab er ihm
auch die entsprechende Aufgabe in der Mannschaft.

Seine Leistungen in dem Team waren so beeindruckend, daß Marion Michael bald einen Stammplatz in der Mannschaft bekam. Und das änderte sich auch während seiner gesamten Studienzeit nicht mehr. Er gewann mit der Footballmannschaft die ›Southern California Scholastic Football Championship‹, und die University of Southern California bot ihm daraufhin ein Stipendium als Sportler an.

Aber Marion Michael hatte andere Vorstellungen von der Zukunft. Er wollte eine Karriere bei der Marine beginnen. Mehr als alles andere wünschte er sich, von der U.S. Naval Academy aufgenommen zu werden.

»Ich wollte mein ganzes Leben bei der Marine verbringen«, sagte Wayne. »Aber die Leute, die für die Aufnahme der neuen Kandidaten verantwortlich waren, wollten mich offensichtlich nicht haben. Ich habe bei den Tests auch nicht sehr gut abgeschnitten, wenn ich ehrlich sein soll. Und so mußte ich mich um ein USC-Stipendium bewerben.«

Wayne machte eine Pause. Dann sagte er fröhlich: »Es war das Beste, was mir in meinem ganzen Leben passiert ist, glaube ich.«

Sein Stipendium deckte lediglich die Kosten für die Studiengebühren.

»Ich habe mich dann als Tellerwäscher durchgeschlagen, hatte aber immer noch nicht genügend Geld, um mir neue Schuhe und Kleider zu kaufen. Ganz zu schweigen davon, daß ich es mir nicht leisten konnte, jungen, hübschen Mädchen eine Portion Eis zu spendieren.«

Er entschloß sich, für die California Bell Telephone Company zu arbeiten, die einen Job für einen technischen Überwacher zu vergeben hatte. Wayne bekam dafür sechzig Cents in der Stunde, aber er verstand nicht genau, was er für dieses Geld wirklich tun mußte.

»Ich saß damals vor einer Karte und mußte überprüfen, wo die alten Telefonnetze vor der Verlegung gewesen waren«, erzählte Wayne grinsend und zuckte mit den Schultern. »Der Sinn dieser Tätigkeit ist mir bis heute noch nicht klar geworden. Aber ich fragte zu dieser Zeit nicht unbedingt danach, solange sie mir die sechzig Cents für eine Stunde bezahlten.«

In der Zwischenzeit war Marion Michaels Vater mit seinem Drugstore geschäftlich gescheitert und stürzte sich in ein neues Wagnis. Er wollte jetzt Eiscreme herstellen. Aber auch dieses

Unternehmen mißlang und Doc Morrison eröffnete wieder einen Drugstore. Aber auch damit hatte er wieder Pech und wandte sich diesesmal der Herstellung von Farben zu, was auch schiefging. Trotz allem überwies der alte Morrison seinem Sohn Marion Michael jede Woche fünf Dollar.

»Als Gegenleistung wollte ich Dad eine von den beiden Footballkarten schenken, die ich immer gratis bekam. Ich wußte schließlich, daß er ein wahrer Footballfan war. Denn ich konnte natürlich nicht zulassen, daß mein Vater für diese Karten zwanzig Dollar bezahlen mußte.«

Die beiden Karten, die der Trainer Howard Jones an jeden seiner vierzig Athleten verteilte, waren auf dem Schwarzen Markt mindestens fünfundzwanzig Dollar wert. Wie die meisten seiner Teamgefährten hätte Marion Michael beide Karten für fünfzig Dollar an den Mann bringen können. Aber er verkaufte immer nur ein Ticket, weil er wollte, daß sein Vater immer das andere bekam – auch wenn es mindestens zwanzig Dollar wert war.

Am Ende des ersten Jahres bei USC erhielt Marion Michael schlechte Nachrichten von der Telefongesellschaft.

»Sie brauchten mich nicht mehr auf diesem Posten«, berichtete Wayne. »Aber das Dumme an der Sache war, daß ich das Geld dringend brauchte.«

Einen Tag vor der Sommerpause holte der Trainer Jones seinen Spitzenspieler zu sich.

Er kam gleich zur Sache. »Duke, ich habe gehört, daß du während der Sommerferien einen Job suchst.«

»Das stimmt.«

»Ich habe etwas für dich«, erwiderte Jones und klopfte Marion Michael auf die Schulter. »Ich habe in der vergangenen Saison Tom Mix einen guten Platz für alle Spiele reserviert. Und er hat mir gesagt, daß er mir dafür gern einen Gefallen erweisen würde, wenn es in seiner Macht steht. Ich habe also ein paar von den Spielern zu den William-Fox-Studios geschickt. Wenn du dort hingehst, wirst du einen Job bekommen.«

Am nächsten Morgen gingen Marion Michael und ein anderer Spieler aus dem USC-Team, Don Williams, zu den Studios und erkannten Tom Mix sofort. Er war in dieser Zeit der meistbeschäftigte Hollywoodstar und vermutlich auch der höchstbezahlte. Jedenfalls waren 17 500 Dollar in der Woche eine Menge Geld. Tom Mix saß zwischen den Kulissen einer alten Westernstadt und blickte den beiden Footballspielern entgegen.

Die beiden jungen Männer standen aufgeregt vor dem berühmten Filmschauspieler, der ihnen die Hand schüttelte und sagte: »Ein Star ist es seinem Publikum schuldig, daß er immer in ausgezeichneter körperlicher Verfassung bleibt. Ich möchte deshalb, daß ihr beide mich trainiert. Und ich hoffe, daß ihr die Bedingungen nicht nur für mich, sondern auch für euch beide annehmbar findet. Denn durch unser gemeinsames Training bleibe nicht nur ich in guter Form, sondern ihr tut gleichzeitig etwas für euren Sport, der ja auch körperliche Kondition voraussetzt.«

Marion Michael und Don Williams dachten im ersten Augenblick, daß sie einen Exzentriker vor sich hätten. Aber das Angebot, für einen der größten Filmstars zu arbeiten, überwog schließlich ihre Bedenken, und sie stimmten beide begeistert zu. Die letzten Worte, die Tom Mix zu ihnen sagte, lauteten: »Meldet euch bei mir persönlich, wenn die Ferien begonnen haben.«

Einige Zeit später ging Marion Michael Morrison auf eigene Faust los, um den berühmten Tom Mix noch einmal zu sehen. Aber er mußte vor dem Tor des Studios stehen bleiben, weil ihn der Wachtposten nicht hineinließ.

Wenige Minuten später wurde Tom Mix von einem Chauffeur in einem Locomobile vorgefahren. Der junge Marion Michael grinste den Helden zahlreicher Cowboyfilme an und rief laut: »Hallo, Mr. Mix!«

Der Schauspieler nickte teilnahmslos. Dies war die letzte Begegnung, die Marion Michael mit Tom Mix persönlich hatte. Tom Mix fuhr mit seinem Wagen in das Innere des Studios und gab dann eine Meldung an die Wache, daß man Marion Michael hereinlassen solle.

»Mein erster Eindruck war, daß Mix mir den angebotenen Job geben würde, wie es mit dem Trainer Howard Jones verabredet war«, erzählte Wayne und trank einen Schluck Whisky. »Aber dann lief alles ganz anders. Ein Mann, der George Marshall hieß und in den Studios eine Menge zu sagen hatte, bot mir an, für fünfunddreißig Dollar in der Woche in den Studios arbeiten zu können. Das war natürlich ein fantastisches Angebot, weil noch nie jemand aus meiner Familie so viel Geld in einer derart kurzen Zeitspanne verdient hatte.«

In den Studios arbeiten zu dürfen, war für einen jungen Mann eine verheißungsvolle Angelegenheit. Aber alles, was Marion Michael tun durfte, war das Herumschleppen von Requisiten,

Möbeln und Holzstücken, um sie für die Dekorationen bereit-
zustellen.

Marshall schickte den neuen Angestellten zu Lefty Hugg, dem
Regieassistenten von John Ford, der mit den Arbeiten zu *Mother Machree* (1928) beschäftigt war. Die Kulisse zeigte eine
kleine Straße in einem irischen Dorf. Der Hauptdarsteller des
Films war Victor McLaglen.

»Gehen Sie zu der Requisitenkammer und holen Sie mir ein
paar Gänse und Enten!« rief John Ford dem jüngsten Mitglied
des Filmteams zu.

Marion Michael lief ziellos an das Ende der Kulisse und blickte
sich verwirrt um. »Wo rennst du denn hin?« fragte ihn ein Büh-
nenarbeiter. Marion berichtete es ihm, und der Mann zeigte ihm
die Richtung an, in die er gehen mußte. Minuten später kam
Marion Michael mit dem Federvieh zurück und ließ es auf Fords
Kommando in der kleinen irischen Straße aus Pappe und Holz
los.

Augenblicklich spreizten sie ihre Federn und flogen in die verschiedensten Winkel der Kulisse oder ließen sich einfach am Ende der Straße nieder.

Nachdem man die Szene abgedreht hatte, wollte Ford, daß die
Enten und Gänse wieder von der Filmkulisse entfernt wurden.
Er rief Marion Michael zu sich. »He Gänsehüter!« schrie er laut.
»Fang dieses Viehzeug ein und bring es zum Teufel.«

»Sie hätten diesen Mann sehen sollen«, berichtete Wayne von
seiner ersten Begegnung mit dem großen Regisseur. »Er war
schlank und stark und besaß einen ausgesprochenen Hang zum
Sarkasmus.«

Marion Michael glaubte seinen Ohren nicht zu trauen, als er von
Ford mit ›Gänsehüter‹ tituliert worden war. Er blickte den Regisseur wütend an.

Ford sah ihn an und fragte: »Bist du einer von den smarten Jungs
von Howard Jones?«

»Ja, Mr. Ford.«

»Und du bezeichnest dich als Footballspieler?« wollte Ford wissen.

»Ich weiß nicht … ich meine … eigentlich doch …«, stammelte
Marion Michael verwirrt.

»Du spielst beim Football einen Bewacher?« fragte Ford den
verunsicherten jungen Mann.

Marion Michael nickte stumm.

»Dann mach mir das einmal vor!« befahl der Regisseur ungeduldig.

»Ich war der Versuchung nahe, irgendeinen Gegenstand an Fords Kinn zu schleudern«, bemerkte Wayne lächelnd. »Aber ich tat es dann doch nicht, sondern erfüllte den Wunsch des Regisseurs.«

Als Marion Michael in der Hocke kauerte, trat Ford dicht an ihn heran und gab ihm einen Stoß. Der junge Footballspieler fiel mit dem Gesicht in den Dreck.

»Und du nennst dich einen Footballspieler?« fragte Ford zynisch. »Wieso kann ich dich dann umstoßen, während ich mit beiden Beinen auf dem Boden bleibe?«

Marion Michael erhob sich und blickte den Regisseur lange Zeit an. »Ich hätte es gerne versucht«, gab er nach einer Weile zurück.

»Du bist in Ordnung«, erwiderte Ford und ging ein paar Schritte weiter.

Marion folgte dicht hinter ihm.

»Und dann trat ich ihm in den Hintern, daß er wenige Meter neben der Stelle auf den Boden fiel, an der er mich umgestoßen hatte.«

Ungläubig blickte John Ford den jungen Mann an. Dann brach er plötzlich in lautes Gelächter aus.

Ab dieser Zeit hatte Marion Michael Morrison einen Beruf für sein ganzes leben.

»Dieses Ereignis war der Beginn der innigsten Freundschaft meines Lebens«, sagte John Wayne mit ernster Miene. »Seit dieser Zeit hat John Ford mich in einigen meiner besten Filme als Regisseur geführt. Ich bin mit ihm zur Jagd gegangen, wir haben zusammen geangelt und viele Flaschen Whisky miteinander getrunken. Wenn ich nicht diesen engen, freundschaftlichen Kontakt zu John Ford gehabt hätte, und wenn er als Regisseur nicht diesen Glauben an mich als Schauspieler immer wieder unter Beweis gestellt hätte, würde ich wahrscheinlich noch heute irgendeinen Sheriff in drittklassigen Western spielen.«

Nach diesem unsportlichen Tritt, der das Gelächter aller Umstehenden erregt hatte, stimmte John Ford zu, daß Marion Michael weiterhin als Angestellter für die Fox-Studios tätig sein durfte. Auf jeden Fall während seiner Sommerferien.

Auf diese Weise begann die Karriere von Marion Michal Morrison. Er wußte damals noch nicht, daß er bei den Fox-Studios

John Wayne mit seinem Entdecker, Regisseur John Ford.

mehr tun würde, als Bretter und Holzverschläge für die Kulissen zusammenzutragen. Und er konnte auch nicht wissen, daß er bald darauf zum Lieblingsschauspieler des Regisseurs John Ford avancieren würde.

4. Seine erste Liebe, sein erster Film

Nach den Sommerferien kehrte Marion Michael Morrison wieder an die University of Southern California zurück. Es war das Jahr 1926. Der junge Morrison hatte nicht nur fünfhundert Dollar verdient, sondern war auch auf dem Weg zu seiner ersten Romanze, was er damals im September noch nicht wissen konnte, weil es ihn erst zwei Monate später mit der vollen Wucht der Liebe treffen sollte.

Im November fuhr Marion Michael mit einigen Freunden zu einem Tanzlokal im nahegelegenen Balboa, das damals noch nicht von den Seeleuten überlaufen war, sondern als kleines Fischerdorf am Meer lag. Irgendwann an diesem Abend sah Marion Michael eine dunkelhaarige Schönheit, die Carmen Saenz hieß und südlich der Grenze beheimatet war. Ihr Vater war Angestellter der panamesischen Botschaft in Los Angeles. Nachdem sie den Abend beim Tanzen unterhaltsam verbracht hatten, brachte Marion Michael die hübsche Carmen nach Hause. Aber das war nicht das Ende ihrer Beziehung. Im Haus von Carmens Eltern brannten die Lichter noch, obwohl es schon weit nach Mitternacht war. Carmens jüngere Schwester Josephine war kurz vor ihnen mit ihrem Freund nach Hause gekommen und unterhielt sich mit dem jungen Mann im Wohnzimmer. Nachdem Marion Michael und Carmen das Haus betreten hatten, fragte jemand von ihnen: »Warum gehen wir nicht noch ein wenig aus und essen einen Hamburger?«

Und dieser Jemand war Marion Michael Morrison.

Sie gingen zu einem Restaurant, das Tag und Nacht geöffnet hatte, und unterhielten sich über alltägliche Dinge. Irgendwann in dieser Nacht blickte Marion Michael in die dunklen Augen von Josephine und war von seinen Gefühlen für sie überwältigt.

›Um Himmels willen‹, dachte er bei sich. ›Ich habe mich in dieses Mädchen verknallt.‹

Zum erstenmal in seinem Leben hatte sich Marion Michael Morrison verliebt. Er war zu dieser Zeit neunzehn Jahre alt, und Josephine hatte seine Gefühle aufgewühlt.

Eine Stunde später entschuldigten sich die beiden bei Carmen und dem Freund von Josephine, und sie gingen am Kai des Hafens entlang. Dann setzten sie sich am Ufer nieder und starrten auf die silbernen Wogen des Pazifiks, der vom Licht des Mondes überflutet war. Marion Michael spürte, wie er von diesem Mädchen gefesselt war. Er legte einen Arm um ihre Schultern, zog sie dicht an sich heran und drückte seine Lippen auf ihren Mund. Und wenig später fühlte er, wie sie sich heftig an ihn preßte.

Marion Michael Morrison, der von der High School zur University of Southern California gekommen war, setzte sein Studien so behutsam fort, wie er an der Schule aufgehört hatte. Denn er war noch immer viel zu sehr mit dem Football beschäftigt, um sich voll und ganz seinen Studien und seiner beruflichen Laufbahn zu widmen.

Aber auf dem Footballfeld lief nicht alles so, wie Marion Michael es sich wünschte. Er spürte, wie ihn seine rechte Schulter immer mehr schmerzte und beim Spiel behinderte, wenn er sich sehr anstrengte.

Das Ganze hatte auf Balboa begonnen, als Marion Michael die Romanze mit Josephine hatte. Sie waren in das Meer getaucht, hatten sich in den Wellen treiben lassen und waren wieder ans Ufer geschwommen. Danach hatten sie sich wieder in die Wellen des Pazifiks geworfen.

»Laß uns das noch einmal tun!« rief Josephine vor Vergnügen. Aber Marion Michael konnte nicht mehr. Schmerzverkrümmt saß er auf dem sandigen Boden und hielt sich die rechte Schulter, die wie Feuer brannte. Zwar fühlte er sich besser, als Josephine sein Schultergelenk massierte, aber der Schmerz blieb so heftig wie zuvor. Am nächsten Tag ging Marion Michael zu dem Mannschaftsarzt, der die Schulter genau untersuchte und einen Muskel- und Bänderriß diagnostizierte.

Resigniert blickte der Arzt den jungen Footballspieler an. »Es wird Wochen und Monate dauern, bis die Schulter wieder vollkommen in Ordnung ist.«

Die Lage für Marion Michael war durch diese Tatsache mißlich geworden, weil er ein Footballstipendium hatte. Er befürchtete jetzt, daß sein Trainer ihn entbehrlich fand und ihm keine Freikarten mehr für die Spiele zur Verfügung stellte. Daher mißachtete er die Anordnung des Arztes und spielte weiter auf dem Footballfeld – wenn auch mit größten Schmerzen. Aber lange Zeit konnte er seinen lädierten Zustand nicht verheimlichen.

Oben: 1946 heiratete John Wayne die mexikanische Schauspielerin Esperanza Baur, genannt ›Chata‹. Diese seine zweite, stürmische Ehe wurde 1953 unter lebhafter Anteilnahme der Öffentlichkeit geschieden.

Unten: John Wayne mit seiner dritten Frau Pilar.

Wenige Zeit später prallte er bei einem Spiel mit einem gegnerischen Footballspieler zusammen, und die Verletzung brach wieder auf.

In der folgenden Woche wurde die Schulter in ein Spezialkorsett geklammert. Damit war die Footballsaison für Marion Michael vorüber.

In dieser seelischen Krise wollte ihn John Ford sehen, für den Marion Michael in den Sommerferien als Gänsehüter gearbeitet hatte. Als der Filmregisseur den schlanken, hochgewachsenen Mann neben sich auf dem Gelände der Fox sah, grinste er ihn an.

»Du hattest Pech bei dem Spiel am vergangenen Samstag?« fragte Ford nach einer Weile.

»Meine Schulter ist schwer verletzt«, erwiderte Wayne. »Die restliche Saison wird leider ohne mich laufen.«

»Gehen wir ein wenig dort hinüber«, sagte Ford und zog den jungen Mann in eine ruhige Ecke hinter den Kulissen. »Ich weiß, daß du von einem Stipendium leben mußt. Und dieses Geld ist jetzt für dich in Gefahr, weil du kein Football mehr spielen kannst. Jedenfalls nicht so schnell wieder. Aber ich gebe dir trotzdem den guten Ratschlag, dein Studium zu beenden.«

»Ich kann das Studium nicht beenden«, erwiderte Wayne. »Es ist das Wichtigste für mich, eines Tages Rechtsanwalt zu werden.«

»Ich habe nicht gesagt, daß du dein Studium sofort erledigen mußt«, bemerkte Ford gelassen. »Bleib ein Jahr von der Hochschule weg und gib deiner Schulter eine Chance, daß sie wieder heilen kann.«

»Und was soll ich in der Zwischenzeit tun?« fragte Wayne verzweifelt.

Ford grinste ihn an. »Was du auch im vergangenen Sommer getan hast. Komm zu mir ins Studio und arbeite für mich. Ich werde schon etwas Vernünftiges finden, womit wir dich beschäftigen können.«

Lange Zeit blickte John Ford den jungen Marion Michael Morrison an. Dann sagte er nachdenklich: »Oder vielleicht kannst du einmal eine Rolle in einem Film übernehmen.«

»Als Schauspieler?« fragte der junge Footballspieler überrascht.

»Warum nicht?« John Ford ging langsam zu dem Kamera-Team zurück. Er drehte sich noch einmal um, musterte den jungen

Morrison und sagte gedehnt: »Ich habe schon ganz andere Burschen zu Schauspielern gemacht.«

Im Frühjahr des Jahres 1927 packte Marion Michael seine Bücher und Kleider in zwei große Koffer, verabschiedete sich von seinen Footballkollegen und warf noch einmal einen Blick in die Räume der University of Southern California. Dann ging er langsam über den Campus auf den Ausgang des Geländes zu.

Es war ein trauriges Gefühl, das ihn eine Zeitlang beschlich, weil er wußte, daß er zu dieser Stätte nicht mehr zurückkehren würde.

Er war begeistert vom Film. John Ford hatte ihm nichts Konkretes versprochen, aber die vage Vorstellung, daß dieser Regisseur ihn vor der Kamera spielen lassen würde, erfüllte alle seine Träume.

»Ich dachte an die Louise Street und die ›Filme‹, die wir als Kinder dort gedreht hatten«, sagte Wayne und war tief in Erinnerungen versunken. »Wenn ich es mir genau überlege, hatte ich schon immer im Film spielen wollen. Aber es war mir niemals so bewußt geworden. Filmschauspieler zu werden, war natürlich der heimliche Wunsch vieler Jungen und Mädchen in unserer Gegend. Aber Hollywood war für uns ein Ort, der irgendwo in einer fernen Galaxis lag.«

Wie John Ford es versprochen hatte, gab er Marion Michael einen Job – als Angestellter der Fox, der für die Requisiten tätig war.

»Wie steht es mit der Schauspielerei, Mr. Ford?« fragte Marion Michael.

»Ich habe niemals gesagt, daß das sicher ist«, erwiderte Ford grimmig. »Ich habe gesagt, daß du vielleicht irgendwann einmal spielen wirst.«

Sechs Monate lang schuftete Marion Michael in den Studios, schleppte Möbel und Requisiten in dem Filmgelände herum und führte die Befehle aus, die John Ford oder einer seiner zahlreichen Assistenten gab. Er fühlte sich wie ein Hilfsarbeiter, der er auch war. Und er hätte diesen undankbaren Job nach einem halben Jahr bestimmt aufgegeben, wenn er ihm nicht eine Geldsumme eingebracht hätte, die er zum Leben notwendig brauchte.

Und dann kamen die Augenblicke vor der Kamera. Marion Michaels Debüt im 35-mm-Film war in dem Film *Hangman's House* von John Ford, mit dessen Dreharbeiten Anfang Januar

1928 begonnen wurde. In der dritten Woche, nachdem das Team mit den Aufnahmen angefangen hatte, kam Ford zu Marion Michael und sagte zu ihm: »Ich habe eine kleine Rolle für dich, willst du in dem Film mitspielen?«

»In dem Film, den Sie im Augenblick drehen?« fragte Marion Michael verwirrt.

Die Rolle, die er bekam, machte ihn nicht gerade zum Filmstar. Tatsächlich verhielt es sich so, daß er sehr genau aufpassen mußte, um sich selbst in der Szene später im Kino erkennen zu können. Er hatte in dem Film die Rolle eines irischen Jungen zu spielen, der vor ein Gericht gebracht wurde. Alles, was Duke in der Szene tun mußte, war, seinen Kopf zu senken, als der Richter das Urteil über ihn sprach: »Du wirst morgen früh hängen, bis der Tod eintritt.«

»Ich glaube, es war eine ziemlich kitschige Handlung«, bemerkte Wayne. Denn kurz nachdem das Gericht ihn verurteilt hatte, sprach Marion Michael sein erstes Wort in einem Film: »Amen.«

John Ford tobte, als er die Szene sah. »Schneidet diesen Idioten aus der Sequenz heraus! Und laßt mir den Kerl nie wieder unter die Augen kommen.«

Viel später sagte Ford, als man ihn auf diese Szene in dem Film ansprach, daß er doch noch erkannt habe, welche Wirkung Wayne auf die Zuschauer haben könnte. Es war diese unmittelbare emotionale Ausstrahlung, der sich niemand entziehen kann, der Wayne in einem Film sieht.

Obwohl er sich nur für einen kurzen Moment in dem Film sehen konnte, war Marion Michael Morrison unwahrscheinlich stolz auf sich. Und er freute sich, daß Ford die Szene doch nicht aus dem Film geschnitten hatte. Marion Michael konnte sich mit drei der berühmtesten Filmschauspieler seiner Zeit sehen, die den Übergang vom Stummfilm zum Tonfilm geschafft hatten: Die Filmstars in *Hangman's House* waren Victor McLaglen, Hobart Bosworth und June Collyer.

Nach *Hangman's House* arbeitete Marion Michael wieder monatelang als Hilfsarbeiter bei der Fox, bevor er den Mut hatte, John Ford wegen einer weiteren Rolle in einem Film anzusprechen.

Ende April 1929 bat der Regisseur den jungen Wayne in sein Büro. »Du könntest mir einen Gefallen tun, Duke«, begann Ford das Gespräch. Die meisten Arbeiter und Angestellten auf

Schmalgesichtig und schüchtern lächelnd: Marion Michael Morrison am Beginn seiner Filmkarriere, Mitte der 20er Jahre.

dem Filmgelände nannten den jungen Marion Michael seit einiger Zeit Duke. Und auch der Regisseur Ford sprach ihn mit seinem Spitznamen an. Dann erklärte Ford, was er von Duke wollte: Er sollte zu seinem ehemaligen Trainer Howard Jones gehen und ihn bitten, seine Klasse zwei Wochen vor dem üblichen Schulende freizugeben.

»Wir sind im Begriff, einen Film über Footballspieler zu drehen. Und wir müssen einige von ihnen nach Annapolis verfrachten«, erklärte ihm John Ford. »Ich habe schon ein paar Burschen zum College geschickt, aber sie sind ohne Erfolg zurückgekommen. Daher möchte ich dich bitten, es noch einmal zu versuchen.«

Während sich Marion Michael die Antwort überlegte, fügte Ford einen wichtigen Satz hinzu: »Wenn du es schaffst, mir die Spieler zu besorgen, erhältst du eine gute Rolle in einem der nächsten Filme.«

Sofort ging Morrison zu Jones. Aber der Mann ließ nicht mit sich verhandeln.

»Ich kann darüber nicht entscheiden«, erklärte ihm der Trainer. »Auch wenn ich wollte, könnte ich die Klasse nicht früher als üblich entlassen. Der Dekan allein fällt einen solchen Beschluß. Und er ist der Meinung, daß die Jungs zuviel von dem Unterrichtsstoff verlieren, der noch durchgenommen werden muß. Dazu kommen auch die Examensarbeiten, die bald geschrieben werden müssen«.

Aber Duke gab nicht auf. Er erklärte dem Trainer, daß der Ausflug der Footballspieler nach Annapolis erzieherischen Wert habe, und Jones überzeugte schließlich den Dekan von diesem Argument.

Salute, der Film, der dieser Anstrengung folgte, schnellte Marion Michael keineswegs in den Himmel der Filmstars, aber Duke hatte darin eine längere Szene als in *Hangman's House.* Diesesmal spielte er die Rolle eines Footballspielers. Aber er durfte in dem Spiel, das er so gut beherrschte, nicht zeigen, wie gut er als Footballspieler war. So jedenfalls schrieb es seine Rolle vor. George O'Brien war der Held einer hervorragenden Footballmannschaft, und wieder war der Film in einer Art gedreht, die in Hollywood eine technische Umwälzung bedeutete: im Tonfilmverfahren.

Filmfans sind wahrscheinlich daran interessiert zu erfahren, daß *Salute* auch für einen anderen damals noch unbekannten Filmschauspieler das Debüt bedeutete. Es war Ward Bond, der wie

Marion Michael eine Rolle in dem Film über Footballspieler übernommen hatte.

Noch vor der Premiere von *Salute* im September 1929 versammelte John Ford sein Team, um mit ihm sein nächstes Filmprojekt zu besprechen: *Men Without Woman*. Die meisten Filmaufnahmen waren schon im südlichen Kalifornien abgedreht worden, weil der Film die Geschichte von Unterseebooten und deren Besatzungen erzählte. Der junge Morrison hatte seinen Posten als Gehilfe bei den Requisiten und stand neben Ford, als dieser Anweisungen an sechs professionelle Stuntmen gab.

Sie waren wie Seeleute angezogen und sollten eine Szene spielen, in der gezeigt wird, wie ein U-Boot von einem Torpedogeschoß getroffen wurde. Um den Effekt von aufsteigenden Luftblasen zu erzeugen, hatte Ford eine gewaltige Luftpumpe unter Wasser installieren lassen. Die Stuntmen-Seeleute sollten unter Wasser tauchen und an diesem Punkt wieder an der Oberfläche erscheinen, weil die Angreifer in einiger Entfernung schwarze Wolken zur Tarnung ihres Schiffes ausstießen.

Ford gab die letzten Anweisungen. Die See ging schwer, und die Stuntmen wagten nicht, die Szene so zu spielen, wie der Regisseur es verlangte.

»Als sie einen Blick auf die hohen Wellen und die umherfahrenden Schiffe geworfen hatten, war ihr Mut auf dem Nullpunkt angelangt«, erzählte Ford in Erinnerung an die Szene. »Ich war furchtbar wütend, weil alles andere in Ordnung war: Der blaue Himmel, der schwarze Rauch in der Ferne, das Blubbern des Wassers und die Schiffe, die ihre Kreise zogen. Nur wenige Minuten, und das Ganze würde sich wieder in Luft auflösen. Ich blickte mich verzweifelt um, und da sah ich auf einmal Duke.«

Ford grinste breit. »Bevor ich ihn fragen konnte, ob wenigstens er sich traute, tauchte Duke in das Wasser und kam genau an der Stelle empor, wo die Luftblasen an die Oberfläche kamen. Aber er tat es nicht nur einmal, sondern mußte sechsmal ins Wasser, bevor wir die Szene vernünftig gedreht hatten. Auf diese Weise nahm er den Platz von sechs Stuntmen ein.«

Und nach einer Weile sagte Ford: »Ich dachte damals, daß dieser Junge entweder völlig verrückt war, oder daß sein Wunsch, Schauspieler zu werden, sogar seine Angst überwunden hatte.«

Ford vergaß dem jungen Marion Michael niemals, daß er diese Szene rettete.

Nach diesem spektakulären Auftreten sorgte Ford dafür, daß

Marion Michaels Namen im Filmvorspann hinter den großen Stars Kenneth MacKenna, Frank Albertson und Paul Page erschien. Danach durfte er noch in dem Film *Rough Romance* mitspielen, bevor er wieder als Hilfsarbeiter für die Requisiten tätig war.

Im September 1930 begannen die neuen Kurse an der University of Southern California.

Marion Michael dachte über die Worte von John Ford nach, der ihm geraten hatte, für ein Jahr sein Studium zu unterbrechen. Aber es waren schon drei Jahre vergangen, und Marion Michael fragte sich, welchen Platz er bis jetzt in der Filmwelt erobert hatte.

War es nicht besser, an das College zurückzukehren und die Jahre mit dem Abschluß eines juristischen Studiums zu verbringen, wie er es immer vorgehabt hatte?

Er beschloß, über diesen Punkt mit Ford zu sprechen. Aber er war sich nicht sicher, wie er sich dem Regisseur nähern konnte. Jedesmal, wenn Marion Michael in die Nähe von Ford kam, war dieser mit anderen Dingen beschäftigt.

Was Duke aber in diesen Tagen nicht wußte, war die Tatsache, daß John Ford die Grundlagen für einen neuen Filmstar in Hollywood legte, der einmal unter dem Namen John Wayne weltberühmt werden sollte.

Vor kurzem noch hatte Ford mit einem anderen bekannten Regisseur der Fox gesprochen. Es war Raoul Walsh, der Schwierigkeiten bei der Besetzung eines Westernfilms hatte, der *The Big Trail* (›Der große Treck‹) heißen sollte. Walsh hatte sich viele Schauspieler angesehen, aber sie kamen alle seiner Vorstellung eines schlanken, kräftigen Westernhelden nicht entgegen.

»Ich will nicht einen von diesen smarten Hollywood-Cowboys, die auf einem Pferd sitzen wie auf einem Schaukelstuhl«, hatte Walsh zu Ford gesagt. »Ich will einen richtigen Mann, dem man die Rolle glaubt.«

»Dann komm mit in mein Studio«, erwiderte Ford.

Walsh zuckte mit den Schultern. »Wen kannst du mir schon anbieten, den ich nicht auch in deinen Filmen gesehen habe? Aber diesen Typ von Schauspieler lehne ich ab. Ich will jemanden, der wie ein echter Cowboy aussieht.«

»Dann wirf einen Blick auf einen Mann, der bei mir als Hilfsarbeiter für die Requisiten arbeitet. Ich habe den Burschen schon

In seiner ersten größeren Rolle hatte er noch nichts von dem Rauhbein
späterer Jahre an sich: John Wayne mit Marguerite Churchill 1930 in › The
Big Trail/Der große Treck‹.

in ein paar Nebenrollen eingesetzt. Und er tut genau das, was
ich mir von der Rolle, die er spielen muß, vorstelle.«
Walsh versprach ihm, sich diesen Typ von Schauspieler anzusehen. Von der Unterredung mit Walsh hatte Ford kein Wort zu
Marion Michael gesagt.
Am nächsten Morgen, es war der 17. April 1930, arbeitete Duke
wie immer an den Kulissen, als ihm ein anderer Arbeiter zurief:

»He, Duke, bring die sechs Stühle für die nächste Szene her-
über!« Marion Michael nahm die Stühle, überquerte die Straße
und sah John Ford, der mit einem Mann sprach, den er nicht erkannte. Der Mann hatte eine schwarze Binde über dem rechten
Auge, was Marion Michael nur flüchtig wahrnahm, da er den
beiden Männern lediglich einen kurzen Blick zuwarf. Er erkannte nur noch, wie der Mann mit der Binde über dem Auge
ihn neugierig musterte.
Nachdem Duke die Stühle zu dem Arbeiter gebracht hatte, ging
er wieder über die Straße. Noch immer stand Ford mit dem
fremden Mann an der gleichen Stelle und unterhielt sich ange-
regt mit ihm. Und wieder blickte der Mann mit der schwarzen
Augenklappe zu Marion Michael hin.
Raoul Walsh wandte sich an John Ford. »Mir paßt die Art, wie
dieser Mann geht. Wie du weißt, habe ich den anderen Mann,
dessen Gang mir so gut gefällt, im Augenblick nicht zur Verfügung. Also werde ich einen Versuch mit dem Mann wagen, der
vorhin an uns vorübergegangen ist.«
Der andere Mann, von dem Walsh sprach, hieß Gary Cooper
und hatte eben erst seinen triumphalen Erfolg *The Virginian* abgedreht, als sofort die Paramount-Filmgesellschaft ihn neben
Marlene Dietrich für den Film *Morocco* (1930) verpflichtet hatte. Und die Paramount war nicht bereit, Gary Cooper an die
Fox auszuleihen.
Eine Stunde nachdem Duke die beiden Regisseure Ford und
Walsh zusammen gesehen hatte, kam Eddie Grainger, einer der
Regieassistenten der Fox, zu Marion Michael. »Duke«, sagte er
mit ernstem Gesicht. »Du sollst dir in Zukunft deine Haare
nicht mehr schneiden.«
Verwundert blickte Marion Michael den Mann an. »Soll das hei-
ßen, daß ich wie ein Musiker aussehen soll?«
Grainger schüttelte den Kopf. »Deine Haare haben genau die
Länge, wie Walsh sie für seinen nächsten Film braucht. Er will
dich in seinem nächsten großen Western herausbringen. Jedenfalls weiß ich sicher, daß er ein paar Probeaufnahmen mit dir
machen wird.«
Morrison konnte seinen Ohren nicht trauen. Zuerst glaubte er
an einen Spaß von Grainger. Aber als er dessen ernste Miene
sah, wußte er, daß seine Stunde gekommen war.
Zwei Tage später ließ Walsh ihn in sein Büro bitten.
»Sie sind mir sehr empfohlen worden«, begann Walsh und mu-

›The Big Trail/Der große Treck‹, 1930, Waynes erste Hauptrolle, wurde als einer der ersten Filme im aufwendigen Breitwandverfahren gedreht.

sterte Duke. »Ich habe deshalb beschlossen, einen Versuch mit Ihnen zu starten. Aber bevor ich das tue, müssen Sie lernen, wie man ein Messer wirft. Fragen Sie am besten Steve Klemenko, er weiß, wie man das macht, und er wird es Ihnen zeigen. Sie werden ein normales Gehalt bekommen und Ihren Job als Requisiteur für eine Weile aufgeben.«

Welches Gefühl hatte Marion Michael in diesem entscheidenden Augenblick?

Am besten kann John Wayne uns das selbst erzählen.

»Ich kann eigentlich nicht sagen, daß mein Herz wie wild schlug, als Walsh diese Worte zu mir gesagt hatte. Natürlich hatte ich sofort die Vorstellung, daß aus mir bald ein großer Filmstar wird. Aber die Rolle, die ich annehmen sollte, kam mir wie ein Job vor. Denn ich fragte mich, was das für eine Rolle war, wenn ich nur zu lernen brauchte, wie man ein Messer wirft.«

Nach zwei Wochen kam Marion Michael Morrison wieder in das

Büro von Walsh. »Ich kann jetzt mit einem Messer umgehen«, sagte er und blickte den Regisseur fragend an.

»In Ordnung«, erwiderte Walsh. »Der nächste Schritt ist, daß Sie lernen, wie man artikuliert spricht. Nehmen Sie Schauspielunterricht.«

Nachdem ihm Walsh einen Lehrer genannt hatte, entließ er den jungen Morrison wieder.

Nach sechs Übungsstunden sagte Duke zu seinem Lehrer: »Ich glaube, ich habe überhaupt nichts von dem verstanden, was Sie mir beibringen wollten. Es ist bestimmt besser, wenn wir damit aufhören.«

»Eine ausgezeichnete Idee«, erwiderte der Lehrer und atmete erleichtert auf. »Ich will Ihnen noch einen Tip mit auf den Weg geben: Auch wenn Sie über hundert Jahre alt werden, wird niemals ein Schauspieler aus Ihnen.«

5. Ein Star wird entdeckt – beinahe

Niemand nannte Marion Michael Morrison mehr bei seinem ursprünglichen Namen. Er war in den Studios der Fox allgemein als ›Big Duke‹ bekannt. Und als der junge Mann zu den Testaufnahmen kam, zu denen ihn Raoul Walsh eingeladen hatte, gab es kein Drehbuch und keine Sätze für ihn, die ihm vorgegeben wurden. Man sagte ihm, daß er sich einfach neben Ian Keith und Marguerite Churchill stellen sollte.

Die beiden Schauspieler nahmen an Morrisons Test teil, indem sie seitlich auf einem Planwagen saßen.

»Duke, du bist der Anführer der Kundschafter«, rief Walsh ihm zu. »Deine Aufgabe ist es, diese Wagenkolonne nach Westen zu führen. Diese beiden Leute hier werden dir eine Menge Fragen stellen, und es wird deine Pflicht sein, ihnen zu antworten, was dir im Moment einfällt.«

Verwirrt blickte Morrison den Regisseur an.

»Du hast mich richtig verstanden«, sagte Walsh. »Versuch aber um Gottes willen nicht, eine Handlung in die Szene zu bringen. Sei völlig natürlich und tue das, was du ihnen auch so sagen würdest.«

Dann begannen die Kameras zu schnurren, und Keith feuerte eine Menge Fragen auf Duke ab.

»Wie lange wird der Weg sein, den wir zurücklegen müssen, bevor das Ziel erreicht ist?«

»Wo finden wir etwas zu essen?«

»Werden wir auf dem Weg auch Büffel sehen?«

»Besteht die Möglichkeit, daß Indianer unterwegs angreifen?«

Keith hatte es natürlich leichter als Duke, weil er das Drehbuch gelesen hatte. Und so konnte er seine Fragen wie aus der Pistole geschossen stellen. Morrison versuchte, die passenden Antworten zu finden.

»Ich bin über meine eigene Zunge gestolpert«, erinnerte sich Wayne. »Und ich kam mir bei der Szene wie ein unbeholfener Tölpel vor.«

Aber plötzlich ging das Temperament mit Marion Michael durch. Er tat etwas, was er selbst nicht eingeplant hatte – er handelte spontan, indem er Keith ärgerliche und wütende Fragen stellte.

»Woher kommen Sie überhaupt, Mister?«

»Warum wollen Sie denn nach Westen gehen?«

»Können Sie mit einem Gewehr umgehen?«

Marion Michael handelte nicht. Er agierte. Und das war genau das, was Walsh von ihm verlangt hatte.

Jetzt war es auf einmal Keith, der verwirrt in die Kameras blickte und nicht mehr wußte, was er sagen sollte. Er stammelte unzusammenhängende Antworten und blickte sich irritiert um.

»Ich hatte den Spieß umgedreht«, sagte Wayne und grinste breit. »Denn jetzt war auf einmal Keith in der Situation, daß er keine Worte fand. Das gab mir zwar eine Menge Selbstbewußtsein, aber gleichzeitig erschreckte es mich. Ich glaubte, daß meine Karriere als Schauspieler mit diesem Auftritt beendet war.«

Aber es wartete noch eine Überraschung auf Marion Michael Morrison.

»Schluß!« rief Walsh energisch.

Jetzt ist bestimmt alles aus, dachte Duke und runzelte nachdenklich die Stirn. Er blickte zu dem Regisseur und sah, wie dessen grimmige Miene einem entspannten Ausdruck wich. Und dann rief er die schönsten Worte, die es für einen Filmschauspieler geben kann: »Szene okay.«

Eine Woche später bat John Ford den jungen Morrison zu sich. »Pack deine Sachen ein«, sagte er grinsend zu ihm. »Du spielst den Führer in *The Big Trail* (›Der große Treck‹). Und viel Glück.«

Mit einemmal war Marion Michael Morrison ein Filmstar. Aber nicht ein Schauspieler, der in einer unbedeutenden Produktion mitspielte, sondern jemand, der den Helden in einem Drei-Millionen-Projekt spielte. Der Film wurde in einer für damalige Verhältnisse revolutionären Technik abgedreht, die sich Breitwandfilm nannte. Man könnte sie als Vorläufer der Cinemascope oder Cinerama bezeichnen.

»Ich war ein Star«, erzählte Wayne und machte eine weitausholende Handbewegung. »Aber glauben Sie ja nicht, daß ich soviel verdient habe. Der Film hatte ein Drei-Millionen-Budget, und mich haben sie mit fünfundsiebzig Dollar in der Woche abgespeist.«

Viele Jahre später wurde Raoul Walsh gefragt, wieso er auf die Idee gekommen war, einem Kulissenarbeiter die Hauptrolle in dem Film *The Big Trail* (›Der große Treck‹) zu geben.

»Es lag einfach an der Ausstrahlung von Duke. Wie er seine

Schultern hängen ließ, wie er schlurfend daherging, wie er mit den Menschen sprach. All das konnte ich in meinem Film gebrauchen. Und dazu kam noch die Tatsache, daß ich dringend jemanden für diese Rolle brauchte. Es war bestimmt nicht der beste Film, den ich in meinem Leben gemacht habe. Aber dieser Führer der Wagenkolonne sollte eine gewisse Ehrbarkeit und Aufrichtigkeit ausstrahlen – und das tat John Wayne in hervorragendem Maß.«

Walsh lehnte sich in seinem Sessel zurück, blickte die Anwesenden einen Augenblick nachdenklich an und fuhr dann fort: »Wayne hat immer diese Ausstrahlung gehabt, und er wird sie auch immer haben. Er hat diese einzigartige Fähigkeit, eine Rolle unaufdringlich zu spielen. Und das ist viel effektvoller als Übertreibung. Es ist aber nicht so, daß er bewußt unterkühlt spielt, denn das ist wahnsinnig schwierig, wenn man es versucht. Bei ihm ist es einfach so, daß er nicht übertreiben kann.«

Nachdem die Dreharbeiten zu *The Big Trail* (›Der große Treck‹) abgeschlossen waren und man die Filmrollen entwickelt hatte, sollte eine Vorführung in einem Raum des Fox-Studios stattfinden. Unter den Zuschauern war auch Winfield Sheehan, der Produktionsleiter der Fox-Filmgesellschaft. Kaum hatte er den Vorspann gesehen, sprang er aus seinem Sessel hoch und schrie in den Raum: »Marion Michael Morrison kann unmöglich der Name eines Schauspielers sein, der einen Helden aus der Pionierzeit Amerikas spielt. Das können wir niemals dem Publikum zeigen. Sie werden uns sonst in jedem Kino auslachen.«

Am nächsten Morgen bestellte Sheehan den jungen Morrison in sein Büro. »Dein Name muß in der jetzigen Form aus dem Film herausgeschnitten werden«, verkündete Sheehan. »Wir können nicht mit ihm arbeiten, weil er die falsche Etikettierung für dich ist.«

»Was ist denn so schlecht an meinem Namen?« fragte Marion Michael Morrison zurück. »Ich habe ihn mein ganzes Leben getragen, und ich bin stolz auf ihn.«

Sheehan schüttelte energisch den Kopf. »Du siehst aber nicht aus wie Marion Michael Morrison.«

»Wie sehe ich denn sonst aus?«

»Du siehst aus wie ein Mann, der John Wayne heißt«, erwiderte der Produktionschef mit Bestimmtheit. »Und das wird auch der Name sein, den du in Zukunft tragen wirst: John Wayne.«

The Big Trail (›Der große Treck‹) katapultierte Wayne zu einem Senkrechtstart, der vier Jahrzehnte und länger dauerte – bis zum heutigen Tag. Trotz aller technischen Einrichtungen, die Hollywood in diesen Tagen hatte und die zum Teil noch heute existieren, hätte Wayne nach dieser Hauptrolle leicht aus dem Filmgeschäft geworfen werden können.

Denn *The Big Trail* (›Der große Treck‹) war ein völliger Mißerfolg in den Kinos.

Das lag aber nicht daran, daß der Film schlecht war oder John Waynes Darstellung des Westernhelden nicht überzeugt hätte. Die Ursachen für das Fiasko lagen auf einer anderen Ebene. Der Film kam im November 1930 in die Kinos. Das war genau ein Jahr nach dem großen wirtschaftlichen Zusammenbruch in der Wall Street.

Die Uraufführung fiel also in die große Depression. Der Schwarzmarkt blühte an allen Straßenecken, die Armut erfaßte breite Bevölkerungsschichten und wirkte sich verheerend auf die Kinokassen aus.

Trotzdem wagten einige Kinobesitzer, die breitere Leinwand und die Weitwinkelprojektoren in ihren Filmtheatern einzuführen.

Wayne meinte dazu: »*The Big Trail* (›Der große Treck‹) hat eine ungeheure Wende im Film eingeleitet.«

Trotzdem sollte es noch über fünfundzwanzig Jahre dauern, bis sich die Weitwinkeltechnik, die Raoul Walsh angewendet hatte, in Form des Cinemascope-Films durchsetzen würde. Zu diesem Zeitpunkt wurden dann wieder die alten Kameras, die Walsh 1930 für seinen Westernfilm gebraucht hatte, von den schützenden Staubhüllen befreit und für die neue Technik eingesetzt.

Wayne bekam in einigen Zeitungen, die sich mit dem Film *The Big Trail* (›Der große Treck‹) beschäftigt hatten, einen Achtungserfolg zugesprochen. Es war für die beginnende Karriere eines Stars nicht viel, aber es half ein wenig zu seiner Publizität.

Ein anderer Regisseur der Fox, Seymour Felix, wollte Wayne mit der bekannten Schauspielerin aus *The Big Trail* (›Der große Treck‹), Marguerite Churchill, in einem neuen Film zusammenbringen, der *Girls Demand Excitement* heißen sollte.

Zu diesem Film bemerkte Wayne zynisch: »Es war der schlechteste Streifen, den die Filmindustrie jemals herausgebracht hat.«

Er wurde in wenigen Wochen auf dem Gelände der Fox abgedreht und hatte eine völlig banale Geschichte zum Inhalt. Der Film spielte auf einem Campus, und Wayne mußte in die Garderobe einbrechen, um einige Kleider zu stehlen, weil er selbst in der Kluft eines Wildwest-Cowboys steckte. Er nahm ein paar Zivilanzüge und eine Basketballuniform aus den Kleiderschränken mit.

»Wie habe ich diesen lächerlichen Film gehaßt«, erzählte Wayne in Erinnerung an *Girls Demand Excitement.* »Es war eine Handlung, die niemand glauben kann. Und der lustige Höhepunkt des Ganzen sollte dann ein Basketballspiel zwischen einer Jungen- und Mädchenmannschaft sein. Ich habe mich schon damals geniert, in solch einem schlechten Film eine Hauptrolle zu spielen.«

Wayne fand wieder zu sich selbst, als er ziellos durch die Straßen ging. Ein anstrengender Tag in den Studios lag hinter ihm.

Plötzlich sprach ihn Will Rogers an. »He, Duke. Was ist mit dir los?«

Wayne erzählte ihm die ganze Geschichte mit den beiden Filmen, die ein Reinfall waren.

Rogers grinste, schlug ihm aufmunternd auf den Rücken. »Du arbeitst doch, nicht wahr?«

»Ja, ich glaube schon.«

»Das ist das Wichtigste in diesen Zeiten«, erwiderte Rogers. »Dann tue es auch weiterhin und meckere nicht an allem herum.«

Es war ein sehr einfacher Rat, aber ein Tip, an den sich John Wayne immer wieder in den folgenden Jahren hielt. Genauso wie an die drei Ratschläge, die ihm sein Vater einmal gegeben hatte.

Vor dem Mißerfolg, den *Girls Demand Excitement* in den Kinos Amerikas hatte, wurde Wayne von der Fox für einen weiteren kitschigen Film verpflichtet: *Three Girls Lost.*

Der einzige Lichtblick in diesem Film war die Anwesenheit der reizenden Loretta Young. Aber selbst sie konnte den Film nicht über die Mittelmäßigkeit retten. Und wieder war ein Film mit Wayne ein finanzielles Fiasko.

Was die Fox betraf, war damit für die Filmgesellschaft der Fall John Wayne erledigt. Da er mit ihr keinen Vertrag unterzeichnet hatte, konnten sie zu jeder Zeit seinen Verdienst, der sich noch immer auf fünfundsiebzig Dollar in der Woche belief, einseitig kündigen. Und das taten sie auch. Auf diese Weise war

Wayne ein Schauspieler ohne Beschäftigung – aber nur für eine Woche.

Niemand in den Columbia-Studios konnte später angeben, was sie an John Wayne so fasziniert hatte. Wichtig war zu dieser Zeit allein die Tatsache, daß sie ihn schnell engagiert und für drei Filme verpflichtet hatten.: *Men Are Like That, Range Feud* und *Maker of Men.*

Waynes Anstellung bei Columbia verlief nicht sehr glücklich. Immer häufiger kam es zu Reibereien zwischen ihm und dem unnachgiebigen Alleinherrscher Harry Cohn, der selbstherrlich die Columbia-Filmgesellschaft regierte. Es war die schlimmste Erfahrung in der kurzen Karriere von John Wayne in der Metropole des Films.

»Harry Cohn rief mich eines Tages in sein Büro und machte mir Vorwürfe, weil ich angeblich während der Dreharbeiten zu sehr mit Susan Fleming beschäftigt gewesen war. Und er meinte, daß sich das auf den Film *Range Feud* negativ ausgewirkt hätte.«

Ob das Gerücht der Wahrheit entsprach oder nicht, es bleibt doch die Tatsache bestehen, daß John Waynes Herz einer anderen Frau gehörte. Es war das Mädchen, mit dem er damals an den Docks von Balboa gewesen war – Josephine Saenz.

Duke und Josie besprachen immer wieder die Vorbereitungen zu ihrer Hochzeitsfeier, als eine unerwartete Nachricht kam: Columbia hatte Wayne hinausgeschmissen. Die Mitteilung kam in den Weihnachtstagen des Jahren 1931, als die Filmgesellschaft *Maker of Men* in die Kinos des Landes brachte.

Marion Michael Morrison, der jetzt mehr unter dem Namen John Wayne bekannt war, besuchte mit Josie ein Footballspiel. Und er überlegte sich jetzt immer häufiger, ob er nicht an das College zurückkehren und sein Studium als Rechtswissenschaftler aufnehmen sollte. Außerdem konnte er wieder Football spielen, weil er gerade erst dreiundzwanzig Jahre alt war und sich körperlich fit fühlte.

Vielleicht hätte er das alles auch getan, wenn er nicht ein paar Tage nach seiner Entlassung durch die Columbia einen Telefonanruf von Sid Rogell erhalten hätte. Rogell war der Chef der Mascot-Production, die ein Studio in der Poverty Row hatte, wo Filme mit einem geringen Etat an einem Tag gedreht wurden.

»Wir wollen *Shadow of the Eagle* drehen«, erzählte Rogell. »Und wir möchten Sie gerne als Hauptdarsteller in dem Film haben. Hätten Sie Interesse an dem Projekt?«

Wayne dachte angestrengt nach und antwortete lange Zeit nicht.

»Sind Sie noch am Apparat?« fragte Rogell besorgt. »Sie sagen gar nichts.«

Aber Wayne war viel zu überrascht von dem Angebot, um sofort reagieren zu können.

Schließlich antwortete er: »Ich habe Sie verstanden, Rogell. Und ich nehme das Angebot an.«

Einige Tage später rief Rogell erneut an. »Können Sie eine Menge Whisky vertragen?«

Wayne stutzte einen Augenblick. Dann erwiderte er: »Ich halte bestimmt mit den trinkfesten Männern in Ihrem Studio mit.«

»Und wieviel trinken Sie für gewöhnlich während der Dreharbeiten?«

Wayne war von der Frage völlig überrascht. »Beim Filmen trinke ich nur Kaffee und Limonade.«

Und während Rogall sich die nächste Frage überlegte, fiel es Wayne wie Schuppen von den Augen, was das alles zu bedeuten hatte. Bestimmt waren diese Verdächtigungen von der Columbia zu Rogell herübergesickert, um Wayne unglaubwürdig zu machen.

Mitten in diese Überlegungen fragte Rogell: »Flirten Sie viel mit der Frau, die neben Ihnen in einem Film die Hauptrolle spielt?«

»Nein, verdammt noch mal!« schrie Wayne in die Muschel. »Ich trinke nicht, und ich vernasche keine Filmschauspielerinnen. Aber Sie können gerne zu Harry Cohn gehen und ihm sein ganzes Studio um die Ohren schlagen und dabei erklären, daß ich Sie geschickt hätte.«

Ein paar Tage später rief Rogell an. »Kommen Sie in mein Büro. Ich habe einen Vertrag für Sie.«

Niemand hatte Wayne bis dahin gesagt, was *Shadow of the Eagle* genau war. Erst der Regisseur des Westerns, Ford Beebe, erklärte Wayne, daß er die Hauptrolle in einer zwölfteiligen Serie spielen sollte.

Das störte Wayne nicht im geringsten. Die Hauptsache für ihn war im Augenblick, daß er Arbeit hatte. Was er aber nicht wußte, als er den Vertrag unterschrieb, war die Tatsache, daß er damit eine Karriere als Serienheld begonnen hatte. Die Filme waren alle nach dem gleichen Muster gestrickt, nur die Handlung wechselte in Kleinigkeiten. Außerdem brachte ihm das Ganze nicht sonderlich viel Geld ein. Aber Wayne mußte in dieser Zeit jede Rolle annehmen, wenn er zu Geld kommen wollte. Daß ihm diese Filme in seiner Karriere als Schauspieler nicht viel weiterhalfen, war ihm damals ziemlich egal.

Einen Monat nachdem die einzelnen Folgen von *Shadow of the Eagle* abgedreht waren, lernte Wayne die verrückte Seite von Hollywood kennen. Harry Cohn ließ bei ihm anfragen, ob er nicht wieder Lust hätte, für die Columbia zu arbeiten. Offensichtlich störten ihn dabei weder ein angetrunkener Darsteller noch ein Mann, der die weiblichen Darsteller verwirrt. Was bedeutete das alles schon für einen Hollywood-Boß, wenn der Film genügend Geld einbrachte? Das dachte wohl Harry Cohn, als er Wayne erneut engagierte.

Zuerst drehten sie *Texas Cyclone* mit Wayne und Walter Brennan in den Hauptrollen. Cohn war von dem Resultat so angetan, daß er den Regisseur D. Ross Lederman beauftragte, einen weiteren Film mit Wayne zu machen.

Sie drehten dann noch *Two-Fisted Law*.

In den nächsten zwölf Monaten spielte John Wayne in dreizehn weiteren Filmen für fünf verschiedene Studios mit.

Dreizehn Filme in einem Jahr war eine enorme Leistung, die nur mit strenger Disziplin durchzuhalten war. Noch gehörte Wayne nicht zu den berühmten und gefeierten Stars in Hollywood – aber er zählte mit Sicherheit zu denen, die am härtesten arbeiteten. Kaum ein Schauspieler in Hollywood hat sich einem derart nervenaufreibenden Tempo bei den Dreharbeiten unterworfen wie John Wayne in dieser Zeit.

Man sollte glauben, daß Wayne während dieser Zeit sehr reich wurde.

Aber er verdiente kaum 150 Dollar pro Woche. Trotzdem hatte er jetzt genügend Geld, um heiraten zu können.

Als die letzte Szene des Films *The Man from Monterey* abgedreht war, fragte er Josie: »Sollten wir nicht bald heiraten?«

Josie legte ihre Arme um seinen Hals. »Und ich dachte schon, du würdest mich das niemals fragen.«

6. Der Weg zum berühmten Filmstar

Bei der Hochzeit von John Wayne und Josie Saenz kamen zwei Menschen aus verschiedenen sozialen Schichten zusammen. Wayne war einfach nur Duke, ein Filmschauspieler, der bis jetzt nicht sonderlich bekannt war. Josephine dagegen stammte aus Pasadena und nicht aus Hollywood. Ihre Verwandten besaßen einflußreiche Ämter in dem panamesischen Konsulat in Los Angeles, wo ihr Vater als oberster Botschafter von Zentral-Amerika tätig war.

Nach kurzen Flitterwochen kehrte John Wayne wieder an die Arbeit zurück und unterschrieb einen Vertrag bei Monogram Pictures, der ihm langfristig Aufträge zusicherte. Allerdings entsprach dabei sein Gehalt keineswegs den geforderten Leistungen. Aber die Versprechungen, die ihm Trem Carr, der Produktionschef der Monogram Pictures, machte, weckten wieder Hoffnungen in ihm.

»Ich weiß, daß Sie keine Lust haben, in Eisenbahnwagen oder irgendwelchen Zimmern eine Rolle zu spielen, die Ihnen nicht liegt«, erklärte ihm Trem Carr. »Deshalb will ich Ihnen diese Art von Filmen ersparen. Sie brauchen sich bei mir nur auf eines zu spezialisieren: Ich will nämlich einen richtigen Westernstar aus Ihnen machen.«

Riders of Destiny war Waynes erster Film bei Monogram. Er kostete nur 11.000 Dollar, was schon einiges über die mangelnde Qualität des Filmes sagt.

»Der Etat war so gering, daß wir es uns nur leisten konnten, ein einziges Pferd bei den Dreharbeiten einzusetzen«, berichtete John Wayne lachend, als er an diesen Film dachte. »Deshalb mußte ich in der ersten Szene einem Mann sein Pferd stehlen, das er einem anderen Mann gestohlen hatte. Und jeder, der in dem Film ein Pferd brauchte, mußte immer wieder dieses eine Pferd stehlen.« Bis zum Jahre 1935 drehte Wayne noch weitere unbedeutende Westernfilme für Monogram.

Es war in einem der ersten Western, der *Sagebrush Trail* hieß, als Wayne einen der spektakulärsten Stuntmen und Rodeoreiter von Hollywood traf. Es war Yakima Canutt, der gleichzeitig eine tragende Rolle in diesem Film neben Wayne spielen sollte.

Canutt, der 1923 nach Hollywood gekommen war, zeigte Wayne alle Tricks, die ein Stuntman beherrschen mußte, um sich keine Verletzungen bei halsbrecherischen Aktionen zuzuziehen. Er führte Wayne vor, wie man von einem galoppierenden Pferd fiel, ohne sich alle Knochen zu brechen, und er zeigte ihm, wie man mit einem Revolver und Gewehr umgehen mußte, damit die Handlung echt aussah.

»Ich habe in vielen Filmen versucht, Canutt zu kopieren«, gestand Wayne ohne Umschweife ein. »Ich bin oft so gegangen wie er, habe so gesprochen wie er und versuchte immer die Tricks anzuwenden, die er mir gezeigt hatte.«

Nach *Sagbrush Trail* kamen *The Lucky Texan, West of the Divide, Blue Steel, The Man from Utah, Randy Rides Alone, The Star Packer, The Trail Beyond, The Lawles Frontier, Neath Arizona Skies* (alle 1934), *Texas Terror, Rainbow Valley, The Desert Trail, The Dawn Rider* (›Reiter in der Dämmerung‹, 1935) und *Paradise Canyon*.

Man schrieb das Jahr 1935, und John Wayne hatte seinen fünfundvierzigsten Film beendet, ohne wirklich am Firmament der Stars in Hollywood aufgetaucht zu sein. Eigentlich war er nicht mehr als ein Lohnarbeiter auf einem Pferderücken.

Aber Wayne hatte Ambitionen. Er wollte den Typ eines Cowboys abschaffen, den Tom Mix früher beispielhaft dargestellt hatte. Tom Mix ritt immer auf einem weißen Pferd, trug einen weißen Hut und wartete auf den Mann, mit dem er in einen Kampf verwickelt werden würde. Wayne dagegen wollte die Rolle eines Westernhelden anders gestalten.

Da er in der Zwischenzeit der große Geldverdiener bei Monogram geworden war, nahm er sich auch einiges an Mitspracherecht bei der Typisierung des Helden heraus.

»Wir hatten eine Szene im Saloon gedreht, die in eine wüste Schlägerei ausartete«, erzählte Wayne. »Ich habe mich bei dem Regisseur beklagt, weil bei der Schießerei und Schlägerei alle Flaschen und Gläser in der Bar heil geblieben waren. Ich wollte alles viel realistischer dargestellt haben, weil bei einer wirklichen Schlägerei tatsächlich viele Scherben übrigbleiben.«

Aber so sehr sich Wayne auch bemühte, die Handlungen der Filme wirklichkeitsnäher zu gestalten, waren sie doch in den meisten Fällen reine ›Pferde-Opern‹, die mit den harten Westernfilmen unserer Tage nichts oder nur sehr wenig gemeinsam hatten.

In der Ehe mit Josie begann es immer mehr zu kriseln, weil die sozialen Unterschiede immer deutlicher hervortraten. Josie liebte es, in den höchsten gesellschaftlichen Kreisen zu verkehren, was John Wayne innerlich ein Greuel war.

Und mitten in dieser Krise bekam Josie im Jahre 1934 einen Sohn, den sie Michael nannten. John Wayne arbeitete jetzt noch mehr und war immer häufiger von zu Hause weg. Es waren ihm auch nicht mehr viele Freunde von früher geblieben. Aber es gab zwei Männer, auf die er sich immer verlassen konnte und mit denen er auch viel zusammen war: Ward Bond und John Ford.

Monogram ging in diesem Jahr mit einer Reihe anderer Filmgesellschaften ein Bündnis ein, das allen beteiligten Firmen zugute kommen sollte. Das Finanzgenie hinter dieser Aktion war Herbert Yates, der in einer kleineren Filmgesellschaft mehrere Projekte finanziert hatte, allerdings ohne nennenswerten Erfolg. Und so war er auf die Idee gekommen, viele kleine Gesellschaften zusammenzuschließen, um sich auf dem Markt erfolgreich gegen die großen Filmproduktionen zur Wehr setzen zu können.

Yates warf die ganzen 17.000 Dollar, die er als Firmenkapital besaß, in Waynes ersten Film für die neugegründete Republic. Es war *Westward Ho!* (›Westwärts!‹), und der Western wurde in weniger als drei Wochen abgedreht. Als der Film dann im August 1935 in die Kinos kam, schenkten die Rezensenten diesem Western große Aufmerksamkeit – und seinem sehnigen Hauptdarsteller.

Als die Kinokassen am Jahresende die Bilanz über diesen Film machten, stellte die Produktionsgesellschaft fest, daß ihnen *Westward Ho!* (›Westwärts!‹) über 500.000 Dollar eingespielt hatte.

Mit einem ungeheuren Reingewinn im Rücken konnte es sich die Republic jetzt auch erlauben, auf die Ratschläge eines erfahrenen Schauspielers wie John Wayne zu hören. Trotzdem weigerten sich die beiden Regisseure Robert N. Bradbury, der *Westward Ho!* (›Westwärts!‹) gedreht hatte, und Carl Pierson, der den neuen Western *The New Frontier* (›Flammende Grenze‹, 1935) machen sollte, Yakima Canutt mit einer Rolle zu betrauen. Sie hatten ihre eigenen Vorstellungen darüber, wer in ihren Filmen mitwirken durfte und wer nicht.

Wayne spielte danach noch in ein paar albernen Filmen mit, in denen er als Westernheld singen mußte. Er amüsierte sich später über diese Rollen. Aber zu der Zeit, als diese Filme gedreht wurden, sprang er nach dem dritten Western-Musik-Film ab.

Aber die Regisseure holten sich schnell einen anderen Schauspieler. Es war Gene Autry, welcher der erste Multimillionär als singender Cowboy wurde.

Wayne war von seiner ersten Million noch sehr weit entfernt. Nachdem er sich von der Rolle als singender Cowboy distanziert hatte, holte ihn Scott Pembroke zu sich, um mit ihm über den neuen Film *The Oregon Trail* zu sprechen. Pembroke willigte ein, daß Yakima Canutt eine Rolle in dem Western übernehmen konnte. Neben den beiden spielten noch der schwarzhaarige Jungstar Ann Rutherford, die wenig später mit Mickey Rooney in der unvergessenen Andy-Hardy-Serie mitwirkte.

Oregon Trail war der erste von acht Filmen, die John Wayne im Jahre 1936 drehte. Dieses Jahr war für ihn nicht so sehr bemerkenswert, weil er wieder hart arbeiten mußte, sondern aus zwei anderen Gründen.

Zum einen war da die Geburt des zweiten Kindes. Es war ein Mädchen, das sie Antonia Maria nannten, aber immer nur Toni riefen.

Der andere Grund hing mit einem Versprechen zusammen, das John Ford einmal John Wayne gegeben hatte. Es hatte alles damit begonnen, daß John Ford einmal bei einer Segelpartie in einem Magazin die Kurzgeschichte von Ernest Haycox *Stage to Lordsburg* gelesen hatte. Und die Rolle des Ringo Kid, der Hauptperson in dieser Geschichte, konnte Fords Meinung nach nur ein Mann spielen: John Wayne. Die Erzählung beschrieb die Reise einer Postkutsche durch Indianergebiet. Das war vom Inhalt her gesehen nichts Ungewöhnliches und kam bestimmt in jedem dritten Western vor. Aber diese Geschichte beschrieb den Vorgang auf eine eigentümliche und faszinierende Art, daß Ford von dem Gedanken an den Stoff nicht mehr loskam und immer wieder an eine Verfilmung dachte.

Irgendwann einmal luden sich John Ford und Ward Bond zu John Wayne zum Pokerspielen ein. Es war schon lange nach Mitternacht, und die Karten lagen verstreut auf dem Tisch, als Ford sein Whiskyglas austrank und Wayne eine Weile schweigend musterte.

Und dann sagte Ford: »Duke, ich habe eine großartige Westernstory. Ich will diesen Film *Stagecoach* nennen.«

›Stagocaoch/Ringo‹, 1939 (Regie: John Ford), war bereits der 66. (!) Film von John Wayne. Hier eine Szene mit George Bancroft und Claire Trevor.

Während Wayne die Gläser wieder mit Whisky füllte, zog Ford das Drehbuch aus seinem Jackett und reichte es Wayne über den Tisch. »Lies es bitte und sag mir dann, wer die Rolle des Ringo am besten spielen kann. Mir fällt nämlich niemand hier in der Stadt ein.«

Wayne las am nächsten Tag das Drehbuch und erklärte Ford, daß er nur einen Mann in Hollywood kannte, der diesen Westernhelden gut spielen könne: Lloyd Nolan.

Ford brauchte ein paar Sekunden, um sich von der Überraschung zu erholen.

Mit einemmal schlug er sich an die Stirn und blickte Wayne wütend an: »Bist du ein völliger Idiot? Kannst du diesen Ringo nicht selbst spielen?«

Wayne war hocherfreut, daß Ford ihn für diese Rolle haben wollte. Denn das bedeutete, daß er eine Atempause von den schnell heruntergedrehten Filmen in der Poverty Row haben würde und zum anderen endlich einmal in größeren Studios arbeiten konnte.

Wochen, Monate und Jahre suchte John Ford einen Produzenten für *Stagecoach*. Er war von diesem Filmprojekt besessen und wollte es mehr als alles andere realisieren und auf die Leinwand bringen – aber in keinem Fall ohne John Wayne.

Im Laufe der Zeit fand John Ford viele Produzenten, die bereit waren, sein Projekt finanziell zu unterstützen. Allerdings mit der Auflage, daß der Hauptdarsteller nach ihrer Wahl ausgesucht würde, was nichts anderes bedeutete, daß sie Wayne nicht haben wollten. Aber darauf ließ sich Ford nicht ein. Er beharrte auf Duke. Daher mußte Wayne weiterhin in trivialen B-Filmen mitspielen. In der ersten Hälfte des Jahres 1936 spielte er in folgenden ›Pferde-Opern‹ mit: *Lawless Range, The Lawless Nineties, King of the Pecos* (›Der König vom Pecos‹), *The Lonely Trail* (›Wie vom Winde verweht, 1936) und *Winds of the Wasteland*.

Beschwerte er sich darüber?

Keineswegs. Sein Gehalt hatte sich wesentlich gegenüber den fünfundsiebzig Dollar in der Woche, die er noch für den Film *Hangman's House* bei John Ford bekommen hatte, verbessert. In der Zwischenzeit waren acht Jahre vergangen, und Wayne hatte über fünfzig Filme gedreht. Er war jetzt bei Republic für die Summe von 4000 Dollar pro Film beschäftigt, und wenn Wayne sich ausrechnete, daß solch ein Film in drei Wochen heruntergespult wurde, stand er finanziell nicht schlecht da.

Eine bedeutende Wende in seiner Karriere als Filmschauspieler trat ein, als Universal Pictures ihm einen Vertrag anbot, der Wayne für acht Filme verpflichten sollte. Seine Gage war dabei auf 6000 Dollar pro Film festgelegt. Allerdings waren es keine Westernfilme, und Wayne konnte die Sporen und Stiefel vorläufig an den Nagel hängen. Er überlegte nicht lange und stimmte zu.

Das erste Projekt bei Universal Pictures war *The Sea Spoilers,* gefolgt von den Filmen *Conflict, California Straight Ahead, I Cover the War, Idol of the Crowds* und *Adventure's End.*

Diese Streifen wurden alle in schneller Reihenfolge gedreht, und die Arbeiten an diesen Filmen zogen sich bis in das Jahr 1937 hin. Während dieser Zeit sagte ihm seine Frau Josie, daß sie bald wieder ein Kind erwartete. Duke hatte laut Vertrag noch die Verpflichtung für einen Film übernommen, aber er bat die Filmgesellschaft, ihn von seinem nächsten Nicht-Western zu befreien, da seine Fans allmählich von ihm abfielen. Für sie war er eben der Mann, der in Cowboykleidung eine staubige Landstraße entlangritt. Universal Pictures willigte in den Vorschlag ein.

Wayne nahm also wieder seinen Sattel und ging damit zur Paramount, bei der Gary Cooper der große Star war. Die Gesellschaft plante einen neuen Film, in dem neben Gary Cooper auch Charles Barton, Marsha Hunt, James Craig und Johnny Mack spielen sollten. Wayne erhielt eine weitere Rolle in dem Westernfilm *Born to the West,* der ihm nicht nur zur erneuten Popularität bei seinen Fans verhalf, sondern auch seine Kritiker wieder auf ihn aufmerksam machte. Der Filmverleih von Paramount funktionierte damals wesentlich besser als der von Universal, und so erreichte *Born to the West* die meisten und wichtigsten Kinos im Land.

Als der Film abgedreht war, hatte Wayne privat einen Grund zur Freude: Seine Frau Josie brachte das dritte Kind zur Welt – und sie nannten den Jungen Patrick.

Aber die dauernden Trennungen, die durch Waynes Filmarbeiten bedingt waren, und Josies Hang, nur in der oberen Gesellschaft verkehren zu wollen, verstärkten die Spannungen in der Ehe immer mehr. Und der Bruch zwischen beiden schien nur noch eine Frage der Zeit zu sein.

Die Freude an der Geburt von Patrick wurde im Jahre 1938 von einem anderen privaten Ereignis überschattet: John Waynes Vater starb an einem Herzanfall.

Obwohl Paramount mit den Leistungen von Wayne sehr zufrieden war, bot sie ihm keinen neuen Vertrag an. So mußte Duke in den sauren Apfel beißen und zu Republic zurückkehren, die ihn wiederum in Nullachtfünfzehn-Western einsetzte: *Pals of the Saddle* (›Freunde im Sattel‹), *Overland Stage Riders, Santa Fe Stampede* und *Red River Range.*

Das Jahr 1938 ging schnell zu Ende. John Wayne feierte seine zehnjährige Zugehörigkeit zur Welt der Studios und des Films, er hatte zweiundsechzig Filme hinter sich, aber er mußte sich gleichzeitig fragen, was er wirklich erreicht hatte.

Und dann kam eines Tages ein Anruf von John Ford.

»Ich habe gute Nachrichten für dich!« rief Ford in die Muschel.

»Hast du beim Poker gewonnen?« fragte Wayne zurück und dachte gleichzeitig an die Schwierigkeiten, die Ford mit dem Drehbuch von *Stagecoach* gehabt hatte.

»Halt dich am Tisch fest«, sagte John Ford. »Du sollst die Rolle des Ringo Kid spielen.«

7. Das Ende mit Josie, der Anfang mit Chata

Walter Wanger hatte immer einen guten Riecher für originelle Ideen – wenn sie für den Film brauchbar waren. Wanger war einer der führenden, unabhängigen Filmproduzenten in Hollywood. Er hörte aufmerksam zu, als John Ford ihm darlegte, wie er *Stagecoach* (›Ringo‹, ›Höllenfahrt nach Santa Fé‹) realisieren wollte. Ford setzte ihm außerdem auseinander, daß *Stagecoach* kein üblicher Western werden sollte, sondern neue Maßstäbe in der Charakteristik der Rollen, der Fotografie, der Handlungsführung und des Aufbaus setzen würde.

»Und welchen Schauspieler wollen Sie für die Rolle des Ringo Kid nehmen?« fragte Wanger neugierig.

»Es gibt nur einen Mann, der diese Rolle so spielen kann, wie ich es mir vorstelle«, erwiderte Ford und hatte Angst, den Namen zu nennen.

»Sie meinen bestimmt Gary Cooper«, bemerkte Wanger grinsend. »Aber es wird Ihnen sicherlich einige Schwierigkeiten bereiten, ihn für diesen Film zu bekommen.«

Ford schüttelte den Kopf. »Ich denke nicht an Gary Cooper.«

»An wen sonst?«

»Ich will niemanden anderen haben als John Wayne. Er soll den Ringo Kid spielen.«

Wanger runzelte die Stirn. »Ich kann mich noch daran erinnern, wie Sie Wayne an Raoul Walsh für den Film *The Big Trail* (›Der große Treck‹) empfohlen haben. Und Sie wissen genau, was danach geschehen ist. Aber das ist zehn Jahre her, und ein Mann kann alle zehn Jahre eine große Dummheit begehen, wenn es sich nicht vermeiden läßt.«

Sie besprachen noch die weitere Besetzung der Rollen und kamen überein, daß Claire Trevor, Thomas Mitchell, George Bancroft, John Carradine und Andy Devine in *Stagecoach* (›Ringo‹) wichtige Rollen übernehmen sollten.

Als Wayne an seine Darstellung des Ringo Kid dachte, sagte er: »Jetzt, da *Stagecoach* ein Klassiker in der Filmgeschichte geworden ist, kann ich natürlich leicht behaupten, daß ich eine ideale Besetzung für die Rolle des Ringo Kid war. Aber in jenen Tagen, als der Film geplant und gedreht wurde, war das überhaupt nicht eindeutig. Jeder sagte damals zu Ford, daß er künstlerischen Selbstmord begehe, wenn er einen Schauspieler für die Hauptrolle verpflichte, der bisher nur in drittklassigen Western gespielt habe. Zu allem Übel kam dann noch die Überlegung, daß es sich um eine Produktion handelte, die mehr als eine Million Dollar verschlingen würde.«

Aber John Ford zögerte nicht, an seinem Entschluß festzuhalten. Für ihn war Wayne die ideale Besetzung des Ringo Kid, und er war überzeugt davon, daß *Stagecoach* (›Ringo‹) einer der größten Western aller Zeiten werden würde. Mit beiden Vermutungen sollte er recht behalten. Aber das wußte er damals noch nicht, als der Film Anfang 1939 in den Studios der United Artists gedreht wurde.

In den ersten Tagen der Dreharbeiten hatte Ford an allem, was Wayne tat oder sprach, etwas auszusetzen. Aber bald danach zog er ihn beiseite und sagte ruhig: »Mach dir nichts daraus, Duke, wenn ich an vielem herummeckere. Du bist wirklich gut in der Rolle des Ringo Kid.«

»Jahre später hat Ford mir erklärt, warum er am Anfang der Dreharbeiten so grob zu mir war«, sagte Wayne grinsend. »Das hatte zwei Gründe: Er wollte meinen Ärger anstacheln, damit ich alle Emotionen in die Rolle hineinlege und somit eine bessere Vorstellung von dem Helden gebe. Und er wollte, daß ich die schauspielerischen Schablonen aufgab, die ich mir in den zehn Jahren angeeignet hatte, in denen ich fast nur in schnell heruntergespulten Western eine stereotype Rolle gespielt hatte. Außerdem hatte Ford Bedenken, weil die anderen Darsteller alle große Stars waren. Denn es wäre nicht das erstemal gewesen, daß sich Filmschauspieler dagegen verwahren, durch einen Unbekannten in die zweite Reihe gedrängt zu werden. Aber da Ford mir sehr häufig Rüffel erteilte, fühlten sie sich in ihrer Rolle als großer Star bestätigt.« *Stagecoach* (›Ringo‹) wurde ein dauerhafter Erfolg, und John Wayne bekam durch diesen Film das Etikett des großen Westernhelden.

Es war noch im Jahr 1939. Die Kritiker schrieben begeisternde Rezensionen über den Film, der die Gattung der Westernfilme revolutioniert und John Wayne als den großen Helden auf dem Pferderücken ins Licht der Öffentlichkeit gebracht hatte. Auch die anderen Darsteller profitierten von dem Ruhm des Filmes. Thomas Mitchell wurde einer der gefragtesten Schauspieler in

Hollywood. Miß Trevor wurde von den Filmgesellschaften und vom Broadway auf einmal so umworben, daß sie kaum wußte, welche neue Rollen sie annehmen sollte. Und John Carradine konnte mit einemmal unter wichtigen und großen Rollen auswählen.

Und Wayne?

Er hatte so viele Filme bei Republic vor dem großen Erfolg von *Stagecoach* (›Ringo‹) abgedreht, daß die Film-Gesellschaft jetzt seine alten Filme auf den Markt werfen konnte, sie wurden mit Begeisterung in den Kinos aufgenommen. Auf diese Weise konnte sich auch Republic an den Triumph von *Stagecoach* (›Ringo‹) hängen und den Film auf ihre Weise ausschlachten.

Die Welle der Begeisterung war in Amerika noch nicht verklungen, als Wayne bei RKO einen neuen Film mit Miß Trevor, Brian Donlevy und George Sanders drehte.

Allegheny Uprising (Ìlack River‹, 1939) erzählt eine Geschichte von den Kämpfen der Indianer gegen die Weißen. Nach diesem Film ging Wayne wieder zu Republic und drehte unter der Regie von Raoul Walsh mit Miß Trevor und Walter Pidgeon *Dark Command* (›Schwarzes Kommando‹), einen aufwendigen Western, der ein großer Schlager in den Kinos wurde.

Aber schon an diesem Punkt in der Karriere von John Wayne wurde deutlich, daß der Erfolg, den er durch *Stagecoach* (›Ringo‹) errungen hatte, immer mehr nachließ. Auch jetzt erschien wieder John Ford als Retter in der Not und eilte Wayne zu Hilfe. Der Regisseur hatte die Rechte eines Buches gekauft, das Eugene O'Neill geschrieben hatte. Es behandelt die Geschichte eines schwedischen Seemannes, und Marion Michael Morrison aus Iowa, dessen Vorfahren Iren gewesen waren, wurde von Ford für die Hauptrolle gewählt.

»Ich kann diesen Typ von Seemann nicht spielen«, erklärte Wayne dem Regisseur.

John Ford wischte seinen Einwand mit einer energischen Handbewegung beiseite. »Natürlich kannst du es. Du mußt nur die richtige Einstellung dazu finden.«

The Long Voyage Home (‹Der lange Weg nach Cardiff‹) mit John Wayne, Thomas Mitchell, Ian Hunter und Barry Fitzgerald wurde von der Kritik als einer der wichtigsten Filme in den Jahren 1940 bis 1941 anerkannt. Aber Waynes Vorstellung war nicht unbedingt dazu angetan, daß die Filmwelt in Begeisterungsstürme ausbrach, und so fand er sich bald wieder in der

John Wayne, Claire Trevor und Walter Pigeon in ›Dark Command/ Schwarzes Kommando‹, 1940. Regie: Raoul Walsh.

Vielzahl von Schauspielern wieder, die in mittelmäßigen Filmen eingesetzt wurden.

Im Jahre 1940 machte Wayne noch drei weitere Filme. *Three Faces West* und *Melody Ranch* für Republic. In *Seven Sinners* (›Das Haus der sieben Sünden‹) für die Universal hatte Wayne das Vergnügen, neben einer der berühmtesten Frauen in der Filmgeschichte zu spielen. Seine Partnerin war Marlene Dietrich.

Als er den Film mit Marlene Dietrich beendet hatte, teilte ihm seine Frau Josie mit, daß er zum viertenmal Vater geworden war. Das war am 3. Dezember 1940. Sie nannten das Mädchen Melinda.

Wayne wurde immer unabhängiger von seiner Frau und trieb

auch die örtliche Trennung von seiner Familie voran. Er wurde immer häufiger im Kreis seiner Freunde gesehen und ging mit Ward Bond und John Ford so oft auf die Jagd, wie es seine Zeit zuließ. Er spielte mit den beiden Poker und trank manche Nacht mit ihnen bis zum frühen Morgen.

Trotzdem vernachlässigte er seine Filmarbeit nicht. Aber er spielte nicht mehr jeden Monat in einem Film mit, wie er das in den letzten zwölf Jahren getan hatte, sondern wählte sich die Drehbücher aus und reduzierte die Filme auf ein Minimum. Im Jahre 1941 zum Beispiel spielte er nur in vier Filmen mit. Das war ungefähr die doppelte Anzahl von dem, was viele große Stars machten.

In diesem Jahr drehte er *A Man Betrayed, The Lady from Louisiana* und *Lady for a Night* für die Gesellschaft Republic. Und für Paramount war es der Film *The Shepherd of the Hills* mit Betty Field in der weiteren Hauptrolle.

Kurz nachdem Wayne seinen letzten Film im Jahre 1941 beendet hatte, bombardierten die Japaner Pearl Harbor, und Amerika trat in den Zweiten Weltkrieg ein. Marion Michael Morrison war während des Ersten Weltkrieges noch zu jung zum Kämpfen gewesen. Obwohl er jetzt noch nicht zu alt war, um für sein Land zu kämpfen, erhielt er keinen Stellungsbefehl, weil er Vater von vier Kindern war.

In der Zwischenzeit war John Wayne durch die Rolle in *Stagecoach* (›Ringo‹) auf diesen Typ eines Western-Helden festgelegt. In Erinnerung blieben auch noch ein paar andere Filme. Besonders aber *Seven Sinners* (›Das Haus der sieben Sünden‹) mit Marlene Dietrich beeindruckte den mächtigen Cecil B. De-Mille, der sich entschloß, Wayne mit Ray Milland an die Seite von zwei der glänzendsten Schauspielerinnen von Hollywood zu stellen. Paulette Goddard und Susan Hayward. Es war eine der typischen Extravaganzen von Cecil B. DeMille, die Paramount über vier Millionen Dollar kostete. Der Titel des Films war *Reap the Wild Wind* (›Piraten im Karibischen Meer‹).

Und wieder zog Paramount eine Menge Profit aus diesem Filmprojekt. Wenn ein Schauspieler von DeMille zu Frank Lloyd wechseln konnte, bedeutete das, daß er einen hohen Marktwert in der Branche hatte. Und so stand es im Augenblick um Wayne, der wieder mit seiner alten Partnerin Marlene Dietrich vor der Kamera agierte und *The Spoilers* (›Stahlharte Fäuste‹, ›Die Freibeuterin‹) drehte.

Drei Weltstars in ›The Spoilers/Stahlharte Fäuste/Die Freibeuterin‹, 1942:
Randolph Scott, Marlene Dietrich und John Wayne (von links).

In Old California (›Der Draufgänger von Boston‹) folgte, und
dann kam Waynes unmittelbarer Beitrag zum Kriegsgeschehen
in dem Actionfilm *The Flying Tigers* (›Unternehmen Tigersprung‹), der von David Miller für Republic gedreht wurde.
MGM holte sich daraufhin Wayne und stellte ihn neben Joan
Crawford in *Reunion in France,* den Jules Dassin als Regisseur
verantwortete. Dassin wurde viel später durch den Film *Never
on Sunday* (›Sonntags nie‹, 1959) mit Melina Mercouri auch
einem breiteren Publikum bekannt.
Danach beendete Wayne seinen letzten Film des Jahres 1942
(Pittsburgh), in dem er wieder mit Marlene Dietrich gemeinsam
spielte. In dieser Zeit wollten die Gerüchte nicht verstummen,
daß Wayne eine Liaison mit Marlene Dietrich hatte, zumal im-

mer offensichtlicher wurde, daß seine Verbindung mit seiner Frau fast abgebrochen war.

John und Josie waren nicht mehr länger in der Lage, ihre Ehe vernünftig weiterzuführen. Michael war jetzt acht Jahre alt, Toni war sechs, Patrick vier und Melinda zwei. Ihre Eltern sahen sich kaum noch, und so war es konsequent, daß die Ehe im Jahre 1944 geschieden wurde.

Über die Gründe, die zum Zerwürfnis geführt hatten, ist damals viel in den Zeitungen und Magazinen geschrieben worden. Will man Wayne glauben, so störte es ihn immer mehr, daß seine Frau nur die obere Gesellschaft als Umgang für sich akzeptierte. Aber die Wahrheit dürfte eher bei Wayne selbst gelegen haben: Er hatte in der Zwischenzeit eine andere Frau gefunden.

Es gibt in Hollywood ein geflügeltes Wort, das besagt: »Niemand bleibt in dieser Stadt lange allein, wenn er Erfolg hat.« Als John und Josie sich innerlich immer weiter voneinander entfernt hatten, war es Wayne nicht schwergefallen, neue Verbindungen und Freunde zu finden.

Es geschah im Frühjahr 1944 in Mexico City. John Wayne war mit Ward Bond, Fred MacMurray und Ray Milland dorthin gezogen, und sie wollten gemeinsam ein eigenes, unabhängiges Filmstudio aufmachen. Das Unternehmen schlug von Anfang an fehl, aber die Sache hatte zumindest für Wayne eine positive Seite. Er lernte in Mexico City die Filmschauspielerin Esperanza Baur kennen, die ihn äußerlich sehr an Josie erinnerte. Aber damit endeten auch alle Ähnlichkeiten. Esperanza war zehn Jahre jünger als Josie und wesentlich schlanker, was natürlich auch eine Altersfrage war. Esperanza war dreißig Jahre alt, Wayne zu dieser Zeit sechsunddreißig. Ihm gefiel an dieser mexikanischen Filmschauspielerin das Temperament und die unbändige Lebensfreude.

Eines Nachts gab Wayne ihr in einer mexikanischen Tanzbar den Spitznamen ›Chata‹, den sie auch weiterhin behielt. Chata hatte schon eine Ehe hinter sich. Sie war mit einem Mann verheiratet gewesen, der seltsamerweise genauso hieß wie John Wayne. Aber Chata war im gleichen Jahr von Mr. Morrison wieder geschieden worden, in dem sie ihn geheiratet hatte.

Aber gehen wir der Reihe nach vor. Man schrieb noch das Jahr 1943, und Wayne machte zwei Filme. *A Lady Takes a Chance* und *In Old Oklahoma* (›Die Hölle von Oklahoma‹). Und das nächste Jahr verlief nicht anders. Wieder drehte er nur zwei Fil-

*John Wayne mit
seinen Kindern
Toni, Melinda
und Michael
(von links).*

me. *The Fighting Seabees* (›Alarm im Pazifik‹, 1944) und *Tall in
the Saddle* (›Mit Büchse und Lasso‹), in dem auch sein langjähriger Freund Ward Bond eine Rolle spielte.
Gegen Ende des Jahres 1943 schrieben eine Menge Zeitungen
darüber, daß John sich von Josie trennen würde. Wieder rief
John Ford seinen Freund Wayne an.
»Ich mache eine kleine Kreuzfahrt auf meiner Jacht. Wenn du
willst, kannst du mitkommen.«
Als Duke bei ihm eintraf, sagte Ford zu ihm: »Ich bin erschöpft
von der vielen Arbeit. Ich will deshalb nicht mit langen Gesprä-
chen gestört werden.«
Wayne verstand, was er meinte, und belästigte ihn nicht mit ein-
tönigem Gerede. Dies zeigte einen Aspekt ihrer Freundschaft,
daß sich die beiden Männer auch gut verstanden, wenn sie nicht
stundenlang miteinander redeten, jagten oder Karten spielten.
Duke wollte noch nicht einmal mit Ford über seine Trennung

John Wayne als zunächst glückloser Spieler Duke Fergus in ›Flame of the Barbary Coast/San Francisco-Lilly‹, 1945, an der Seite von Ann Dvorak (als Flaxen Terry).

von Josie sprechen. Und wenn er es nicht mit seinem langjährigen Freund John Ford tat, hatte er auch nicht die Absicht, es mit jemand anderem zu tun.
Josie wußte in der Zwischenzeit von seinem Verhältnis mit Cha-

ta. Als Wayne von einer Reise zurückkam, schloß er mit seiner Frau eine Vereinbarung: Er wollte Chata niemals wiedersehen, wenn Josie den Namen Chata in seiner Gegenwart nicht mehr erwähnen würde. Josie stimmte zu. Aber zwei Minuten später fing sie wieder von seinem Verhältnis mit Chata an. Dies war der endgültige Bruch zwischen den beiden.

Bald folgte die Scheidung. Wayne tat alles, um seiner Frau und den vier Kindern einen so großen finanziellen Rückhalt wie möglich zu gewährleisten. Und dies nicht nur für den Augenblick, sondern auch für die kommenden Monate und Jahre.

Dann drehte er 1945 noch vier weitere Filme. Danach machte er ein ganzes Jahr Pause von den Dreharbeiten – das erstemal seit über fünfzehn Jahren.

Am 17. Januar 1946 heiratete John Wayne Esperanza Baur in Long Beach, Kalifornien. Das jungverheiratete Paar feierte in dem Haus von Mrs. Preen in Long Beach.

Warum ausgerechnet bei Mrs. Preen?

Aus dem einfachen Grund, weil Mrs. Preen die frühere Molly Morrison war. Marion Michaels Mutter.

8. Der schwarze Reiter

Wayne hatte es geschafft. Er war einer der zehn größten Kassenmagneten Hollywoods. Und sein Film für die RKO *Tall in the Saddle* (›Mit Büchse und Lasso‹, 1944) lief noch immer mit vollem Erfolg in den Lichtspielhäusern.

Wayne hatte das Drehbuch des Films schon 1942 gelesen und damals jeden zu überzeugen versucht, daß dieser Film genau für ihn zugeschnitten sei. Aber er war überall auf Ablehnung gestoßen – sogar bei seinem Freund John Ford. Schließlich hatte er einen Mann gefunden, der bereit war, ihm ernsthaft zuzuhören. Es war Robert Fellows, der später 700.000 Dollar in den Film investierte und mit der Bilanz von über 4 Millionen Dollar Einspielergebnis mehr als zufrieden war.

RKO überredete Wayne, in einer Komödie mitzuwirken. Nach anfänglichem Zögern willigte Wayne ein. Er hatte keine guten Erinnerungen mehr an seinen ersten Lustspielstoff *Girls Demand Excitement* aus dem Jahre 1931, aber warum sollte er sich immer nur auf Western festlegen lassen? Das Ergebnis war fast vorauszusehen. Der Film wurde in den Kinos ein totaler Reinfall.

Für Wayne war dies keine bittere Pille, sondern eine Erkenntnis, die er schon lange gewonnen hatte. Er konnte seine Cowboykleider nicht einfach beiseite legen und in eine andere Rolle schlüpfen. Für seine Fans war er der Mann, der im Wilden Westen beheimatet war und es auch bleiben sollte. Das Ganze hatte natürlich noch eine kommerzielle Seite. Wayne war in seiner Cowboykleidung zu den bestbezahlten Hollywoodstars aufgestiegen und wurde im gleichen Atemzug mit Gary Cooper, Clark Gable, Cary Grant und Humphrey Bogart genannt. Warum also sollte er in den Filmen aus dem Sattel steigen und sich Rollen aneignen, die nicht zu ihm paßten?

Nach der erfolglosen Komödie *Without Reservations* drehte er neben Gail Russell den Western *The Angel and the Badman* (›Der schwarze Reiter‹, 1947).

Daß Gail Russell in dem Film mitspielte, mag vielleicht, angesichts der Tatsache, daß Wayne schon mit vielen berühmten und schönen Frauen Hollywoods gedreht hatte, wenig bedeutend sein. Schließlich waren so bekannte Namen wie Marlene Dietrich, Joan Crawford, Ella Raines, Paulette Goddard, Susan Hayward und Joan Blondell darunter.

Es war etwas anderes, was das Zusammentreffen mit Gail Russell wichtig machte und zukünftige Ereignisse ahnen ließ. Denn ein wenig schien Wayne von seiner Rolle als Bandit in dem Film auch in sein Privatleben mitgenommen zu haben, und Gail Russell etwas von dem Engel, den sie in dem Film spielte. Denn die beiden waren fast unzertrennlich, wenn der Regisseur Edward Grant an einem Drehtag die Filmarbeiten abschloß.

Als sie den Film beendet hatten, stimmte das gesamte Team dafür, eine kleine Feier zu veranstalten, um den letzten Drehtag zu begießen. Die Party ging bis spät in die Nacht und für einige des Teams bis in die frühen Morgen und noch länger.

Chata wartete indessen nervös mit ihrer Mutter in der prächtigen Hazienda, die Wayne im San Fernando Valley erstanden hatte. Aufgeregt ging sie im Wohnzimmer hin und her und blickte auf ihre Uhr. Es war zwei Uhr morgens. Sie sah zu ihrer Mutter hinüber, die auf der Couch saß, und fragte: »Warum ist er bloß nicht zu Hause? Ihm wird doch hoffentlich nichts passiert sein. Oder gibt es einen anderen Grund, daß er so lange wegbleibt?«

Ihre Mutter zuckte schweigend mit den Schultern.

Chata wußte, daß das Filmteam den Abschluß der Dreharbeiten feiern wollte. Und sie ahnte auch, wo sie ihren Mann um diese Uhrzeit antreffen konnte. Mit einer energischen Geste griff sie zum Telefon und wählte die Nummer von Gail Russell. Aber sie wurde enttäuscht. Die Stimme am anderen Ende der Leitung sagte ihr, daß Mr. Wayne in einem Motel in San Fernando sei.

Das brachte sie so in Wut, daß sie ihrem Mann nicht die Tür öffnete, als er gegen fünf Uhr morgens klingelte. Offensichtlich hatte Wayne den Schlüssel vergessen.

»Mach endlich die Tür auf«, hörten Chata und ihre Mutter im ersten Stock die laute Stimme von John Wayne.

Aber die beiden Frauen rührten sich nicht.

Einige Minuten später hörten sie das Splittern von Glas. Sie konnten nicht wissen, daß Wayne die Scheibe der Eingangstür mit der Faust zerschlagen und die Klinke heruntergedrückt hatte, um in das Haus zu gelangen. Jahre später noch schwor Chata, daß sie in dieser Nacht geglaubt habe, ein Einbrecher würde in das Haus einsteigen. Chata fühlte sich bedroht.

Sie nahm eine Pistole, die ihr Wayne zu ihrem eigenen Schutz gekauft hatte, aus einer Schublade und ging in dem halbdunklen Haus in die Eingangshalle hinunter. Plötzlich erkannte sie die Gestalt eines Mannes, der auf dem Sofa lag und sich nicht rührte. Mit zitternder Hand richtete sie den Lauf der Waffe auf den Rücken des Mannes und krümmte den Zeigefinger langsam um den Abzug.

In diesem Augenblick kam ihre Mutter die Treppe herunter und erkannte die Situation. »Nicht schießen!« schrie sie gellend auf. »Dein Mann liegt auf dem Sofa!«

Ungläubig starrte Chata die schlafende Gestalt an. Dann ließ sie die Pistole sinken und weckte John Wayne, der sich schlaftrunken die Augen rieb.

Chata wollte wissen, wo er gewesen war.

Er gab zu, daß er mit Gail Russell den Abend verbracht hatte. Aber es wäre alles ganz harmlos verlaufen. »Ihre Mutter hat uns beide noch zu einem Drink eingeladen«, fügte er treuherzig hinzu.

Warum er nicht in dem Haus von Miß Russell gewesen sei, als sie dort angerufen habe, wollte Chata wissen. Aber auch dafür hatte Duke eine Erklärung. Sie hätten die anderen Mitglieder des Filmteams verloren und dann alle Bars der Stadt abgesucht, um sie wieder zu finden. Leider vergeblich, wie Wayne achselzuckend hinzufügte.

Einige Monate später hatte Wayne bei RKO einen anderen Film abgedreht, der wieder kein Western war. Nach den letzten Filmaufnahmen von *Tycoon* (1947) kehrte er sofort nach Haus zurück, weil ihm noch die Verwicklungen vom letztenmal gut in Erinnerung waren. Aber für den häuslichen Frieden mit Chata nützte ihm das nicht viel. Die beiden hatten sich schon zu weit auseinandergelebt. Vor seiner Heirat mit Chata war Wayne in jedem Haus, in das er kam und das er wieder verließ, als der große Säufer verschrien gewesen. Das hatte sich seit seiner Hochzeit mit Chata geändert. Aber etwas war auch anders geworden. Chata wollte ihn nicht mehr auf der Hazienda sehen.

Wayne hatte eine Eigenschaft, die seinen Arbeits- und Berufskollegen sehr entgegenkam: Er trug niemals privaten Ärger in die Filmerei hinein, und seine Arbeit im Studio wurde nie von häuslichen Aufregungen beeinträchtigt. Aber auch das half ihm in der damaligen Zeit nicht viel. John Waynes Filmruhm begann zu erlöschen.

Montgomery Clift (rechts) als aufmüpfiger Stiefsohn Matthew Garth mit Stiefvater Tom Drunson (John Wayne) in ›Red River‹, 1948.

Erst gegen Ende des Jahres 1947 erschien ein Hoffnungsschimmer am Horizont. Wieder war es John Ford, der Wayne aus einer beruflichen Misere herausriß. Er bot ihm die Hauptrolle in dem Western *Fort Apache* (›Bis zum letzten Mann‹) an. Neben ihm spielten so bekannte Schauspieler wie Henry Fonda und Shirley Temple, die bald darauf John Agar heiratete, der ebenfalls in dem Film mitwirkte.

Nach Beendigung dieses Films ging Wayne zu United Artists, wo Henry Hathaway mit ihm den Film *Red River* (früher auch: ›Panik am roten Fluß‹) drehte. Danach wechselte Wayne zu Metro-Goldwyn-Mayer, bei der John Ford einen neuen Film vorbereitete.

In all den Jahren, die noch folgen sollten, und in denen, die hinter ihm lagen, verlor Wayne niemals das Vertrauen zu Ford als Regisseur. Diese Verbundenheit und der Glaube an die Fähigkeiten von John Ford gehen bis auf das Jahr 1928 zurück, als Ford ihm den Anstoß zu seiner Filmkarriere gab.

»Ich verdanke ihm alles, und es gibt nichts, was ich nicht für ihn tun würde«, sagte John Wayne, wenn die Sprache auf John Ford kam. »Ich weiß zum Beispiel genau, daß er mir niemals eine

Rolle in einem Film anbot, von der er nicht hundertprozentig überzeugt war, daß sie genau zu mir paßte.«

Der Film, an dem Ford bei Metro-Goldwyn-Mayer arbeitete, hieß *Three Godfathers* (›Spuren im Sand‹). Wieder spielte Ward Bond eine Hauptrolle neben Wayne. Die weibliche Darstellerin, die Ford verpflichtet hatte, war Mae Marsh, die nicht nur in dem Film für einigen Wirbel sorgte, sondern auch John Wayne privat sehr durcheinanderbrachte – was nicht ohne Folgen auf der Hazienda in San Fernando blieb, wo noch immer Chata mit ihrer Mutter saß.

Als Chata dann auch noch hörte, daß John Wayne eine Rolle neben Gail Russell in dem Film *Wake of the Red Witch* (›Im Banne der roten Hexe‹) bekam, handelte sie sofort. Sie packte ihre Sachen zusammen und nahm das nächste Flugzeug nach Mexico City.

Und mit einemmal schien etwas mit Wayne passiert zu sein, er arbeitete so hart wie selten zuvor in seinem rastlosen Leben.

Nach dem Film *Wake of the Red Witch* (›Im Banne der roten Hexe‹) drehte er *The Fighting Kentuckian* (›In letzter Sekunde‹), danach *She wore a Yellow Ribbon* (›Der Teufelshauptmann‹), der Wayne gute Kritiken für seine Interpretation eines Kavallerieoffiziers einbrachte. In den folgenden Jahren verwies Wayne immer wieder darauf, daß die Zeitungen nicht deutlich genug erklärt hätten, daß ihm für die Rolle im ›Teufelshauptmann‹ der Oscar hätte zugesprochen werden können.

Im Jahre 1949 machte Wayne vier Filme statt der üblichen ein oder zwei Rollen pro Jahr. Er bereute diesen Entschluß nicht, als die Ergebnisse des Jahres 1949 des *Motion Picture Herald,* der einen allgemeinen Überblick über die Publicity der Filmstars gab, ihn erreichten.

Bing Crosby war von seinem ersten Platz verdrängt worden, und Bob Hope hatte die Führung in der Gunst des Publikums und der Fachjournalisten übernommen. Danach folgten Abbott und Costello. Und wer nahm den vierten Platz ein?

Es war John Wayne, der sich mühsam aus der Anonymität hervorgearbeitet hatte. Nachdem er eine Generation lang als Schauspieler tätig gewesen war, hatten ihn seine Fans in diese ehrenvolle Position gebracht. Da in Hollywood die Kunst der Schauspielerei immer sehr eng mit dem Geldverdienen verknüpft war, zog der Wert eines Schauspielers finanziell immer mit seinem Platz in der Publikumsgunst nach. Und wenn ein

Wieder unter den Fittichen seines Entdeckers und Förderers John Ford: John Wayne in der Hauptrolle des bekehrten Banditen Robert Marmaduke Hightower in ›Three Godfathers/Spuren im Sand‹, 1949.

Schauspieler nach den Meinungsumfragen nicht einen der obersten Plätze einnahm, fragten sich die Gewaltigen in den Studios: Wer braucht diesen Schauspieler eigentlich noch?

Bisher hatte noch niemand ernsthaft die Frage gestellt, ob Wayne ein guter oder ein schlechter Schauspieler war. Es ging immer um die Frage nach der Popularität beim Kinopublikum. Jetzt konnte er wirklich stolz auf seinen vierten Platz in der Publikumsgunst sein, wenn man bedachte, welche Schauspieler nach ihm in der Liste standen: Gary Cooper, Cary Grant, Betty Grable, Esther Williams, Humphrey Bogart, Clark Gable, James Stewart, Randolph Scott, Red Skelton, Clifton Webb, Loretta Young, June Allyson, Alan Ladd, Roy Rogers, Dan Dailey, Olivia De Havilland, Robert Mitchum, Claudette Colbert, Gregory Peck, Spencer Tracy und Jane Wyman.

In einer gewissen Weise war John Waynes Aufstieg für viele Menschen, die über Hollywood Bescheid wußten, ein ungelöstes Rätsel. Denn noch im Jahre 1948 hatte Wayne auf Platz 33 dieser Liste gestanden und war weit weniger bekannt als viele Schauspieler gewesen, die er jetzt klar abgeschlagen hatte.

Vielleicht hing es auch mit Waynes politischen Ansichten zusammen, daß er bei vielen Menschen nicht nur bekannt, sondern auch beliebt war. Denn in diese Zeit fiel die Kommunistenhetze, die sich in Amerika fast zur Hysterie steigerte.

»Ein Schauspieler ist Teil einer größeren Welt, als Hollywood sie darstellt«, sinnierte Wayne und gab dann sein politisches Bekenntnis ab: »Deshalb habe ich mich auch aktiv an dem Kampf gegen die Kommunisten beteiligt. Ich bin zwar in meinem ganzen Leben niemals polititsch aktiv gewesen, aber lange Zeit in meinem Leben war ich tief davon überzeugt, daß Kommunisten nach Amerika eingeschleust wurden und hier Gesinnungsgenossen aufbauten. Und viele dieser Leute sind auch in das Filmgeschäft eingestiegen.«

Viele Leute haben es Wayne sehr übelgenommen, daß er von seinem Grundrecht der freien Meinungsäußerung Gebrauch gemacht hat. Besonders waren es die Manager in der Filmindustrie, die befürchteten, daß viele Menschen, die nicht Waynes Ansicht waren, in Zukunft die Kinos meiden würden, in denen ein Film mit Wayne lief.

Im Jahre 1950 war es dann soweit: Die ›Academy of Motion Picture Arts and Sciences‹ hatte ihn in die engere Wahl für einen Oscar genommen.

Aber das Jahr 1950 war einem anderen Schauspieler vorbehalten: Broderick Crawford erhielt den Oscar für seine brillante schauspielerische Leistung in dem Film *All the King's Men*.

Für seine Interpretation eines Kavallerieoffiziers in ›She Wore a Yellow Ribbon/Der Teufelshauptmann‹, 1949, glaubte John Wayne, den vielbegehrten Oscar verdient zu haben.

Trotz seiner beeindruckenden Darstellung des Sergeant Stryker in *Sands of Iwo Jima* (›Du warst unser Kamerad‹, ›Todeskommando‹) ging Wayne wieder einmal bei der Oscarverleihung leer aus.

Dazu bemerkte Wayne enttäuscht: »Ich habe den Oscar schon zweimal in Empfang genommen. Einmal für Gary Cooper, ein anderesmal für John Ford. Aber ich habe ihn noch nie für John Wayne erhalten.«

Barbra Streisand überreichte John Wayne am 7. April 1970 den Oscar.

9. Chata geht, Pilar kommt

Chatas Meinung über John Wayne war, wie man sich denken kann, nicht die beste. »Er hat mich oft geschlagen«, erzählte sie einem Interviewer. »Er ist überhaupt ein schrecklicher Mann. Jetzt bin ich endlich von ihm geschieden und versuche, ihn so schnell wie möglich zu vergessen.«

Im Frühjahr 1952 drehte John Wayne auf Hawaii den Film *Big Jim McLain*. Und in dieser Zeit wurde sein Bruch mit Chata aller Öffentlichkeit durch die Zeitungen bekannt gemacht. Chata hatte dafür gesorgt, daß ihre Trennung von Wayne publizistisch ausgeschlachtet wurde.

Dabei hatte Wayne seine Frau mit nach Hawaii genommen, um sich noch einmal mit ihr zu versöhnen. Er wollte auf der Inselgruppe eine Art zweite Flitterwochen feiern, um das Verhältnis mit Chata wieder ins reine zu bringen. Aber der große Krach kam nach wenigen Tagen.

Um die Geschichte dieser Trennung zu verstehen, muß man zeitlich ein wenig zurückgehen. Es war im November 1951, als Wayne immer wieder zu dem Haus in Encino ging, um sich über seine häusliche Situation klar zu werden. Seine Frau und deren Mutter waren in dem Haus, aber Wayne selbst sprach nicht mit ihnen, wenn er sie hin und wieder sah.

Wayne dachte über seine finanzielle Situation nach. Zu dieser Zeit verdiente kein Schauspieler in Hollywood mehr als er. Wayne kam auf 150.000 Dollar pro Film. Aber Chata hatte die Gabe, dieses Geld schnell wieder auszugeben. Und auf diese Weise mußte Wayne immer mehr Geld verdienen, um mit den Kaufgelüsten seiner Frau mithalten zu können.

Eines Abends faßte Wayne dann einen Entschluß. Er schrieb seiner Frau eine kurze Nachricht, aus der hervorging, wo sie ihn treffen könnte, wenn sie es wünschte. Er packte ein paar Sachen zusammen und nahm das nächste Flugzeug nach Acapulco. Dann wartete er auf Chata.

Zwei Monate vergingen, und Wayne wartete noch immer. Weihnachten stand vor der Tür, und Duke beobachtete das lebhafte Treiben in der Stadt. Und immer wieder zog er sich in das Haus zurück, das er für seinen Aufenthalt gemietet hatte.

Als er von der Warterei genug hatte, flog er über Mexico City nach Los Angeles. Er fuhr durch die Stadt, kaufte jede Menge Gechenke für Chata und auch für seine Schwiegermutter und wollte die beiden Frauen mit einer freundlichen Geste überraschen. Aber es gab keine Versöhnung mehr zwischen Chata und ihm. Am nächsten Morgen flog Wayne wieder nach Acapulco und grübelte über seine Ehe nach.

Im Frühjahr war Wayne die Trennung leid. Er wollte endlich klare Verhältnisse haben. Um diese Zeit erhielt er die Einladung, auf Hawaii den Film *Big Jim McLain* (›Marihuana‹, 1952) zu drehen, und er ließ über Freunde seine Frau wissen, daß er sie gerne mit nach Hawaii nehmen würde. Als sie sich vor dem Abflug in San Francisco trafen, gab es eine stürmische Begrüßung von beiden Seiten. Sie lagen sich in den Armen, küßten sich und versprachen, die Vergangenheit hinter sich liegen zu lassen, um eine neue Zukunft aufzubauen.

Anfangs hatten sie auch eine schöne Zeit in Hawaii. Aber dann brachen wieder die alten Spannungen durch, und Chata flog nach Hause zurück, packte ihre Sachen in der Hazienda und reiste mit ihrer Mutter nach Mexico City zurück. Dann kam sie nach einigen Wochen wieder nach Amerika, gab eine großangelegte Pressekonferenz und plauderte freimütig über das Leben mit John Wayne. Und da dies alles aus ihrer Sicht der Dinge geschah, blieb an ihrem Ehemann kein gutes Haar haften.

Den Film *Rio Grande* (›Rio Grande‹) machte Wayne dann wieder mit John Ford. Nach diesem Western beging Wayne einen großen Fehler. Er ließ sich auf ein exzentrisches Projekt eines verrückten Mannes ein. Howard Hughes verfilmte ein Drehbuch, in dem es von Düsenmaschinen, Spionagefällen und Konterspionage nur so wimmelte. Aber in *Jet Pilot* (›Düsenjäger‹) legte Wayne sein ganzes Herz hinein.

Neben Wayne spielte noch Janet Leigh eine Hauptrolle in dem Film – und natürlich der Düsenjäger, in dem fast die ganze Handlung spielte. Aber durch unglückliche Umstände kam der Film erst 1957 in die Kinos. Und da wirkte ein Düsenjäger, der schon sieben Jahre nicht mehr gebaut wird, wie ein Fossil aus der Vergangenheit.

Der Film ging, wie man so sagt, in die Hose.

Mit Howard Hughes hatte Wayne keinen Ärger. Er bekam seine 150.000 Dollar für den Film, und damit war für ihn die Sache schnell wieder vergessen.

John Wayne und Nancy Olson in ›Big Jim McLain/Marihuana‹, 1952.

Nach der ganzen Aufregung mit Chata machte Wayne Ferien in
Peru. Aus irgendeinem Grund hatte er sich Tingo Maria ausgesucht, eine Stadt, die kaum auf der Landkarte von Peru zu finden ist.
Zur gleichen Zeit, als Wayne Ferien in Tingo Maria machte,
drehte die bekannte peruanische Filmschauspielerin Pilar Palet-

te einen Film in dieser Stadt. Zwar wollte Wayne in Peru nur Urlaub machen und sich erholen, aber ihn interessierten doch die Filmarbeiten, um zu sehen, wie die peruanischen Regisseure einen Stoff verarbeiteten.

Es konnte dabei nicht ausbleiben, daß Duke und Pilar Palette einander kennenlernten. Sie schilderte später das erste Zusammentreffen mit folgenden Worten: »Ich war sehr beeindruckt von der Größe, der Figur und der Kraft dieses Mannes. Und als er mir zum erstenmal die Hand gab, glaubte ich, eine Hochspannungsleitung zu berühren.«

Pilar Palette kam bald darauf nach Hollywood, um hier einen Film zu drehen. Und wieder traf sie mit Wayne zusammen, der in der Zwischenzeit in Irland den Streifen *The Quiet Man* (›Der Sieger‹) abgedreht hatte.

Seitdem Duke von seiner ersten Frau Josie geschieden war, wollte er seine Kinder so oft wie möglich sehen. Aber seine knapp bemessene Zeit und der häufige Wechsel der Städte und Länder bei den Filmarbeiten ließen es meistens nicht zu, daß er seine Kinder regelmäßig besuchen konnte. Trotzdem hatte seine ehemalige Frau viel Verständnis für diese Umstände, die sein Beruf mit sich brachte, und sie erlaubte den Kindern, mit ihrem Vater den ganzen Sommer über Ferien zu machen.

Im Sommer 1952 widmete sich John Wayne ganz seinen beiden Söhnen. Michael war inzwischen neunzehn Jahre alt und Patrick fünfzehn. Als John Wayne mit John Ford in Irland drehte, gingen die beiden Söhne zu dem Regisseur und fragte ihn: »Onkel John, warum dürfen wir eigentlich nicht in dem Film mitspielen, den ihr hier dreht?«

Ford blickte die beiden Jungen stirnrunzelnd an. Dann sagte er: »Warum denn nicht?«

Maureen O'Hara, die die weibliche Hauptrolle übernommen hatte, war es gelungen, ihren beiden Brüdern eine Rolle in dem Film zu verschaffen. Ebenso spielte ein Bruder von Barry Fitzgerald mit. Und Ford selbst hatte seinem Bruder eine Rolle verschafft, und sein Sohn war Regieassistent bei diesem Film.

Wayne hatte seinen beiden Söhnen immer gesagt, daß er ihnen nichts in den Weg legen würde, wenn sie sich für den Beruf eines Schauspielers entscheiden wollten. Er wußte selbst noch zu gut, wie sehr ihn die Atmosphäre der Studios und des Films in seiner eigenen Jugend fasziniert hatte. Trotzdem machte er ihnen eine Sache zur Bedingung: Sie mußten zuerst ihre Schule beenden.

›Rio Grande‹, 1950, war nach ›Fort Apache/Bis zum letzten Mann‹, 1948, und ›She Wore a Yellow Ribbon/Der Teufelshauptmann‹, 1949, der letzte Teil einer Kavallerietrilogie von John Ford. John Wayne hier als verwegener Lieutenant Colonel Kirby Yorke.

The Quiet Man (›Der Sieger‹) war im gewissen Sinne eine Abkehr vom konventionellen Western, obwohl der Film in Irland spielte. Was aber jedem Zuschauer bei diesem Film in Erinnerung blieb, war der Kampf zwischen Wayne und McLaglen, den

85

Der exzentrische Milliardär Howard Hughes war Produzent von dem 1950 gedrehten ›Jet Pilot/Düsenjäger‹ – Regie: Josef von Sternberg. John Wayne (als Air Force Colonel) in Liebe zu Janet Leigh (eine spionierende Sowjet-Pilotin).

das Drehbuch vorschrieb. Es war einer der längsten Zweikämpfe in der Geschichte des Films.

Viel später hat ein Freund von Victor McLaglen den Film gesehen und daraufhin seinen Freund gefragt: »Meine Güte, Victor. Wenn ihr beide euch so geprügelt habt, müßt ihr doch von Kopf bis Fuß blaue Flecken bekommen haben.«

McLaglen grinste seinen Freund an. »John Wayne und ich haben schon so viele Kämpfe in unzähligen Western durchgestanden, daß wir uns bei diesem Kampf kein Haar gekrümmt haben.«

Kaum war Wayne in Hollywood zurück, drehte er für die Warner Brothers *Trouble Along the Way.*

Bei den Dreharbeiten traf er dann zufällig die peruanische Schönheit wieder.

»Wir kennen uns doch aus Tingo Maria«, begrüßte Wayne Pilar Palette. »Haben Sie nicht Lust, heute abend mit mir essen zu gehen?«

»Ich war damals in dieser großen Stadt ziemlich allein«, erklärte Miß Palette später den Journalisten. »Also habe ich die Einladung angenommen und als amerikanisch-südamerikanische Verständigungsgeste angesehen.« Mit einem Lächeln fügte sie dann noch hinzu: »Als ich dann aber jeden Abend mit Wayne zum Essen ging, habe ich natürlich bald gemerkt, daß das Ganze auch einen sehr privaten Charakter hatte.«

10. Der mexikanische Widerstand

Das Gericht von Los Angeles sieht wie eine Arena aus, in die die Menschen gehen, um einem Kampfgeschehen beizuwohnen. In diese Kampfarena gingen Esperanza und John Wayne, um die schmutzige Wäsche ihrer Ehe zu waschen.

Chata erzählte in aller Ausführlichkeit und Offenheit, wie Wayne die Nacht in Gail Russells Haus verbracht hatte. Und von einem anderen Fall, als er mit Lippenstift verschmiert aus einer Striptease-Bar betrunken nach Hause gekommen war. Und immer wieder berichtete sie, wie Wayne sie im betrunkenen Zustand geschlagen und erniedrigt habe.

»Der ganze Ärger in unserer Ehe kam durch den Alkohol«, erklärte sie dem Gericht. Dann berichtete sie über eine Reihe von Partys, als Wayne wieder einmal betrunken nach Hause gekommen sei und ihr das Nachthemd vom Körper gerissen habe, um dann ins Bett zu fallen. In Honolulu sei er von einer Party gekommen, habe sie an den Füßen gepackt, aus dem Bett gezerrt und durch das ganze Zimmer geschleift.

Ein andersmal im El-Prado-Hotel in Mexico-City habe er sie bei einem anderen Ehepaar in der Suite entdeckt und an den Haaren durch die Eingangshalle bis zu ihrem Zimmer gezogen, daß sie vor Schmerzen laut aufgeschrien habe.

Und dann erzählte sie noch, wie Wayne sie in der übelsten Weise beschimpft habe. Als der Vorsitzende sie fragte, was Wayne ihr alles gesagt habe, senkte sie den Blick und erklärte, daß sie solche Worte unmöglich wiederholen könne.

Und dann wandte sie sich mit einem Lächeln an Wayne und sagte laut in den Saal: »Aber er hat ein Herz aus Gold. Wenn der verfluchte Whisky und Rum nicht wären, hätte er sich niemals so häßlich zu mir verhalten. Denn wenn er wieder nüchtern war, hat er sich jedesmal bei mir für sein Benehmen entschuldigt.«

Aber im gleichen Atemzug erzählte sie, daß sie sich kaum an Tage erinnern konnte, an denen Wayne nicht herumkrakeelt oder randaliert habe. Sie erinnerte sich dabei an eine Nacht in Acapulco, als Wayne sie furchtbar angeschrien habe, weil sie in eine Nudisten-Party hineingeplatzt sei, die Wayne mit ein paar Freunden veranstaltet habe.

Die letzte größere Auseinandersetzung habe es dann am 7. Mai 1952 in Honolulu gegeben. »Er hat mir den Schal vom Hals gerissen und in den Dreck geworfen«, erzählte Chata dem Gericht. »Als wir dann endlich im Hotel waren, hat er mit den Fäusten gegen die Wand getrommelt und mich verflucht.«

Nach ihrer eigenen Meinung hatte Chata viel von Wayne erleiden müssen: Schläge, Prügelszenen, Geschrei, Zustände sinnloser Trunkenheit, Bloßstellung ihrer Person vor anderen Leuten – aber der Gipfel von allem sei gewesen, daß Wayne ihren Schal in den Dreck geworfen habe.

Für Wayne waren viele Anschuldigungen seiner Frau an den Haaren herbeigezogen. »Warum konnte sie nicht den Namen von Miß Russell aus dem Prozeß herauslassen?« fragte er verständnislos. »Ich habe mit ihr eine Menge Filme zusammen gemacht, aber privat hatte ich kaum etwas mit ihr zu tun. Ich muß betonen, daß ich es zutiefst bedaure, daß der Name von Miß Russell in diesem Zusammenhang erwähnt worden ist.«

Am nächsten Tag kam das Gericht wieder zusammen und verkündete, daß die Aussagen von Chata überzeugend genug gewesen seien, um zu einem übereinstimmenden Urteil in dem Streitfall Wayne gegen Wayne zu kommen.

Die finanzielle Seite der Angelegenheit war schnell erledigt. Chata hatte ausgesagt – und John Wayne hatte ihr auch hier nicht widersprochen –, daß Duke 500.000 Dollar im Jahr durch seine Filmarbeit verdiene. Sie hatte weiterhin angegeben, daß sie beide über 13.000 Dollar im Monat verbrauchten. Folglich kam sie zu dem Schluß, daß Wayne ihr das Haus in San Fernando überlassen solle und ferner 10.000 Dollar im Monat an Unterhalt zu zahlen habe. Weiter wollte sie nichts von Wayne.

Er dagegen war anderer Meinung. Duke erklärte dem Gericht, daß seine Frau und auch seine Schwiegermutter extravagant seien und von nun an einen normalen Lebensstil führen müßten, wie es jeder zweite Amerikaner auch tue. Er sei daher bereit, Chata 1000 Dollar monatlich zu zahlen.

Der Gerichtsbeschluß kam dann auch Wayne entgegen, weil sich die Richter seiner Argumentation – und der seines Anwalts – anschlossen. Wayne mußte seiner Frau 1100 Dollar monatlich bezahlen und ihre Anwaltskosten in Höhe von 10.000 Dollar übernehmen.

Und was das Haus betraf, so erhielt es Wayne selbst. Für seine Schwiegermutter mußte er selbstverständlich keinen Cent bezahlen. Er wäre sonst der erste Mann in Amerika gewesen, der für seine Schwiegermutter nach der Scheidung noch hätte aufkommen müssen.

Aber damit gab Wayne sich noch immer nicht zufrieden. Er fragte das Gericht, ob man auch ihm bewilligen würde, eine Aussage zu machen. Das Gericht gab seinem Antrag statt. Und dann sprach John Wayne sich über seine Ehe aus. Nicht er sei es gewesen, der viel getrunken habe, sondern Chata wäre in der Ehe die Säuferin gewesen.

In aller Ausführlichkeit schilderte er, wie man seinen Wagen beschlagnahmt habe, weil Chata einmal die Rechnungen für ihre alkoholischen Getränke nicht habe bezahlen können. Auch die angeblichen Schlägereien zwischen ihm und seiner Frau zeigten sich nach seinen Aussagen in einem ganz anderen Licht. Wayne erzählte, wie Chata einmal in einem Hotel so betrunken gewesen sei, daß er sie förmlich in ihr Zimmer habe schleifen müssen. Weiterhin berichtete Wayne von verschiedenen Liebschaften, die seine Frau gehabt habe. So habe zum Beispiel Nicky Hilton eine Woche in seinem Haus in San Fernando verbracht, während er selber irgendwo anders mit Filmaufnahmen beschäftigt gewesen war.

Nach Waynes Aussage wurde noch das Dienstmädchen der beiden als Zeugin geladen. Sie erklärte, daß Wayne seine Frau geschlagen habe. Wayne hielt dagegen, daß er das nicht abstreiten wolle – allerdings habe er Chata nur geschlagen, wenn sie ihn angegriffen habe. Und er erzählte dem Gericht eine andere Episode mit seiner Frau.

»Wir waren in einem Nightclub. Chata war so betrunken, daß sie mitten im Saal umfiel. Als ich sie aufheben wollte, schrie sie laut auf, daß ich sie niedergeschlagen habe. Und derartige Dinge sind häufig vorgekommen.«

Das Gericht blieb bei der finanziellen Regelung, die es schon vorher beschlossen hatte. Außerdem wurde beiden Partnern untersagt, innerhalb des nächsten Jahres zu heiraten.

Wayne nahm die Angelegenheit von der gelassenen Seite. »Ich habe mit Pilar nach der Scheidung wundervolle Stunden und Tage verlebt. An Heirat haben wir beide nicht gedacht. Jedenfalls kann ich das von mir behaupten. Und ich glaube, Pilar hat ähnlich gedacht.«

Trotz dieser Auffassung sollte Wayne nicht mehr lange allein bleiben.

11. Niemand ist wie Duke

Als John Wayne von Esperanza Baur geschieden war, konnte er auf eine ungewöhnliche Karriere in Hollywood zurückblicken. Er hatte sein Image als Westernheld fast ein Vierteljahrhundert gepflegt und erhalten, und es gab in diesen Tagen weniger als eine Handvoll von Schauspielern, die mit seiner langen Popularität konkurrieren konnten. Eigentlich gab es nur zwei Männer, die in dieser Beziehung mit ihm zu vergleichen waren: Gary Cooper und Clark Gable. Aber keiner von ihnen war auch nur annähernd soviel vor der Kamera aufgetreten wie Duke. Er hatte bis zu diesem Zeitpunkt 112 Filme gemacht, und ein Ende war nirgendwo in Sicht. Hinzu kam noch, daß Wayne es geschafft hatte, der Kassenmagnet Nummer eins zu sein. Und dies nicht nur für kurze Zeit, sondern für zwei aufeinanderfolgende Jahre.

Wie kann man diesen ungewöhnlichen Erfolg von Wayne erklären? Sicherlich waren es nicht seine Rollen, sein Handeln und seine Filme in den dreißiger Jahren, die ihn über das Mittelmaß zweitklassiger Schauspieler hervorgehoben haben. Denn in diesen Rollen war er nie viel mehr als der übliche Cowboy, der seine Feinde von dem Land vertrieb, das er sich mühsam urbar gemacht hatte. Oder der Sheriff, der für Ordnung sorgte.

Gegen Ende der vierziger Jahre zeichnete sich dann ein völlig anderes Bild von Wayne als Schauspieler ab. Seine Rollen bekamen mehr Differenziertheit und Aussagekraft als vorher. Obwohl Duke keinen Schauspielunterricht genommen hatte – sieht man einmal von seinem kurzen Zwischenspiel 1929 bei dem Lehrer ab, der seine Stimme verbessern sollte und prophezeit hatte, daß aus Wayne niemals ein Schauspieler werden würde –, wurde die Darstellung seiner Rollen immer besser. Denn ihm kamen die vielen Erfahrungen zugute, die er sich in den unzähligen Filmen erworben hatte, als er Klischeerollen hatte spielen müssen.

Wieso gelang es John Wayne 1950, Bing Crosby von der Spitze der Popularitätsliste des *Motion Picture Herald* zu verdrängen? Viele Leute – Schauspieler, Regisseure, Kinobesitzer, Fans, Produzenten – haben darauf eine Antwort gegeben, und jede Erklärung fiel anders aus.

Duke wiederum hat seine eigene Ansicht. »Es ist bestimmt nicht, weil ich billig zu haben wäre. Ich bin im Gegenteil ein Schauspieler, der sehr gut bezahlt wird. Und ich nehme an, daß meine beste Eigenschaft die Ehrlichkeit ist. Diese Ehrlichkeit strahle ich auch in meinen Rollen aus, und die Zuschauer nehmen es mir ab, weil es nicht gekünstelt ist. Sie glauben mir einfach die Rollen, die ich in den Filmen spiele.«

Dann fügte er noch schmunzelnd eine weitere Erklärung hinzu: »Die Leute haben mich schon so oft in vielen Filmen gesehen, daß sie beinahe glauben, ich sei einer aus ihrer eigenen Familie.«

Bis 1950 war eine ganze Generation von Kinogängern mit ihm zusammen aufgewachsen, hatte ihn in den verschiedensten Rollen gesehen und konnte erkennen, wie sich ein Schauspieler von kleinen und unbedeutenden Rollen zu künstlerischen Leistungen entwickelte.

Und diese Entwicklung war nicht stehengeblieben. In jedem Jahr drehte Wayne einen weiteren Film in Hollywood, der die Kritik und das Publikum aufmerksam machte.

Ein weiteres Indiz für Waynes ungebrochene Popularität war die Liste des *Motion Picture Herald* von 1951: Wieder stand Wayne ganz oben. Es folgten Dean Martin und Jerry Lewis an zweiter Stelle, dahinter Betty Grable, Abbott und Costello als Nummer vier, Crosby, Hope, Randolph Scott, Gary Cooper, Doris Day und Spencer Tracy.

Das Magazin *Time* war so beeindruckt von diesem Top-Platz in der Liste, daß es ihm im zweiten Jahr der Placierung eine Titelgeschichte widmete, in der man zu ergründen suchte, woher die Popularität dieses Schauspielers kam. Aber auch *Time* konnte die Frage letztlich nicht zufriedenstellend klären.

»In den vierundzwanzig Jahren, in denen Wayne über 150 verschiedene Rollen gespielt hat, wurde er immer mehr ein Gütezeichen von Unbestechlichkeit.«

Raoul Walsh, der Wayne seine erste Filmrolle gegeben hatte, steuerte seine Sicht bei. »Von dem Tag an, als ich die Probeaufnahmen mit John Wayne gemacht hatte, wußte ich, daß Duke nur er selbst zu sein brauchte, um eine Rolle überzeugend spielen zu können. Seine Persönlichkeit, sein Ausdruck, seine natürlichen Verhaltensweisen sind wie geschaffen für die Rollen, die er in den Filmen gespielt hat.«

John Ford hatte eine andere Erklärung. »Duke ist aus dem glei-

*In ›The Quiet Man/Der Sieger/Die Katze mit den roten Haaren‹, 1952:
John Wayne im Dauerstreit mit Partnerin Maureen O'Hara.*

chen Grund an der Spitze aller Schauspieler in Amerika, warum
es auch Gary Cooper, Clark Gable und Jimmy Stewart sind und
bleiben werden. Sie stellen alle den netten, sauberen, gediege-
nen amerikanischen Durchschnittsmann dar. Junge und ältere
Männer bewundern sie, Frauen lieben sie. Sie sehen diese
Schauspieler als großen Bruder an, als Ehemann oder als Kum-
pel. Sie sind eben keine hölzernen Figuren, die in irgendwel-
chen Büchern stehen, sondern man kann sie unmittelbar auf der
Filmleinwand erleben.«
Ford konnte vor Wut in die Luft gehen, wenn er manchmal in
Zeitungskritiken las, daß Schauspieler wie Wayne, Cooper,
Gable oder Stewart nur gediegenes Mittelmaß seien, denen das
Format eines großen Schauspielers fehle.
»Sie sind allesamt große Schauspieler!« rief Ford dann aus.

»Und nicht nur das: Sie sind auch Vollblutschauspieler, die ihre Rolle im Film genau so spielen, wie sie auch im wirklichen Leben sind. Stewart mag da eine Ausnahme sein. Er ist im Leben anders als auf der Leinwand. Aber er ist der einzige von den vier genannten Männern, die jemals Schauspielunterricht gehabt haben.«

Wenn man Fords Argumentation folgen wollte, müßte man sich fragen, ob Wayne die Probleme in seinem Leben wirklich so bravourös bewältigt hat wie in seiner Rolle als Ringo Kid in dem Film *Stagecoach* (›Ringo‹).

Erinnert man sich an die Vorstellung, die er vor dem Gericht anläßlich seiner Scheidung von Esperanza Baur (und natürlich auch von ihrer Mutter) gab, wird man in Wayne den Typ von Mann sehen, der nicht sang- und klanglos aufgibt. Und er tauchte am Ende des Streites auch noch als Sieger auf – wie er dies in vielen seiner Filme auch tat.

Wenn diese Gerichtsverhandlung etwas bewirkte, so war es dies, daß seine Fans ihn noch mehr verehrten. Denn viele von ihnen hatten sich gewundert, warum Wayne nicht auch seinen Sex-Appeal in seinem privaten Leben zur Geltung brachte, wenn er es in den Filmen so gut vermochte. Denn gerade das war es, was viele Männer an Gable oder Cooper so sehr bewunderten, wenn sie die Klatschberichte über ihre verschiedenen Romanzen lasen. Jetzt hatten die Fans von Wayne wenigstens einen Blick in sein Privatleben werfen dürfen. Und was sie sahen, gefiel ihnen gut.

Seltsamerweise hat es Wayne niemals besonders stark interessiert, auf der Leinwand Sex-Appeal zu demonstrieren. Jedenfalls nicht das, was man im herkömmlichen Sinne darunter versteht. In dieser Beziehung waren Gable oder Cooper ihm weit voraus, denn sie konnten durch ihre Liebesszenen auf der Leinwand die weiblichen Filmbesucher in den Kinosesseln vor Sehnsucht fast verschmachten lassen.

Während der Dreharbeiten zu dem Film *Jet Pilot* (›Düsenjäger‹) machte sich Janet Leigh über Wayne lustig. »Der Bursche ist bestimmt nicht sehr erfahren, wenn es um Liebesspielchen geht.«

Ein Mitarbeiter des Regieteams erwiderte daraufhin: »Das mag schon sein. Aber dafür ist er als Schauspieler sehr gründlich und nimmt seine Rolle ernst.«

Um so paradoxer war es dann, als Wayne in den frühen fünfziger Jahren immer mehr sexuelle Verwicklungen mit Frauen hatte – allerdings auf der Leinwand. Und er spielte diese Rollen als Liebhaber diskret und ohne falsche Sentimentalität.

Wenn man John Wayne fragte, wieviel er durch seine bisherige Filmarbeit verdient habe, antwortete er ohne zu zögern, daß es bestimmt schon über 15 Millionen Dollar seien. Dazu kämen dann noch die Einnahmen aus Firmen, Investments, Gesellschaften usw., die sich auf über 500.000 Dollar im Jahr beliefen.

Sein Freund und Finanzberater Bo Roos fügte bei einer solchen Gelegenheit immer noch hinzu: »Wir haben schon einmal ausgerechnet, wieviel Waynes Filme den Produzenten und Filmgesellschaften eingebracht haben. Aber man kann die Zahl überhaupt nicht nennen, weil sie enorm ist. Sie bewegt sich in der Größenordnung, die Amerika für die Rüstung des Zweiten Weltkrieges bezahlt hat.«

»Ich weiß nur, daß ich schon sehr vielen Leuten dazu verholfen habe, Millionär zu werden«, ergänzte John Wayne grinsend.

Allmählich begann man in Hollywood den Einfluß des Fernsehens stärker zu spüren. Dazu kam noch der ungeheure Bedarf des neuen Mediums an alten Filmen. Sie wollten jeden Film haben, den sie bekommen konnten. Unter ihnen gab es auch zahlreiche alte Western mit Wayne, die dann über das Fernsehnetz ausgestrahlt wurden.

Das Ergebnis war für Wayne, daß er plötzlich wiederentdeckt wurde. Und das brachte einige finanzielle Vorteile mit sich, da er nichts weiter getan hatte, als früher in den Filmen eine Hauptrolle zu spielen. Dafür brachten ihm jetzt diese Western wieder Geld ein, da er an den Einnahmen prozentual beteiligt war.

Wayne hatte in der Zwischenzeit genügend Geld verdient, um sich auch als Produzent betätigen zu können. Aber seine Chance, einen Film zu finanzieren, bekam er erst 1949. Es war der Streifen *She wore a Yellow Ribbon* (›Der Teufelshauptmann‹). Danach kam *Big Jim McLain,* (›Marihuana‹) und andere sollten noch folgen.

Big Jim war in der Tat von den Wayne-Fellows-Productions finanziert worden. Diese Gesellschaft war von Wayne mit Robert Fellows organisiert und ins Leben gerufen worden. Fellows hatte schon im Jahre 1942 in den John-Wayne-Film *Tall in the Saddle* (› Mit Büchse und Lasso‹) 700.000 Dollar investiert. Das Risiko hatte sich gelohnt, da der Film über vier Millionen Dollar eingespielt hatte.

Die Wayne-Fellows-Productions war die erste von Hollywoods sogenannten unabhängigen Produktionsfirmen. Aber sie mußten sich trotzdem noch an die großen Filmgesellschaften mit ihren riesigen Studios und dem qualifizierten Personal anhängen, damit ihre Filme in den Kinos des Landes gezeigt werden konnten. Wayne-Fellows schloß solch ein Arrangement mit den Warner Brothers ab.

Noch nicht einmal die Vorbereitungen für seine Scheidung konnten Wayne davon abhalten, einen Film zu drehen. Er spielte in dieser Zeit eine Rolle in *Island in the Sky* und produzierte diesen Film gleichzeitig mit Fellows.

Wayne-Fellows, die sich später Batjac Productions nannten, kauften das Manuskript zu dem Film *Hondo* (›Man nennt mich Hondo‹).

Wayne hatte mit Glenn Ford verhandelt. Er sollte die Hauptrolle in dem Film übernehmen. Aber Glenn Ford lehnte ab, weil er nicht mit John Ford zusammenarbeiten wollte. Daher übernahm Wayne selbst die Hauptrolle des Hondo. Der Film spielte 4.100.000 Dollar ein, was über 500 Prozent von der Summe waren, die Batjac investiert hatte.

Für den nächsten Batjac-Film *The High and the Mighthy* (›Es wird immer wieder Tag‹) hatten sie Spencer Tracy die Hauptrolle angeboten. Nachdem er abgesagt hatte, übernahm Wayne selbst die Rolle des Dan Roman, eines erfahrenen Piloten, der über dem Pazifik Schwierigkeiten mit den Triebwerken bekommt. Waynes Darstellung des älteren Piloten, der in der Gefahrensituation ruhig und besonnen bleibt und auf diese Weise die Passagiere unbeschadet wieder auf den Boden bringt, hat ihm von seiten der Kritik positive Artikel eingebracht.

Hondo (›Man nennt mich Hondo‹) und *The High and the Mighty* (›Es wird immer wieder Tag‹) waren die einzigen Filme, die Wayne im Jahre 1954 drehte, und die in den Kinos gezeigt wurden. Als dann im Dezember die Liste des *Motion Picture Herald* bekanntgegeben wurde, war die Überraschung groß: John Wayne hatte die Nummer eins von 1953, Gary Cooper, von dessen Platz verdrängt, was sicherlich auf seine gute schauspielerische Leistung in dem Film *The High and the Mighty* (›Es wird immer wieder Tag‹) zurückzuführen war.

Es gab noch einen dritten Film im Jahr 1954, der allerdings nicht sofort in die Filmtheater kam. Es war *The Sea Chase* (›Der Seefuchs‹), der auf Hawaii gedreht worden war. Die Filmarbeiten

In ›Hondo/Man nennt mich Hondo‹, 1954, spielte Geraldine Page an der Seite von John Wayne die weibliche Hauptrolle der Angie Lowe.

waren im Oktober beendet worden, als ein unvorhergesehenes Ereignis passierte. Aber bevor davon die Rede sein wird, ist es nötig, die Szene zu beleuchten, die sich zwei Monate vorher in Kalifornien abgespielt hatte.

John Wayne begleitete Pilar Palette zu seinem Haus in San

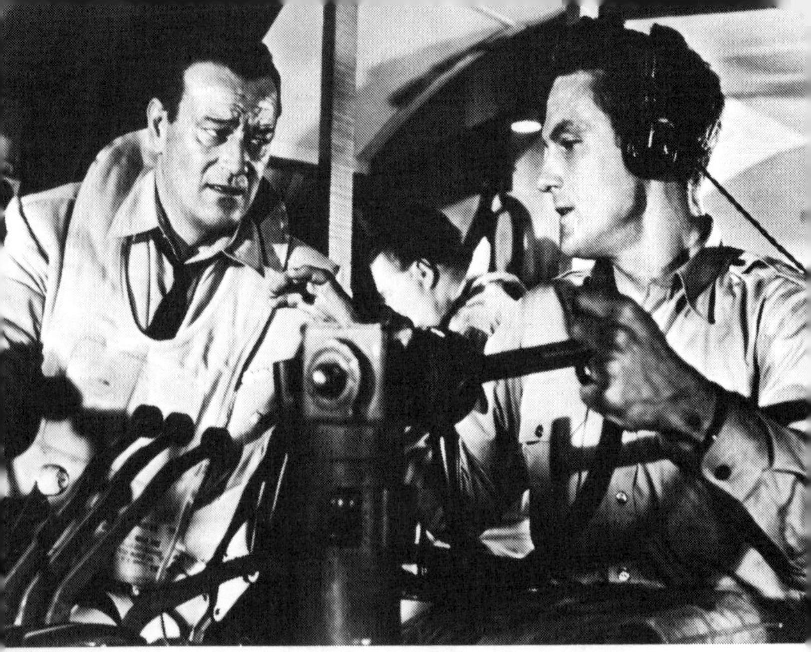

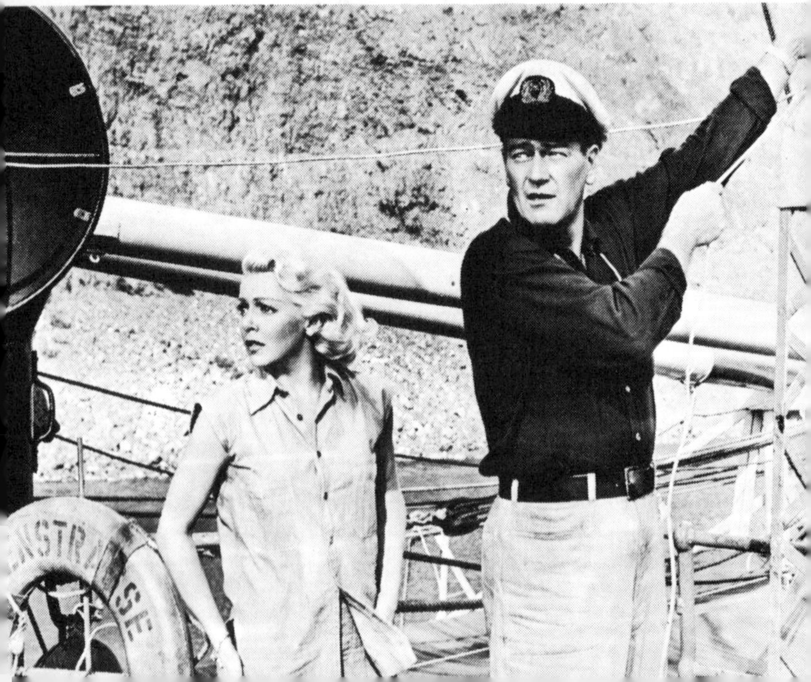

Fernando Valley, das nicht weit entfernt von der Ranch Clark Gables entfernt lag. Aber Dukes Haus ähnelte eher einer Farm in Kentucky als einer Ranch in Kalifornien.

Das Haus war ihm damals nach der Scheidung von Chata zugesprochen worden, und Wayne wollte es gerne Pilar Palette zeigen.

»Ich habe es 1950 gebaut«, erklärte er und deutete auf die Fassade. »Aber ich habe viel zu wenig darin gelebt. Wenn es dir nicht gefällt und du glaubst, daß du darin nicht glücklich wirst, werde ich es verkaufen und uns irgendwo anders ein neues Haus bauen. Das kann dann auf der ganzen Welt sein, wo du willst.«

Pilar schüttelte den Kopf. »Ich werde hier bestimmt sehr glücklich sein.«

Später erzählte Pilar von diesem Ereignis: »Das war der erste Schritt, den Wayne tat, um mir einen Heiratsantrag zu machen.«

Oben: Pilot und Copilot in ›The High and the Mighty/Es wird immer wieder Tag‹, 1954: Robert Stack als Sullivan neben John Wayne als Dan Roman. Der Film war für den Produzenten Wayne mit sechs Millionen Dollar Einspielergebnis ein voller Erfolg.

Unten: John Wayne als »guter Deutscher«: Kapitän Karl Ehrlich in ›The Sea Chase/Der Seefuchs‹, 1955. Lana Turner als Spionin Elsa Keller an Bord des Blockadebrechers.

12. Ein Mann und seine Prinzipien

Die Zeit war verstrichen, die das Gericht nach der Scheidung von Chata den beiden Partnern auferlegt hatte, und Wayne konnte wieder heiraten.

Auch Pilar war frei, um eine neue Ehe einzugehen.

Pilar war fast vierundzwanzig Jahre alt und somit genau dreiundzwanzig Jahre jünger als Wayne. Ihren vierundzwanzigsten Geburtstag wird Pilar bestimmt niemals vergessen.

»Ich hätte ihn damals umbringen können«, erinnerte sich Pilar viel später noch an diesen Tag. »Er erzählte mir von sonstwelchen Dingen, aber er erwähnte mit keinem Wort meinen Geburtstag. Ich nahm daher an, daß er ihn vergessen hatte und war in entsprechend schlechter Stimmung. An diesem Abend ging ich früh in mein Zimmer, schminkte mich ab und legte mich in mein Bett, als mit einem Schlag mein neues Lebensjahr begann. Das ganze Filmteam klopfte an meine Tür, und alle sangen lautstark *Happy Birthday*. Und dann gab es Sekt und Whisky, und jeder von ihnen hatte ein Geschenk für mich. Ich saß die ganze Zeit über wie ein Geist in meinem Bett und konnte alles noch nicht begreifen.«

Am 1. November 1954 war dann ihr Hochzeitstag. Sie feierten ihn auf Hawaii in dem Haus eines Senators, der sie für diesen Tag mit ihren Gästen eingeladen hatte. Wayne und Pilar zogen sich aber bald in das Royal Hawaiian Hotel zurück.

Am nächsten Morgen kamen dann die Reporter zu ihnen und stellten ihre Fragen.

»Das ist das Schönste, was mir in meinem ganzen Leben passiert ist«, erklärte Wayne strahlend. »Ich habe schon viele wunderbare Sachen erlebt. Aber diese Hochzeit mit Pilar übertrifft alles andere.«

Und Pilar erklärte den Reportern: »Wir machen es anders als die meisten anderen Paare, die ihre Flitterwochen auf Hawaii verbringen. Wir fliegen nämlich von hier aus nach Kalifornien zurück, weil der Film auf Hawaii abgedreht ist.«

Als man Wayne fragte, ob er aus Prinzip nur Frauen heirate, die südlich der Grenze Amerikas geboren seien, erwiderte er grinsend, daß es sich dabei nur um einen Zufall handelte.

»Ich bin mir niemals bewußt geworden, daß ich einen bestimmten Typ von Frauen lieber mag als einen anderen«, berichtete Wayne weiterhin. »Man sagt zwar immer, ein Mann folge seinen eigenen Gesetzen und Vorstellungen, aber ich glaube das in dieser Beziehung bei mir nicht, denn jede meiner Frauen war völlig verschieden von der anderen und hatte ihre eigene Persönlichkeit.«

Und auf die Frage, ob Pilar ihre schauspielerische Karriere fortsetzen würde, erklärte Wayne mit Bestimmtheit: »Nein, das wird sie nicht. Sie hatte niemals das, was wir in Amerika eine

Der ›Duke‹ mit seiner Familie: John, Ethan, Aissa, ›Baby‹ Marissa und Ehefrau Pilar (von links).

Filmkarriere nennen. Es war einfach so, daß man in der Nähe, wo sie wohnte, einen Film über das Gold der Inkas drehte. Und man brauchte eine Frau, die lange Haare hatte, und der Regisseur stellte sich diese Frau offensichtlich so vor, wie Pilar aussah. Er hat sie zufällig gesehen und vor die Kamera gestellt.«

An diesem Punkt der Geschichte schien Wayne die Tatsachen so korrigiert zu haben, wie er sie gerne sehen wollte. Denn die peruanische Filmgesellschaft erklärte auf Anfragen von Reportern, daß Pilar eine der bekanntesten Filmschauspielerinnen ihres Landes sei.

Wo sie die Flitterwochen in Kalifornien verbringen würden, wurde Wayne weiterhin gefragt.

Wayne grinste: »Es mag seltsam klingen, aber wir verbringen die Flitterwochen bei uns zu Hause. Wir sind beide schon so viel in der Welt herumgekommen, daß wir ruhige Flitterwochen verbringen möchten. Schließlich wollen wir beide in diesen Tagen auch etwas voneinander haben.«

Und welches sei sein nächster Film?

»Wir werden *Blood Alley* drehen«, erwiderte Wayne. »Ich habe schon mit Robert Mitchum und Lauren Bacall gesprochen. Die beiden werden die Hauptrollen in dem Film übernehmen.«

Aber es kam genauso wie bei den Filmen mit Glenn Ford und Spencer Tracy. Robert Mitchum übernahm doch nicht die für ihn vorgesehene Rolle. Also spielte Wayne sie wieder selbst.

Nach *Blood Alley* drehte er *The Conqueror* (›Der Eroberer‹), der von Dick Powell produziert und als Regisseur geleitet wurde. Neben Wayne spielten in dem Film Susan Hayward, Pedro Armendariz und Agnes Moorehead. Aber es gab auch erfreuliche Ereignisse: Am 31. März 1956 wurde Aissa Wayne geboren, von der Pilar behauptete, daß sie von klein an John Wayne wie aus dem Gesicht geschnitten war.

»Es war ein unerhörtes Ereignis«, schwärmte Pilar Wayne nachträglich.

Und dann erzählte sie, wie sich die Geburt angekündigt hatte. »Ich weckte John mitten in der Nacht auf und erklärte ihm, daß wir jetzt besser zur Klinik fahren sollten. Aber ihn schien das Ganze nicht so sehr aufzuregen. ›Bleib vor allem ruhig‹, sagte er zu mir, während er sich anzog und den Wagen aus der Garage fuhr. Ich kann von mir nicht sagen, daß ich sehr nervös war, aber Wayne schien die Ruhe selber zu sein. Während der Fahrt zur Klinik sang er die ganze Zeit Lieder, wie er sie mit John Ford

John Wayne als einsamer Rächer Ethan Edwards in ›The Searchers/Der schwarze Falke‹, 1956. Regie: John Ford.

und Ward Bond bei den Campfeuern in Utah gesungen hat. Ich nehme an, daß er das getan hat, um mich zu beruhigen. Aber diese Lieder waren von ihrem Inhalt her gesehen nicht unbedingt geeignet, eine werdende Mutter zu besänftigen.«

In den Wochen und Monaten, die auf dieses Ereignis folgten, eilte Wayne immer so schnell er konnte von den Studios nach Hause, um mit seiner kleinen Tochter Aissa zu spielen, bevor Pilar sie ins Bett legte.

»Es war herrlich, mit anzusehen, wie Duke sich mit der kleinen Aissa beschäftigte«, erzählte Pilar lachend. Aber dann legte sich ihre Stirn in Falten. »Trotzdem hat mir nie gefallen, daß John ihr immer große Stoffhunde und eine Unmenge von Teddybären mitgebracht hat.«

Für Wayne war das Jahr 1956 aber auch in anderer Hinsicht vielversprechend. Er hatte das Vergnügen, der gesamten Presse die Mitteilung machen zu können, daß er der höchstbezahlte Filmstar der Welt war. Von diesem Zeitpunkt an bekam er für jeden Film die Summe von 666.666 Dollar und 66 Cents. Wenig später gab Wayne bekannt, daß er bei der 20th Century-Fox einen Vertrag unterschrieben hatte, der ihm für die nächsten drei Jahre zwei Millionen Dollar für drei Filme garantieren würde. Wenn man davon ausgeht, daß ein Film in durchschnittlich acht Wochen abgedreht ist, bedeutete dieser Vertrag, daß Wayne 100.000 Dollar in der Woche verdiente – das war mehr, als die meisten Stars für einen einzigen Film erhielten. Wayne ließ ferner durchblicken, daß ihm der Vertrag über zehn Jahre lang die Summe von 200.000 Dollar im Jahr garantieren werde.

Ein Reporter fragte daraufhin: »Das würde bedeuten, daß Sie nach drei Filmen für Ihr ganzes Leben lang ausgesorgt haben.« Wayne nickte ihm zu. »Das stimmt. Aber ich denke nicht daran, mit dem Filmen aufzuhören.«

Und er drehte einen Film nach dem anderen. Nach *The Searchers* (›Der Schwarze Falke‹) wirkte er in *I Married a Woman* und *Wings of Eagles* (›Dem Adler gleich‹) mit. Dann kam wieder die Zeit, um unter dem Zeichen von Batjac einen Film zu drehen. Aber die innere Struktur der Gesellschaft hatte sich ein wenig verändert. Waynes Partnerschaft mit Robert Fellows war im Dezember 1955 auseinandergebrochen, nachdem sie zehn Filme zusammen finanziert hatten.

Das erste Projekt, das unter den neuen Bedingungen für Batjac gedreht wurde, war der Film *The Legend of Timbuctoo*. Er entstand in Italien, Tripolis und Libyen mit Sophia Loren und Rossano Brazzi in den Hauptrollen.

Allerdings kam der Film mit dem Titel *Legend of the Lost* (›Die Stadt der Verlorenen‹) 1957 in die Kinos.

Wayne ging jetzt mit seiner unabhängigen Filmgesellschaft einen Vertrag mit United Artists ein, der gewährleisten sollte, daß die nächsten vier Filme in die Kinos kamen. Das bedeutete für Wayne zusätzlich eine Menge Geld neben dem Zweimillionenvertrag für drei Filme mit der 20th Century-Fox.

Während Wayne in Gadames, einer Oase mitten in der Sahara, war, schickte er ein Telegramm an Pilar.

»Es ist wunderschön hier. Ich vermisse dich sehr. Komm so schnell wie möglich.«

John Wayne als Frank ›Spig‹ Wead zusammen mit Maureen O'Hara in ›The Wings of Eagles/Dem Adler gleich‹, 1957. Regie: John Ford.

Pilar verließ Aissa zusammen mit ihrer Mutter, die, wie alle Schwiegermütter, auch nach deren Heirat gerne noch bei ihrer Tochter war. Sie flogen beide zu Wayne. In New York mußten sie die Maschine wechseln.
Später tauchte das Gerücht auf, daß Wayne gar nicht so sehr sei-

ne Frau oder seine Schwiegermutter sehen wollte, sondern daß der einzige Grund, warum er Pilar das Telegramm geschickt hatte, war, daß er heiße Würstchen aus Amerika haben wollte, die es in der Sahara offensichtlich nicht gab. Denn Pilar Wayne kaufte tatsächlich auf dem New Yorker Flughafen vier große Büchsen mit Frankfurter Würstchen, bevor sie in die Maschine nach Tripolis stieg. Da Pilar für kurze Zeit als Stewardeß für die Panagra Airlines geflogen war, machte ihr die Reise im Flugzeug wenig aus. Allerdings war sie nach den vier Tagen, die sie bis Gadames brauchte, ziemlich erschöpft.

Als sie ihrem Mann dann die von ihm heißersehnten Würstchen überreichte, stellten sie fest, daß das Hotel, in dem das Filmteam wohnte, keine Kochplatten hatte. Also mußten sie die Würstchen kalt essen. Und Pilar merkte noch etwas: Sie hatte in ihrem Eifer vergessen, zu den Frankfurtern auch Senf zu kaufen. Und der war beim besten Willen in der Sahara nicht zu erhalten.

Die Örtlichkeiten in Gadames waren für alle Beteiligten deprimierend.

»Es gab weder Elektrizität noch Telefon«, klagte Pilar später. »Wenn die Sonne untergegangen war, konnte man nichts anderes tun, als ins Bett zu gehen. Dafür standen wir schon um fünf Uhr am Morgen auf. Und um diese Uhrzeit herrschte in der Sahara eine eisige Kälte.«

Das Filmteam schmorte dann am Tag in dem Haus, wenn sie nicht mit Dreharbeiten im Freien beschäftigt waren. Und es gab nur ein Bad in dem ganzen Haus.

»Eines Tages mußte Sophia Loren in dem Film ein Bad in einem Fluß nehmen«, erinnerte sich Pilar schmunzelnd. »Aus irgendwelchen Gründen aber sollte das Wasser heiß und dampfend sein. Aber das Wasser war eiskalt. Sophia Loren stieg viermal in das eisige Wsser und tat so, als ob es furchtbar heiß war, dabei waren ihre Lippen schon fast blau von der schrecklichen Kälte.«

Nachdem sie wieder in Kalifornien waren, wurde Pilar einmal von Reportern gefragt, ob sie nicht eifersüchtig auf die vielen schönen Frauen sei, die häufig an der Seite ihres Mannes in den Filmen mitspielten.

»Die Antwort ist nein«, erwiderte Pilar lächelnd. »Denn ich bin meistens mit dabei, wenn Duke einen Film dreht. Und wenn er während der Filmaufnahmen eine Frau küßt, ist es nur wegen des Drehbuches. Außerdem kenne ich mich gut in der Szene

*John Wayne mit Partnerin Eiko Ando in ›The Barbarian and the Geisha/
Der Barbar und die Geisha‹, 1958.*

aus, weil ich selber früher eine Menge Filme gemacht habe. Deshalb hat es auch gar keinen Sinn, mir etwas vorzuschwindeln, denn ich merke sofort, ob das Interesse einer Frau an Duke privater oder beruflicher Natur ist.«

Den nächsten Film drehte Wayne in Tokio. Es war *The Barbarian and the Geisha* (›Der Barbar und die Geisha‹), in dem Wayne einen amerikanischen Botschafter spielte.

Obwohl Pilar sonst immer mit ihrem Mann zu den Filmaufnahmen reiste, blieb sie diesmal aus einem bestimmten Grund zu Hause. Und von diesem Grund wird noch die Rede sein.

13. Pilar und das Feuer

Es war höchst ungewöhnlich, daß der Hund Blackie mitten in der Nacht bellte. Später konnte Pilar auch nicht mehr sagen, wie oft der Hund angeschlagen hatte. Aber sie hörte ihn schließlich doch, als sie gegen drei Uhr in der Nacht an diesem 14. Januar 1958 aufwachte.

Pilar öffnete die Augen und sah einen seltsamen Lichtschein. Sie richtete sich im Bett auf, blickte sich im Zimmer um und erkannte plötzlich die Lichtquelle.

»Die Flammen hatten schon fast die Mitte des Teppichs erreicht«, berichtete sie später aufgeregt.

Wenige Schritte von dem Bett des schlafenden Kindes entfernt leckten die Flammen, und der Rauch hüllte schon fast das halbe Zimmer ein.

Pilar sprang mit einem Satz aus dem Bett, rannte zu dem Bett und riß Aissa an sich. Dann stürzte sie aus dem Raum, lief den Flur entlang und weckte die beiden Dienstmädchen, Consuelo und Saldana und ihre Schwester Angelica, und das Kind von einer der beiden Frauen.

»Ruf sofort die Feuerwehr!« schrie Pilar, und Consuelo eilte zum Telefon.

»Nimm das Baby!« rief sie Angelica zu und legte Aissa in ihre Arme.

Dann rannte sie den langen Flur zurück und riß den Feuerlöscher von der Wand. Sie versuchte damit die Flammen einzudämmen, aber es war zu spät. Das Feuer hatte sich schon im ganzen Zimmer ausgebreitet, und der Rauch stieg Pilar beißend in die Lungen.

Wenige Augenblicke später hörte sie den ersten der sieben Feuerlöschwagen, die mit Sirengeheul auf das Haus zufuhren. Die Nachbarn in den umliegenden Häusern wachten auf. Mrs. Webb Overlander war eine von ihnen.

»Es war furchtbar«, erzählte Mrs. Overlander. »Die Flammen schlugen aus den Fenstern heraus, und ich wußte, daß Pilar mit dem Kind im zweiten Stock schlief. Als ich das Feuer sah, dachte ich noch immer, daß die beiden mitten in den Flammen waren.«

John Wayne einmal mehr in der Rolle eines tollkühnen Kavallerieoffiziers in ›The Horse Soldiers/Der letzte Befehl‹, 1959.

Panik und Schrecken erfaßten jeden, der beobachtete, wie die Flammen in den dunklen Himmel leckten.

»Wo sind sie?« schrie eine Frau voller Entsetzen. »Wo sind die Menschen in dem Haus?«

Immer mehr Feuerlöschzüge standen um das Haus herum, und die Männer versuchten, die Flammen mit Wasser zu löschen.

Plötzlich erkannte Mrs. Overlander einen Schatten in der Küche, die noch nicht brannte. »Sie halten sich noch in der Küche auf!« rief sie laut in die Menge der Nachbarn hinein.

Pilar kam zuerst mit dem Baby unter dem Arm ins Freie gerannt. Dann folgten dicht hinter ihr die anderen Frauen mit dem Kind. Als Pilar Mrs. Overlander erkannte, rannte sie auf sie zu und drückte ihr das Baby in die Arme. Und dann erst spürte sie den stechenden Schmerz in ihrem rechten Ellenbogen, wo sie sich verbrannt hatte.

»Ich kann mich nicht mehr daran erinnern, wie es passiert ist«, berichtete Pilar viel später. »Ich habe überhaupt keinen Schmerz verspürt – bis zu dem Moment, als ich im Freien stand.«

Die Frauen und Kinder kamen zu verschiedenen Nachbarn in die Häuser, und man holte einen Arzt, der sich dann um sie kümmern sollte.

Die Feuerwehrmänner brauchten über eine Stunde, um die Flammen unter Kontrolle zu bekommen. Der gesamte, zweite Stock war nur noch ein rauchendes Trümmerfeld. Und der erste Stock war durch das Wasser und heruntergefallene Holzteile zerstört worden.

Viele wertvolle Antiquitäten waren verbrannt. Aber wie durch ein Wunder hatte ein Feuerwehrmann in dem Haus die Sammlung voller Fotos und anderer Erinnerungen entdeckt und sofort mit sich ins rettende Freie gebracht.

Der Schaden an dem Haus und dem Inventar belief sich auf 500.000 Dollar, und es dauerte Monate, bis es wieder wohnlich eingerichtet war.

Einen Tag nach der Feuersbrunst ging eine andere Nachbarin, Mrs. LaCava, zum Arzt. Allerdings hatte ihr Besuch nichts mit dem Brand in dem Haus von John und Pilar Wayne zu tun. Und der Arzt bestätigte ihr, was sie auch gedacht hatte. Sie würde in wenigen Monaten ein Kind bekommen.

Was hat dieser Besuch von Mrs. LaCava mit der Geschichte von John Wayne zu tun?

Mrs. LaCava ist die frühere Toni Wayne, Dukes Tochter. Und ihr augenblicklicher Zustand besagte, daß John Wayne bald Großvater würde.

Toni hatte mit einer der aufwendigsten Hochzeiten im Jahre 1956 geheiratet. Der Erzbischof von Los Angeles, James Kardinal McIntyre, hatte sie persönlich mit ihrem Mann Don LaCava getraut.

Das Haus wurde nach dem Brand renoviert, und das Ehepaar Wayne zog an einem Sonntag im September ein. Sie hätten eigentlich guter Stimmung sein müssen, auch wenn die Temperatur sehr hoch war. Aber daran konnte es nicht unbedingt liegen, daß sie schlechte Laune hatten.

Und es dauerte auch nicht lange, da gerieten beide in einen Ehekrach.

Nachdem sie sich eine Weile gestritten hatten, sagte Wayne zu seiner Frau: »Pilar, ich sehe seit längerer Zeit kein Verständnis und keine Zuneigung mehr zwischen uns beiden. Ich nehme an, daß es bald zur Scheidung kommen wird.«

Pilar blickte ihn einen Moment schweigend an. Dann sagte sie verbittert: »Unglücklicherweise ist dir dein Beruf sehr viel wichtiger als deine Frau und dein Kind. Ich frage mich auch schon lange, wie es eine Frau aushalten soll, wenn ihr Mann in den vier Jahren Ehe nur ein paar Tage zu Hause ist und ansonsten in der Welt herumreist, um seine Filme zu drehen. Und wenn er dann zurückkommt, spricht er nur über geschäftliche Dinge.«

Wayne stritt diese Tatsache nicht ab, und nachdem sie sich ein wenig später ausgesprochen hatten, versöhnten sie sich genauso schnell wieder.

Bald darauf wurde Wayne Großvater. Aber diese Tatsache hinderte ihn nicht daran, weiterhin den jugendlichen Helden in den Filmen zu spielen.

Er beendete mit John Ford *The Horse Soldiers* (›Der letzte Befehl‹, 1959) und fing dann sofort mit den Arbeiten zu einem Film an, der ihm vierzehn Jahre lang vorgeschwebt hatte.

14. Alamo

The Alamo (›Alamo‹, 1960) – beschreibt eines der wildesten Abenteuer in der Geschichte der Vereinigten Staaten.

John Wayne war bereit, über zwölf Millionen Dollar in diesen Film zu investieren. Aber es gab nur wenige Leute, die glaubten, daß dieser Film erfolgreich sein und die Herstellungskosten wieder einspielen würde. Doch zu dem Zeitpunkt, als Wayne *Alamo* plante, war er bereit, alles, was er besaß, für dieses Projekt einzusetzen.

Die ganzen zehn Jahre, als Wayne mit Fellows die gemeinsame Produktionsgesellschaft Batjac besaß, war er von der Idee fasziniert, den Stoff zu *Alamo* in einen gewaltigen Film umzusetzen. Er erzählt die historisch bezeugte Geschichte von 180 Amerikanern, die in politischer Mission in einem Fort in San Antonio (Texas) unter dem Kommando von Colonel William B. Travis, James Bowie und Davy Crockett dreizehn Tage gegen eine Übermacht von 4000 Mexikanern, die von Antonio Lopez de Santa Anna, dem Diktator von Mexiko, angeführt wurden, aushielten. Über 500 der Angreifer wurden beim Sturm auf das Fort getötet. Aber in den Wall wurde eine Bresche geschlagen, und die Mexikaner überwältigten die Amerikaner und töteten sie alle.

Alamo sollte aber nicht ein Western wie jeder andere sein, sondern Wayne wollte ein Epos von dem Kampf um die Freiheit erzählen. Und zu diesem Zweck baute er einige der wildesten und blutigsten Szenen in den Film, die jemals gedreht wurden.

Seit Wayne eine Vereinbarung mit United Artists getroffen hatte, die seine Filmproduktion betraf, mußte er auch die Finanzierung durch diese Gesellschaft genehmigen lassen. Wie sich später bei den Dreharbeiten herausstellte, war Waynes Kalkulation der Kosten viel zu niedrig angesetzt, um den Film fertigstellen zu können.

Wayne hatte die Kosten des Films auf sechs bis acht Millionen Dollar eingeschätzt, was durchaus im üblichen Rahmen einer Filmproduktion der sechziger Jahre lag. Aber schon bald mußte United Artists finanziell eingreifen, damit *Alamo* zu Ende gedreht werden konnte.

John Wayne (hier in einer Szene mit Linda Cristal) spielte in dem Monumentalwestern ›The Alamo‹/Alamo, 1960, nicht nur die Hauptrolle des Davy Crockett, sondern führte auch Regie und war Produzent.

Als Produzent und Regisseur des Films übergab Wayne die Rolle des James Bowie, des zynischen und menschenverachtenden Kommandanten des Forts, an Richard Widmark.
Laurence Harvey sollte die Rolle von Colonel Travis übernehmen, dem arroganten, aber fähigen Kommandeur einer Armeeeinheit.

General Sam Houston, der später die letzte Schlacht für die Freiheit von Texas gewann, wurde mit dem Schauspieler Richard Boone besetzt.

Flace, die Frau, die mit ihrem Mann gemeinsam sterben wollte, spielte Linda Crystal.

Joan O'Brien übernahm die Rolle der Mrs. Dickenson, die von Santa Anna verschont wurde und mit ihrer Tochter ungehindert durch die Reihen der Mexikaner gehen durfte.

Der Sänger Frank Avalon stellte Smitty dar, einen Botschafter, der Hilfe holen sollte, die aber niemals kam.

Und John Wayne übernahm die Rolle des Colonel Davy Crokkett, des Soldaten und ehemaligen Kongreßmannes aus Tennessee, der 150 Meilen auf dem Rücken seines Pferdes zurücklegte, um an dem Kampf in San Antonio teilnehmen zu können. Sogar Patrick Wayne übernahm eine wichtige Rolle: die des Captain James Butler Bonham.

Und Michael arbeitete an der Seite seines Vaters als Produktionsassistent.

Als Schauplatz für den Film *Alamo* wurde Brackettville in Texas ausgesucht. Brackettville liegt über 100 Meilen westlich von San Antonio und östlich vom Rio Grande und der mexikanischen Grenze. Da Brackettville nur knapp zweitausend Einwohner hat, war die Beschaffung von Lebensmitteln für den ganzen Filmstab das schwerste Problem – nachdem das Problem der Finanzierung endlich gelöst war.

Wayne war bemüht, der historischen Vorlage der Schlacht um Alamo gerecht zu werden. Es steckten eine Menge Arbeit und Fleiß dahinter, diesen Stoff filmgerecht in ein Drehbuch zu bringen. Jimmy Grant, der früher als Journalist in Chicago gearbeitet hatte, lieferte das Material, um den Stoff zu bearbeiten. Es war das Ergebnis jahrelanger Forschungsarbeit über Davy Crockett, Jim Bowie, Bill Travis und andere Männer von Alamo, die ihr Leben liebten, aber die Tyrannei haßten.

Al Ybarra, der Art-Director von Batjac, hatte in achtjähriger Arbeit alle notwendigen Skizzen und Pläne von Alamo gesammelt, die notwendig waren, um die Szenerie wirklichkeitsgetreu nachzugestalten.

Frank Leyva und Tom Rosselle waren dafür verantwortlich, genügend Menschen für die Massenszenen nach Brackettville zu bringen und außerdem für einen reibungslosen Ablauf bei den Dreharbeiten zu sorgen. Sie fuhren tagelang in der Gegend her-

Obwohl ›The Alamo/Alamo‹, 1960, in vier Monaten mit dem gigantischen Aufwand von zwölf Millionen Dollar gedreht wurde, brachte er John Wayne weder als Darsteller noch als Produzent den erhofften Erfolg.

um, bis sie 4000 Männer gefunden hatten, die den Sturm auf Fort Alamo im Film nachvollzogen.

Produktionsmanager Nate Edwards und Tom Andre vollbrachten eine der größten Leistungen in Organisation und Planung. Sie kauften oder liehen 1500 Pferde für die Kavallerie in dem Film. Und dann besorgten sie auch noch die Unterkünfte und Nahrung für die Tiere.

Frank Beetson kümmerte sich um die Kleider und die historischen Uniformen, die um die Zeit von 1836 getragen wurden. Er mußte dabei mehr als zwölf Typen verschiedener Uniformen schneidern lassen, wobei jede Schulterklappe und jeder Orden historisch richtig sein sollten.

Marine Corps Sergeant Jack Pennick drillte die 4000 Mitglieder starke Armee von Santa Anna, damit sie mit ihren Gewehren richtig umgehen konnten und die Schlachtszenen wirklichkeitsgetreu wirkten.

Die Nahrungsbeschaffung, Lagerung und Zubereitung war dennoch eines der größten Probleme. Riesige Tiefkühlanlagen wurden um Bracketville installiert, Küchen und Köche von weit her geholt, um die Versorgung eines so gewaltigen Teams zu gewährleisten. Die Kosten für das Essen beliefen sich bei diesem Film auf 250.000 Dollar.

Es wurden allein 40000 Steaks, 14000 Pfund Roastbeef, 14000 Pfund Schinken und 4800 Pfund Würstchen und Schinken gegessen.

Die Musik für den Film besorgte nach Drehschluß Dimitri Tiomkin, der bis zu diesem Zeitpunkt vier Oscars erhalten hatte – allerdings bekam er für die Musik von *Alamo* keinen Oscar.

Für das Make-up war Webb Overlander verantwortlich, dessen Frau den Hausbrand der Waynes aus direkter Nachbarschaft miterlebt hatte. Webb arbeitete schon seit über achtzehn Jahren für Wayne und gehörte zum inneren Kreis seiner festen Mitarbeiter. Er hatte ganze Scharen von Assistenten angestellt, die dafür verantwortlich waren, daß die Gesichter der Kämpfenden den notwendigen rötlichen Staub in der Schlacht erhielten und für andere realistische Einzelheiten sorgen mußten, bevor die Schauspieler vor die Kamera traten und agierten.

Es dauerte einundachtzig Tage, bis *Alamo* abgedreht war. Dann erst konnte Wayne als Regisseur verkünden, daß der Film beendet war.

Die Produktion von *Alamo* war schon vor den Dreharbeiten nicht einfach gewesen. Aber sie wurde während des Films zunehmend schwieriger, und das Projekt schien mehrfach sehr gefährdet zu sein. Die Kosten überstiegen immer wieder das Budget, und Wayne mußte sich um zusätzliche Quellen der Finanzierung kümmern. United Artists brachte noch während der Dreharbeiten Geld ein, aber es war nicht genug, um die Preisspirale zum Stoppen zu bringen. Wayne war gezwungen, fast alle seine Anteile an Firmen und Grundstücken zu verkaufen, um die 12 Millionen Dollar zu bekommen, die der Film schließlich kostete.

Es war einer der teuersten Filme, der jemals in Hollywood produziert worden war.

Anläßlich der Londoner Premiere von ›The Alamo/Alamo‹, 1960, traf John Wayne mit Prinzessin Margret zusammen. Der Regisseur, Produzent und Hauptdarsteller schenkte der englischen Prinzessin einen wertvollen Sattel.

Einige Tage vor der Premiere von *Alamo* erklärte Wayne vor der Presse: »Der Film hat zwölf Millionen Dollar gekostet, aber es war für mich viel mehr, weil ich alles, was ich besaß, in diesen Film gesteckt habe. Ich habe Freunde und Banken um Geld an-

pumpen müssen, sonst wäre *Alamo* niemals zustande gekommen. Sehen Sie sich eine Szene in dem Film an, und Sie können
Tausende von Menschen erkennen, die ich alle bezahlen mußte.«

Auf die Frage eines Journalisten, ob er glaube, daß der Film das
viele Geld wieder einbringen werde, antwortete Wayne voller
Selbstbewußtsein: »Darüber mache ich mir nicht viel Gedanken. Es ist ein guter Film, der einen Teil aus der wirklichen Geschichte Amerikas zeigt. Und diese Art von Filmen brauchen
wir heutzutage mehr als jemals zuvor. *Alamo* wird die Dollars
bestimmt einspielen, die er gekostet hat.«

Der Film spielte Geld ein. Aber es war im ersten Anlauf durch
die Kinos längst nicht so viel, wie Wayne investiert hatte. Erst
als Wayne sich nach Jahren entschloß, einen Teil an seinen Inve-
stitionen an United Artists zu verkaufen, brachte der Film die
notwendigen Gelder ein, um kein finanzielles Debakel zu sein.
United Artists verfügte über ein ausgezeichnetes Verleihsystem
und brachte den Film immer wieder in die Kinos. Und auf diese
Weise spielte *Alamo* im Lauf der Jahre seine Herstellungskosten ein.

Die künstlerische Qualität von *Alamo* war umstritten. Immerhin erhielt er fast ein Dutzend Nominierungen – aber er bekam
nicht einen einzigen Oscar.

Alamo sollte nicht ein Western sein wie jeder andere, sondern
viel eher ein Film über die Geschichte Amerikas. Vielleicht bemühte sich Wayne in dem Film zu krampfhaft darum, keinen
der üblichen Western zu drehen; man merkt diesem Film seine
Anstrengungen an.

Als John Ford, der mit dem Film nichts zu tun hatte, bei den
Dreharbeiten erschien, um sich die Schlachtszenen anzusehen,
meinte er zu Wayne: »Es wird bestimmt ein guter Film, der seinen Weg in die Kinos findet.«

Aber Ford sollte nur zum Teil recht behalten.

15. Wayne als Geschäftsmann

Während noch der Staub über den Schlachtfeldern von *Alamo* den Himmel verdunkelte und die Schüsse der Gewehrsalven zu hören waren, wollte Wayne sich direkt an das amerikanische Volk mit einem Zeitungsartikel in *Life* wenden. Er verband einen Kommentar zur gegenwärtigen amerikanischen Politik mit einem Werbefeldzug für sein 12-Millionen-Projekt, das er den Kinogängern nahebringen wollte.

Es war eine Verlautbarung von Prinzipien, die von Dukes Ghostwriter Russell Birdwell geschrieben und von Wayne selbst unterzeichnet worden war. Er brachte in dem Artikel eine direkte Verbindung von *Alamo* zur aktuellen Politik in den Vereinigten Staaten. Die beiden politischen Parteien des Landes, die Demokraten und die Republikaner, hatten ihre Schlacht von Alamo auf einer anderen Ebene ausgefochten. John F. Kennedy schlug einen Angriff auf die Bastionen, die acht Jahre lang von General Eisenhower gehalten worden waren, und die jetzt nach dem Willen der Republikaner auf Richard Nixon übergehen sollten.

Es gab keine Ghostwriters bei Alamo, lautete die Schlagzeile über dem Artikel von *Life.* Wayne wurde gefragt, warum er 152.000 Dollar für eine doppelseitige Anzeige in *Life* ausgegeben habe, um seine politische Überzeugung einem breiten Publikum bekanntzumachen.

»Nur weil ich Schauspieler bin, kann niemand mir das Recht nehmen, meine eigene Meinung zu politischen Themen in aller Öffentlichkeit zu äußern. Ich habe gehofft, daß ich durch meine Anzeige in *Life* einige Filmgesellschaften dazu bewegen kann, mehr patriotische Redewendungen in die Drehbücher und Filme einfließen zu lassen. Es scheint im Augenblick so zu sein, daß es nur ein paar Fernsehanstalten und Zeitungsmänner gibt, die uns in aller Deutlichkeit sagen, was wir diesem Land zu verdanken haben.«

Und dann kam er auf den augenblicklichen Wahlkampf zu sprechen: »Wenn ich als Bürger der Vereinigten Staaten über den momentanen Wahlkampf nachdenke, komme ich immer mehr zu der Überzeugung, daß die Prinzipien des einzelnen Politikers von den Interessen der Parteien, denen er angehört, verdeckt werden. Es würde mich sehr freuen, wenn ein Politiker, egal welcher Partei er angehört, auf seinen Wahlveranstaltungen nicht ein Parteiprogramm abspult, sondern seine persönliche Meinung zu den Dingen in diesem Land sagt.«

Kurz darauf kam er zu der Aussage seines Films: »Wenn ich daran denke, daß es in der Zeit, in der *Alamo* spielt, für jeden erwachsenen Bürger dieses Landes selbstverständlich war, daß er eine Meinung zu dem politischen Geschehen um ihn herum hatte, so kann ich das Verhalten heutiger Erwachsener nicht verstehen, die keine Meinung zu politischen Dingen haben. Denn diese Männer in der Zeit von *Alamo* haben uns ein politisches Vermächtnis hinterlassen, und ich bin der Meinung, daß wir es gut verwalten sollten. Die Zeit geht schnell vorbei. Darum sollten wir über den Sinn und den Zweck unserer Existenz nachdenken. Aus diesem Grund ist es notwendig, daß wir häufiger in die Geschichte zurückgehen, um zu erfahren, welche Prinzipien unserer Vorfahren wir übernehmen können, und welche wir ablegen müssen.«

Wayne hat in seinem Leben viele Kritiker gehabt. Die einen bezogen sich auf seine Filme, die anderen auf sein Privatleben und seine politischen Äußerungen, die meisten kritisierten ihn wegen aller drei Dringe.

James Heneghan schrieb über John Wayne: »Wayne will uns unbedingt klarmachen, daß er unnachgiebig ehrenwert ist, und daß sein Wort genau seine Überzeugung widerspiegelt. Dies ist keineswegs wahr, genausowenig wie es wahr ist, daß es einen vollständig ehrenwerten Menschen gibt. Er wollte vielleicht immer in seinem Leben ein so aufrechter Mann sein wie in seinen Filmen. Aber das hat er niemals geschafft. Seine Ambitionen werden von einem völlig überhöhten Glauben an seine eigene Person genährt. Bei irgendeiner Gelegenheit flog der Verfasser dieser Zeilen mit Wayne in einem Flugzeug über Südost-Asien. Wir saßen bequem in unseren Sitzen und unterhielten uns über alle möglichen Dinge. Irgendwann kamen wir auf seinen letzten Film zu sprechen, für den er eine Million Dollar an Gage erhalten hatte. Und ich fragte ihn: »Duke, als Sie noch ein Kind waren, haben Sie es sich jemals träumen lassen, einmal einer der bestbezahlten Filmstars der Welt zu werden?« Wayne antwortete: »Das habe ich bestimmt nicht gedacht, denn ich wollte unbedingt Präsident der Vereinigten Staaten von Amerika werden.

Während seines Berlin-Besuchs 1956 besichtigte John Wayne die Sektorengrenze.

Und ich verstehe noch immer nicht, wieso ich es nicht geschafft habe.«

Heneghan kannte Wayne über zehn Jahre lang, da er für ihn als Schreiber tätig gewesen war. Aber er arbeitete nicht mehr mit Duke zusammen, weil es kurz vor den Dreharbeiten zu *Alamo* zwischen den beiden zum Krach gekommen war. Heneghan hatte Wayne wegen der Summe von 102.500 Dollar verklagt, die er von Duke forderte, weil er ihm bei der Finanzierung für das Filmprojekt geholfen und Wayne ihm daraufhin ein Honorar von 100.000 Dollar zugesagt hatte. Aber alles, was er bekommen habe, so sagte Heneghan, seien 9.000 Dollar gewesen. Zusätzlich noch verlangte Heneghan 11.500 Dollar wegen anderer Arbeiten, die er für Wayne getan hatte. Die Angelegenheit wurde vor einem Gericht behandelt, ohne daß jedoch Einzelheiten an die Öffentlichkeit drangen.

Aber der Krach mit Heneghan war nicht der einzige Ärger, den Wayne sich in der Zeit einhandelte, als er *Alamo* drehen wollte. Es gab da auch noch die Auseinandersetzung mit Frank Sinatra.

Es begann alles damit, daß Frank Sinatra den Drehbuchautor Albert Maltz verpflichtete, für den Film *The Execution of Private Slovic* das Buch zu schreiben. Wayne war sehr gegen diesen Autor eingenommen, weil Maltz 1951 ins Gefängnis mußte, nachdem er sich geweigert hatte, vor dem »Untersuchungsausschuß für Unamerikanische Umtriebe« auszusagen. Und Sinatra hatte offensichtlich nichts gegen einen Mann, der für seine Überzeugung auch ins Gefängnis ging. Am Ende gab Sinatra doch dem öffentlichen Druck nach und entließ Maltz aus dem Vertrag. Aber er nahm es Wayne sehr übel, weil Duke die Hetze gegen Maltz in aller Schärfe geführt hatte.

Es muß ein seltsamer Anblick gewesen sein, als die beiden Streithähne sich unverhofft gegenübersahen. Sinatra trug die Kleidung einer Indianerfrau. Wayne war in Cowboykluft erschienen. Der Anlaß war eine Einladung zu einem Dinner in dem Moulin Rouge am Sunset Boulevard, zu dem viele Persönlichkeiten erschienen waren. Denn der Reinerlös sollte einem Heim für geistig behinderte Kinder zukommen.

Sinatra und Sammy Davis jr. erschienen zusammen mit Dean Martin in einem Rolls-Royce. Sie wurden noch begleitet von einem Mann namens Milton Berle.

Nachdem Wayne auf der Bühne *Red River Valley* gesungen hatte, folgte Sinatra mit *The Lady is a Tramp*. Danach standen sich die beiden Männer direkt gegenüber, als sie die Party verlassen wollten.

Duke grüßte kurz Sinatra, aber er erhielt keine Antwort.

»Du scheinst nicht in allen Dingen meiner Meinung zu sein«, sagte Sinatra und spielte dabei offensichtlich auf den Vorfall mit Maltz an.

»Wir können diese Sache irgendwo anders besprechen«, erwiderte Wayne.

Aber Sinatra war anderer Ansicht. Er stürzte sich wütend auf Wayne, der seinen Angriff jedoch abwehren konnte. Und dann kamen sofort Dean Martin und Sammy Davis jr. und hielten den aufgebrachten Sinatra davon ab, noch mehr Wirbel zu veranstalten.

Wenn sie seiner Meinung entsprach, ließ John Wayne sich gerne für die Politik einspannen. Hier zeigt er sich mit dem ehemaligen US-Präsidenten Gerald Ford, dessen Kandidatur er massiv unterstützte.

Wayne ging sofort zu seinem Wagen, und kurz darauf lief auch Sinatra zu dem Parkplatz. Aber dann passierte wieder etwas in einer Parklücke.

Vor lauter Aufregung rannte Sinatra blindlings auf den Parkplatz und wäre fast von einem Thunderbird überfahren worden. Aber der Fahrer, Clarence English, trat rechtzeitig auf die Bremse und blieb mit seinem Wagen wenige Schritte vor Sinatra stehen.

Nachdem Sinatra sich von seinem Schrecken erholt hatte, stürmte er sofort zur Fahrerseite, griff durch das offene Wagenfenster und packte den jungen English am Hemd. Dann wollte er ihn mit Gewalt aus dem Auto zerren. Ein Freund von English hatte den Zwischenfall mit angesehen und sagte zu dem aufgebrachten Sinatra: »Beruhigen Sie sich erst einmal. Es ist ja nichts passiert. Und Sie können von Glück sagen, daß Clarence so gut reagiert hat.«

Sinatra ließ English los, drehte sich zu dem Mann um und fragte wütend: »Wer, zum Teufel sind Sie denn?« Dann stieß er den Mann beiseite und wandte sich wieder English zu. Aber Edward Moran war kein Mann, der sich von Sinatra Angst einjagen ließ. Er stürzte sich auf Sinatra und schlug ihm die Faust ins Gesicht. Aber fast im gleichen Augenblick war ein bulliger Mann zur Stelle, riß Moran von Sinatra weg und warf ihn gegen den Wagen. Dann schlug der Schläger noch einmal zu und ließ Moran quer über dem Wagen liegen. Dieser Mann wurde später als Leibwächter von Sinatra identifiziert. Moran wurde in ein Krankenhaus gebracht, wo man seine Wunden im Gesicht vernähte.

Später beschuldigte Moran Frank Sinatra und einen Mann, der »Joe Doe« heißen sollte, ihn überfallen und mißhandelt zu haben. Die Polizei fügte noch hinzu, daß Sinatra zum Zeitpunkt der Schlägerei betrunken war.

Sinatra stritt jedoch ab, daß der Mann, der Moran geschlagen habe, sein Leibwächter sei. »Ich habe niemals einen Leibwächter gehabt«, erklärte Sinatra/»Und ich bin bereit, jedem Reporter oder wem auch immer 10.000 Dollar zu bezahlen, wenn er mir das Gegenteil nachweisen kann.«

Aber das war nicht das einzige, was in dieser Zeit passierte. Ein anderes Ereignis war für Wayne viel schlimmer.

La Jean Ethridge war ein schönes Filmsternchen von siebenundzwanzig Jahren. Sie lebte während der Dreharbeiten zu *Alamo* in einer Baracke, die man zu einer Schlafstelle umfunktioniert hatte, mit anderen Mitgliedern des Filmstabs zusammen. Fünf Männer teilten die Räumlichkeiten mit ihr. Einer davon hieß Chester Harvey Smith. Er war zweiunddreißig Jahre alt und wurde nach wenigen Tagen ihr Liebhaber.

Nachdem die Dreharbeiten begonnen hatten, war Wayne so sehr von ihren schauspielerischen Fähigkeiten eingenommen, daß er ihr eine größere Rolle geben wollte. An diesem Abend kehrte La Jean wie immer in die Baracke zurück. Aber diesesmal packte sie ihre Koffer, um in ein größeres Haus nach Brakkettville umzuziehen. Im Augenblick wußte sie allerdings noch nicht genau, wo dieses Haus lag.

Eine andere Tatsache war für sie wichtiger: Wayne hatte ihre Gage von wöchentlich 75 Dollar auf 350 Dollar erhöht, weil sie eine größere Rolle übernehmen sollte.

Als Smith in das Haus kam und sah, wie seine Freundin ihre Koffer packte, wollte er von ihr wissen, wo sie hingehe. Denn bis zu diesem Tag hatten sie vier Wochen zusammen in dem Haus gelebt, und er glaubte, einen Anspruch auf eine Erklärung zu haben. La Jean sagte ihm, daß sie woanders hinziehe, allerdings noch nicht genau wisse, wohin. Daraufhin geriet Smith in Wut, und die beiden stritten sich. Plötzlich packte Smith ein Bowiemesser und stieß es tief in die Brust von La Jean. Blutüberströmt brach die Schauspielerin zusammen und starb wenige Augenblicke später.

Smith wurde nach der Tat verhaftet und fünf Tage später in dem Gerichtsgebäude von Brackettville vor den Richter Albert Postel gestellt. Die Öffentlichkeit war von den Verhandlungen ausgeschlossen. Der Angeklagte Smith hatte sich in der Zwischenzeit einen Anwalt aus San Antonio geholt, und Fred Semaan vertrat ihn jetzt vor Gericht. Und Semaan lud eines Tages auch John Wayne als Zeuge vor Gericht.

An dem Tag, der vom Gericht für die genaue Klärung des Tötungsdelikts vorgesehen war, kamen unzählige Berichterstatter von verschiedenen Zeitungen und Rundfunkanstalten zu dem Gerichtsgebäude. Aber das einzige, was sie wirklich mitbekamen, war die Tatsache, daß Postel eine geschlossene Verhandlung anberaumt hatte. Das bedeutete, daß die Presse und das Publikum keinen Zutritt zu der Verhandlung hatten. Und mit einemmal lag ein Geheimnis über dem ganzen Fall. Denn niemand konnte wirklich begreifen, warum Postel diese Anweisung gegeben hatte.

Es gab Proteste von Waynes Anwälten, die nach Brackettville gekommen waren, um Duke vor Gericht zu vertreten. Einer der Anwälte erklärte, daß eine geschlossene Verhandlung im Gegensatz zu den geltenden Rechten stand. Postel dagegen sagte, daß er für die Maßnahme die volle Verantwortung trage und zu seiner gegebenen Anordnung stehe.

Auch der Anwalt der Verteidigung, Semaan, protestierte in scharfer Form gegen die Art der Gerichtsverhandlung, die Postel veranlaßt hatte.

»Ich kann nicht sagen, was das Gericht vorhat«, erklärte Semaan den Journalisten. »Aber ich werde es bald herausgefunden haben. Einmal ist das Gericht für die Öffentlichkeit zugänglich, und ein anderesmal ist das Gebäude besser verschlossen als eine Bank am Sonntag. Wenn sie etwas verbergen wollen, werde ich bald wissen, was es ist. Vielleicht steckt auch nichts weiter dahinter. Aber ich werde mich auf jeden Fall um die Sache kümmern.«

Die Position des Gerichts änderte sich nicht, und das Gebäude blieb für die Öffentlichkeit geschlossen.

Der erste Zeuge war Art Names, der mit La Jean und Smith zusammen in der Baracke gelebt hatte. Er betrat das Gebäude gegen halb zehn und verließ es gegen Mittag.

Der nächste Zeuge war ein großer, kräftiger Mann, den alle kannten. Es war John Wayne. Seine Aussage dauerte nur fünf Minuten.

Als er aus dem Gerichtsgebäude kam, bestürmten ihn die Reporter, seine Aussage vor ihnen zu wiederholen. Aber Wayne winkte ab. »Das Gericht hat mich verpflichtet, meine Aussage nicht zu wiederholen.«

Später wurde bekannt, daß Postel die Verhandlung unter Ausschluß der Öffentlichkeit gestellt hatte, weil die Zeugenaussagen sehr viel aus dem Intimleben von La Jean und Smith erbracht hatten.

Das Seltsame an dem Prozeß war, daß später niemand mehr daran Interesse hatte, was an diesem Tag in dem Gebäude vor sich gegangen war. Aber als ich mich entschloß, die Biographie von John Wayne zu schreiben, wollte ich mehr über diesen Prozeß wissen. Ich rief deshalb Fred Semaan in San Antonio an.

Der Anwalt erzählte mir, daß Smith zu zwanzig Jahren verurteilt worden, aber nach siebeneinhalb Jahren auf Bewährung freigekommen war.

»Können Sie mir nach so langer Zeit sagen, was sich damals in dem Gerichtsgebäude zugetragen hat, als der Saal für die Öffentlichkeit gesperrt war?«

Semaan lachte am Telefon kurz auf. »John Wayne wurde nicht als Zeuge für den Mord gebraucht. Aber ich wollte von ihm wissen, ob er die Szenen, in denen die Ermordete mitspielte, neu drehen muß, weil er ihr doch eine Erweiterung ihrer Rolle zugesagt hatte. Und aus diesem Grund vermutete ich, daß seine Anwälte einen größeren Druck auf das Gericht ausüben wollten, als dies normalerweise üblich ist. Schließlich hatte Wayne durch diesen unvorhergesehenen Zwischenfall einen großen finanziellen Verlust.«

Semaan machte eine Pause und fuhr dann fort: »Als Wayne meine Vorladung bekam, ließ er mir mitteilen, daß er nicht vor Gericht erscheinen würde. Ich erklärte ihm schriftlich, daß ich ihn dann wegen Zeugenverweigerung ins Gefängnis bringen würde. Als er das hörte, kam er natürlich der Aufforderung sofort nach.«

Und dann erzählte Semaan, wie er Wayne verhört hatte.

Er sprach ihn zuerst mit »Mr. Payne« an.

»Ich heiße Wayne«, erwiderte Duke verärgert, weil er wußte, daß Payne ein Schauspieler war, der in drittklassigen Western spielte.

Nach wenigen Minuten sprach Semaan ihn wieder mit »Payne« an, woraufhin Wayne vor Wut fast explodierte.

»Ich kann verstehen, daß Wayne sauer auf mich war«, erklärte Semaan. »Zuerst holte ich ihn in den Zeugenstand, obwohl er das nicht wollte, und dann nannte ich ihn auch noch ›Payne‹.«

Nicht alle Texaner gingen so rauh mit Wayne um. Der Gouverneur von Texas, Price Daniel, lud John Wayne in die neuerbaute Houston Music Hall ein, um ihm die Plakette für seine Verdienste als »hervorragender texanischer Geschäftsmann« zu überreichen.

Auf diese Weise wurde aus John Wayne ein texanischer Geschäftsmann.

16. Revolution in Panama

Nach *Alamo* kam Wayne wieder seinen Verpflichtungen gegenüber der 20th Century-Fox nach, bei der er seinen zweiten von insgesamt drei 666.666-Dollar-Gage-Filmen drehen wollte. Denn zu diesem Zeitpunkt lief *Alamo* noch sehr schlecht in den Kinos, und Wayne konnte das Geld dringend gebrauchen. Unter der Regie von Henry Hathaway spielten neben Wayne Stewart Granger, Capucine und Ernie Kovacs in dem Western *North to Alaska* (›Land der tausend Abenteuer‹). Danach erfüllte Wayne seinen Vertrag bei der Fox mit dem Film *The Comancheros* (›Die Comancheros‹).

Nach diesem Western war er von seinen Verpflichtungen gegenüber der 20th Century-Fox befreit und konnte sich wieder aussuchen, bei welcher Gesellschaft er arbeiten wollte. Und in dieser Zeit erreichte ihn ein Anruf von John Ford, der ihm eine neue Rolle geben wollte. Paramount plante ein Filmprojekt, das dem Western neue Maßstäbe geben sollte: *The Man Who Shot Liberty Valance* (›Der Mann, der Liberty Valance erschoß‹). Zum erstenmal in seiner Filmlaufbahn würde neben Wayne ein Mann eine Hauptrolle spielen, der fast dieselbe Statur und Größe wie er selbst hatte. Es war James Stewart, den viele Kritiker für den besseren Schauspieler hielten.

Während Wayne noch mit diesem Film beschäftigt war, konnte er es nicht vermeiden, in neue Schwierigkeiten zu geraten. Wieder kam die Zeit, da die Preise der Filmakademie verliehen werden sollten, und es war schon zur Gewohnheit geworden, daß viele Schauspieler, Regisseure, Drehbuchautoren und andere, die mit Film zu tun hatten, in den führenden Zeitungen des Landes auf sich aufmerksam zu machen versuchten. Jeder einzelne von ihnen glaubte, diesesmal ein Anrecht auf einen Oscar zu haben.

Einer von ihnen, der eine solche Verlautbarung publizierte, war Chill Wills, der einen Bienenzüchter in *Alamo* gespielt hatte. Wills ging sogar soweit, die stimmberechtigten Mitglieder der Academy of Motion Picture Arts and Sciences direkt anzuschreiben. Er erklärte jedem von ihnen, daß er ihr »Vetter« sei. Seine wiederholten Versuche, sich bei der Jury einzuschmeicheln, veranlaßten Groucho Marx, der ein Mitglied der Akademie war, zu folgender Veröffentlichung: »Sehr geehrter Mr. Chill Wills, ich bin hocherfreut über die Tatsache, Ihr Vetter zu sein. Aber ich stimme trotzdem für Sal Mineo. Hochachtungsvoll, Groucho Marx.«

Mort Sahl war so beeindruckt von der schlagfertigen Antwort Groucho Marx', daß er bei einem Festessen der Drehbuchautoren vorschlug, Marx einen Oscar für die geistvollste Verlautbarung zur Oscarnominierung zu geben.

Der Rummel um den Werbefeldzug für Waynes Film *Alamo* erreichte einen vorläufigen Höhepunkt, als Russell Birdwell, Waynes Ghostwriter, in jeder Zeitung von Hollywood vier ganze Seiten kaufte, um seine Meinung zu einer Kritik in einer führenden Film-Fachzeitschrift zu äußern. In dieser Fachzeitschrift

Eigentlich ungewohnt für John Wayne: Die Rolle als ›Hahn im Korb‹ in ›North to Alaska/Land der tausend Abenteuer‹, 1960.

131

hatte der Autor sich darüber aufgeregt, daß Birdwell den Reklamefeldzug für *Alamo* weit über das übliche Maß betriebe.

Weiterhin hatte sich Birdwell über eine Filmkritik geärgert, die Dick Williams geschrieben hatte. Williams hatte sich kritisch mit Birdwells Rummel um *Alamo* auseinandergesetzt: »Die Absicht Birdwells in bezug auf den Film *Alamo* ist unmißverständlich. Die Mitglieder des Gremiums für die Oscarverleihung sollen bei ihrer patriotischen Ader gepackt werden. Man hat den Eindruck, daß bei der Kampagne um *Alamo* der Jury eingeredet werden soll, daß eine Nicht-Nominierung des Films für ein paar Oscars gleichzusetzen sei mit mangelndem Sinn für das Vaterland. Aber dieser Schachzug von Birdwell ist mehr als unfair. Denn man kann der größte Patriot Amerikas sein und gleichzeitig die Meinung vertreten, daß *Alamo* ein mittelmäßiger Film ist.«

Auf diese Kritik folgte wieder eine Gegenkritik, und so ging es eine Weile in den Zeitungen hin und her, ohne daß sich die Meinungsverschiedenheiten aus dem Weg räumen ließen.

Das Schlimmste an der Geschichte mit Chill Wills war, daß der Schauspieler selbst überhaupt keine Ahnung von dem hatte, was sich um ihn herum tat. Er hatte keinen Brief an ein Mitglied der Jury geschrieben und keine Zeitungsanzeige aufgegeben. Der ganze Feldzug war von seinem Manager inszeniert worden, um Wills ins Gerede zu bringen.

Schließlich schaltete sich Wayne direkt in das Geschehen ein. Er kaufte eine ganze Seite in einem Filmmagazin und ließ in der Anzeige verlauten, daß er Wills für seinen schlechten Publicity-Stil sehr tadele. Außerdem empfahl er ihm, folgende Anzeige aufzugeben: »Wir vom Filmteam *Alamo* haben mehr gebetet, als die Texaner es früher getan haben, um ihr Leben in Fort Alamo zu retten. Und wir haben es nur getan, damit Chill Wills einen Oscar erhält.« Später wurde Wayne um Stellungnahme zu diesem Fall gebeten. Er sagte: »Niemand von der Batjac-Organisation oder Birdwells Büro hatte etwas mit der Sache um Wills zu tun. Ich habe gegen Wills nicht schärfer polemisiert, weil ich glaube, daß seine Absicht nicht so schlimm war wie die Art und Weise seines Unterfangens.«

Der Streit zwischen den verschiedenen Parteien blieb nicht ohne Einfluß auf die Mitglieder der Akademie, die für die Oscarverleihung zuständig waren. Sie beschlossen einstimmig, daß in Zukunft jede direkte Werbung oder versuchte Einflußnahme

*Ein strahlender Held: John Wayne in ›The Comancheros/Die Comanche-
ros‹, 1961. Regie: Michael Curtiz.*

eines Kanidaten für den höchsten amerikanischen Filmpreis untersagt werden sollte.
Alle Anzeigen in Zeitungen und Magazinen wurden von einem
Ereignis übertroffen, das *Alamo* mit einem Schlag eine Publizität gab, die einige Millionen Dollar wert war: Die Fernsehge-

sellschaft ABC hatte während der Dreharbeiten zu *Alamo* ein Kamerateam nach Bracketville geschickt und zeigte jetzt auf dem Bildschirm, wie dieser aufwendige Westernfilm entstanden war.

Als Wayne damals von der Idee der ABC-TV gehört hatte, hatte er geglaubt, seinen Ohren nicht trauen zu dürfen. Denn das Verhältnis Fernsehen-Film war schlecht, weil jeder vom anderen annahm, daß er die Zuschauer an sich zog. Aber dann war Wayne von der Vorstellung fasziniert gewesen, der ganzen Nation seine ungewöhnlichen Produktionsmethoden zeigen zu können. Und er hatte zwei Tage bei den Dreharbeiten zu *Alamo* damit verbracht, das Fernsehteam überall herumzuführen, damit sie ihren Bericht über seinen Film machen konnten.

Bald war Wayne in Afrika, um einen weiteren Film für Paramount unter der Regie von Howard Hawks zu drehen. Es war *Hatari* mit Elsa Martinelli, Hardy Krüger, Michèle Girardon, Red Buttons und Bruce Cabot in den weiteren Hauptrollen. Als sie den Film beendet hatten, zogen die Stars von *Hatari* auf einer Promotion-Tour durch zehn Großstädte, um für den Film zu werben.

Pilar besuchte ihren Mann während der Dreharbeiten zu *Hatari* und brachte Aissa mit. Aber Pilar konnte nicht sehr lange bei ihrem Mann bleiben, weil sie in dieser Zeit schwanger war.

Am 22. Februar 1962 wurde John Ethan Wayne im St.-Josephs-Hospital in Washington geboren. Duke war wenige Tage vorher aus Paris gekommen, wo er noch in der Darryl-F.-Zanuck-Produktion eine Rolle in dem Film *The Longest Day* (›Der längste Tag‹) übernommen hatte. Die Geburt eines Jungen war für Pilar besonders erfreulich, weil sie zwei Jahre vorher im fünften Monat eine Fehlgeburt gehabt hatte. Aber ihr Arzt hatte ihr versichert, daß sie weiterhin Kinder bekommen würde. Trotzdem war Pilar bis zum letzten Augenblick voller Zweifel gewesen, ob der Arzt recht hatte.

Es ist wichtig, noch von einem anderen Ereignis zu sprechen, das für John Wayne sehr bedeutend war. Allerdings war es einige Jahre früher geschehen, als Wayne durch einen alten Kumpel, Roberto Tito Arias, in Panama fast in eine Revolution verwickelt worden war.

Arias hatte seinem Land als Botschafter in Großbritannien gedient. Aber er kam, als er nach Panama zurückgekehrt war, immer stärker in den Verdacht, eine Verschwörung gegen die da-

›The Man who Shot Liberty Valance/Der Mann, der Liberty Valance erschoß‹, 1962, zeigt John Wayne in der Rolle des glücklosen Außenseiters Tom Doniphon.

malige Regierung zu planen. Eines Tages war es dann soweit: Die panamesische Regierung ließ Arias suchen. Aber sie fand ihn nicht. An seiner Stelle nahm man seine Frau, die Primaballerina Margot Fonteyn, fest und hielt sie eine Nacht lang gefan-

gen. Und die ganze Zeit über mußte sie eine Menge unangeneh-
mer Fragen beantworten.

Margot Fonteyn beharrte darauf, daß sie nicht wisse, wo sich ihr
Mann aufhalte. Als man sie dann am nächsten Tag entließ,
nahm sie die nächste Maschine nach New York und hoffte, daß
ihr Mann mit ihr in Verbindung trat. In Panama City waren in
der Zwischenzeit die Nationalgardisten vor den Palast gezogen,
um den Präsidenten Ernest de la Guardia zu schützen. Eine
Truppeneinheit hatte sich am Ufer von Santa Clara verschanzt,
um die Invasoren an dieser Stelle abfangen zu können.

Mitten in der Nacht nahmen die Soldaten einen verdächtigen
Rebellen fest, der versucht hatte, sich vorsichtig ans Ufer zu
schleichen. Der Mann wurde verhört und gestand bald darauf,
daß er einer von zehn Männern war, die Arias angeheuert und
mit Waffen aus Argentinien versorgt hatte. Dann zeigte er ihnen das Waffenlager, das fünfundsiebzig Meilen westlich von
Panama City versteckt war. Sie fanden siebzehn Pistolen, ein
Maschinengewehr, ein Gewehr und über tausend Schuß Munition.

In Santa Clara war auch der Landsitz der Familie von Arias.
Nachdem man das Waffenlager gefunden hatte, besetzten Soldaten das Gelände und suchten überall nach dem Flüchtling. Sie
konnten ihn nicht finden, aber sie entdeckten eine Reihe von
Dokumenten in seiner Strandhütte. Und eines von diesen Pa-
pieren war ein Brief an Arias vom 12. April 1959, und er war unterschrieben mit »John Wayne«.

Aus dem Brief ging hervor, daß Wayne im Laufe der Jahre eine
beträchtliche Geldsumme überwiesen hatte. Für die Panamaer
stellte sich jetzt die Frage, ob dieses Geld an Arias dazu gedient
haben könnte, um in Panama eine Revolution zu entfachen.

Wayne berichtete, daß er völlig überrascht gewesen sei, als man
ihm erzählt habe, sein langjähriger Freund Arias hätte eine Revolution geplant. »Ich habe ihn über zwanzig Jahre gekannt und
Geschäfte mit ihm gemacht. Aber auch mit anderen Geschäfts-
leuten in Panama.«

Dann erklärte Wayne seine Geschäftsverbindungen zu Arias
genauer. »Er besaß eine Gesellschaft, die mit Krabben handelte. Aber daran waren nicht nur er allein oder ich beteiligt, sondern eine ganze Menge anderer Leute. Arias machte außerdem
noch andere Geschäfte, und er besaß eine Menge Aktien vieler
Firmen.«

»Er ist ein teuflisch guter Schauspieler«, sagte Regisseur Howard Hawks über John Wayne und dessen Rolle als Großwildfänger Sean Mercer in ›Hatari‹, 1962.

Nachforschungen ergaben, daß die Waffen mit einem Krabbenfängerboot in das Land gebracht worden waren. Und an diesem Punkt wurde von panamesischer Seite wieder die Frage aufgeworfen, was es mit der Geldsumme auf sich hatte, die Wayne an Arias überwiesen hatte.

Wayne legte panamesischen Offizieren seine Geschäftsbücher offen, die seinen Handel mit Arias betrafen. Und bald war man in Panama City davon überzeugt, daß Wayne mit den Waffenlieferungen nichts zu tun hatte.

»Wir sind sehr zufrieden, weil wir Ihnen mitteilen können, daß Mr. Wayne mit Arias auf rein geschäftlicher Basis verhandelt hat«, erklärte ein Pressesprecher in Panama City den Journalisten.

Es war eine große Erleichterung für Waynes Millionen Fans und seine Mitarbeiter, daß seine Verbindung zu Arias geschäftlicher Natur war und mit einer Revolution nichts zu tun hatte. John Wayne hatte – zumindest in seinen Filmen – schon viel vollbracht: Er hatte gegen eine Überzahl von Apachen gekämpft, in Afrika wilde Tiere gejagt, Spione fremder Mächte entlarvt, mongolische Reiter gestoppt, wilde Kämpfe mit rauhen Männern geführt, in der Wildnis ums Überleben gekämpft, Fort Alamo gegen eine Übermacht verteidigt und was es sonst noch alles in seinen Filmen gab.

Aber das Wayne in Panama eine Revolution anzettelte, hätte bestimmt niemand für möglich gehalten.

Wayne war also über jeden Verdacht erhaben, mit Waffen gehandelt zu haben. Es waren nur die Krabben, die ihn mit Arias verbanden.

Aber es kam eine Zeit, als die Verehrer von Wayne mit ihrem Idol verstimmt waren. Es geschah zu der Zeit, als er im August 1962 *Donovan's Reef* (›Die Hafenkneipe von Tahiti‹) drehte.

Man muß daran denken, daß sich John Wayne bisher in keinem seiner vielen Filme von einem Stuntman doubeln lassen hätte. Er spielte die wildesten und härtesten Szenen alle selbst, auch wenn ihn die Regisseure häufig genug drängten, einen professionellen Sensationsdarsteller für sich einspringen zu lassen. Man konnte also Wayne kaum vorwerfen, ein Feigling zu sein.

Für den Film *Donovan's Reef* (›Die Hafenkneipe von Tahiti‹) mußte sich John Wayne mit Lee Marvin in einer turbulenten Szene in einem Nachtklub prügeln. Duke war schon fünfundfünfzig Jahre alt, aber man merkte ihm sein Alter noch nicht an. Das Drehbuch sah vor, daß Wayne einen rechten Haken gegen das Kinn von Marvin schlug, nachdem dieser in der Nachtbar einen Streit mit Wayne angefangen hatte. Marvin schlug also zu. Wayne blockte diesen Schlag ab und schnellte dann seine Rechte vor. Im gleichen Augenblick aber landete ein Haken von Marvin am Kinn von Wayne, der rückwärts taumelte und auf einen Tisch fiel. Soweit lief alles exakt nach Plan. Aber irgend jemand hatte einen Hollywoodtisch anstelle des richtigen Holztisches an diese Stelle getan. Und dieser Hollywoodtisch hatte die Aufgabe, sofort auseinanderzukrachen, wenn jemand darauf fiel. Zum Entsetzen aller Beteiligten fiel Wayne durch den Tisch hindurch und krachte schwer auf den Boden. Einen Augenblick lang blieb er atemlos liegen und sah sich erstaunt um.

»Halt!« schrie Ford im selben Moment, weil die Szene so nicht im Drehbuch stand.

Wayne richtete sich langsam wieder auf und rieb sich den schmerzenden Rücken.

»Bist du wieder in Ordnung, Duke?« fragte John Ford teilnahmsvoll.

Wayne grinste seinen Freund an: »Es geht gleich wieder weiter.«

»Tut dir irgend etwas weh?« wollte Ford wissen.

Und wieder grinste Wayne. »Nur mein Hintern. Aber das ist nicht weiter schlimm.«

Der Vorfall drang in die Presse, die das Ganze aber entstellt wiedergab. Nach ihrer Version soll Wayne folgendes gesagt haben: »Ich habe mich am Rücken verletzt. Genau an der Stelle, wo ich mich durch das viele Pferdereiten gezerrt habe. Aber ich werde bald in Ordnung sein.«

Obwohl Wayne erklärt hatte, daß alles halb so schlimm war, ordnete Ford für den Rest des Tages eine Drehpause an. Und Wayne empfahl er, sich zu Hause ins Bett zu legen.

»Mach dir meinetwegen kein Sorgen«, erwiderte Wayne gelassen. »Morgen geht es weiter.«

Am nächsten Tag war Wayne wieder beim Filmteam. Die Szene mit Lee Marvin wurde erneut gedreht, aber diesesmal stand der Holztisch an der Stelle, an der Wayne rückwärts taumelte. Ließ Ford deswegen die unvorhergesehene Szene aus dem Film schneiden? Keineswegs. Sie gefiel ihm offensichtlich so gut, daß er sie später in den fertigen Film einbauen ließ.

»Es ist die beste Szene des ganzen Films«, bemerkte Ford schmunzelnd.

Donovan's Reef (›Die Hafenkneipe von Tahiti‹) war eine bemerkenswerter Film in den frühen sechziger Jahren. Schon allein die Schlägerei zwischen Wayne und Marvin war genau in der Tradition von John Fords Filmen. Man hat sicherlich schon viele Prügeleien in Filmen gesehen, aber diese Szene in *Donovan's Reef* (›Die Hafenkneipe von Tahiti‹) ist fast einmalig.

Ein neuer Trend kündigte sich in den Filmen an. Die Regisseure und Drehbuchautoren kamen immer mehr vom Action-Film weg.

Lassen wir Wayne zu Wort kommen, wie er die Dinge sieht. »Vor zehn oder zwanzig Jahren gingen die Leute ins Kino, um zu sehen, daß Männer wie Männer handelten. Aber heutzutage gibt es fast nur noch Rollen für Neurotiker in den Filmen. Das ist der Tennessee-Williams-Effekt vom Broadway.«

Dann schimpfte Wayne noch auf die Intellektuellen, die seiner Meinung nach die Studios erobert hatten. »Sie machen nur Pornographie unter dem Deckmantel der Kunst. Williams und andere Schreiber suchen sich eine extreme psychische Situation aus und beschreiben sie so, als ob jeder eine Neurose habe. Aber diese Figuren sind nicht typisch für den Durchschnittsamerikaner. Denn in den Augen der modernen Schreiber sind wir eine Nation von Schwächlingen, die nicht mit dem modernen Leben fertigwerden.«

17. Auf gefährlichen Wegen

John Wayne war schon lange mit Pilar verheiratet, und sie hatten zwei Kinder, die in dem wiederhergestellten Haus aufwuchsen. Duke war glücklich und zufrieden mit dieser Art von Leben, das er im Augenblick führte. Pilar hatte dem Haus nach dem Brand eine eigene Note gegeben, da viele Dinge, die noch von Chata stammten, dem Feuer zum Opfer gefallen waren.

Der imponierendste Teil des Hauses war das Wohnzimmer. Von außen mit Feldsteinen befestigt, machte es aber innen einen gemütlichen Eindruck. Ein direkter Blickfang war der riesige Feuerplatz mit dem Brennholz daneben. Und an einer Wand des Zimmers hatte Pilar indianische Arbeiten aufgehängt, die sie aus ihrer Heimat mitgebracht hatte. An einer anderen Wand stand ein Billardtisch, und nicht weit davon entfernt befand sich eine große Hi-Fi-Anlage.

Duke hatte in dem Haus auch sein eigenes Zimmer. Der Raum hatte wie das Wohnzimmer einen offenen Kamin, in der Mitte des Arbeitszimmers lag ein dunkelroter Teppich, und vor den Fenstern hingen bernsteinfarbene Vorhänge. Seine Jagdtrophäen, seine Gewehrsammlung und seine Kleidung, die von Puebloindianern angefertigt worden war, hingen an den Wänden verstreut und dekorierten den Raum.

»Duke zieht sich oft in seine Bude zurück«, erklärte Pilar lachend. »Er braucht diesen Freiraum, um sich zu erholen und zu entspannen.«

Wayne hatte noch einen zweiten Raum, in den er sich zurückziehen konnte. Es war ein Fitneß-Zimmer, in dem er jeden Morgen, wenn er zu Hause war, vor dem Frühstück seine Übungen machte. »Mein Mann ist ein furchtbarer Frühaufsteher«, sagte Pilar. »Und zum Frühstück kann er Unmengen an Eiern, Toast, Grapefruit, Steaks und Kaffee verschlingen. Aber Steaks liebt er auch zu jeder anderen Mahlzeit am Tag. Er kann eigentlich nie genug davon bekommen.«

Nach dem großen Brand hatte Wayne sich sein Zimmer teilweise als Kleinkino umbauen lassen. Er besaß einen versenkbaren Projektor, eine große Leinwand, die auf Knopfdruck hinter einem Vorhang verschwand.

»Wir haben oft über das Wochenende Freunde hier«, berichtete Pilar. »Und dann sitzen sie oft die ganze Nacht in diesem Raum und sehen sich die Filme bis zum frühen Morgen an.«

Welche Art von Filmen zeigt John Wayne seinen Freunden am liebsten?

Pilar lächelte bei dieser Frage. »Duke liebt Westernfilme über alles. Aber ich mag sie nur, wenn mein Mann darin eine Hauptrolle spielt.«

Dies war auch lange die Einstellung einer großen Anzahl von Kinogängern gewesen. Sie hatten sich nach dem Hauptdarsteller den Film ausgesucht.

Eines Tages im Jahre 1963, als Wayne in Arizona den Western *McLintock!* drehte, machte sich der Journalist Hyman Goldberg, der für den *New York Mirror* schrieb, mit einem Produzenten auf die Reise, weil sie erforschen wollten, wie viele John-Wayne-Filme in Los Angeles im Augenblick gespielt wurden. Dabei war es unwichtig, ob es sich um neuere oder alte Streifen handelte. Sie kamen auf insgesamt neun Filme.

Zur gleichen Zeit saß Frank Sinatra in einer Diskussionsrunde in der Akademie, die alljährlich die Oscarverleihung vornahm. Und er erklärte, daß er allmählich von den langen Reden und Fragen die Nase voll habe. Immer ging es darum, warum es mit der Filmindustrie immer weiter bergab ging, und was man tun konnte, um wieder mehr Menschen in die Kinos zu locken.

Sinatras Vorschlag war sehr einfach: »Wir müssen bessere Filme drehen.«

Der Produzent, der mit dem Journalisten Goldberg auf der Suche nach Wayne-Filmen in Los Angeles gewesen war, nahm auch an dieser Diskussion teil. Sein Beitrag in der Runde war kurz und einfach.

»Es ist nichts faul an der Filmindustrie«, meinte er achselzuckend. »Wenn wir ein Dutzend John Waynes hätten, gäbe es keine Filmkrise.«

Aber es gab nur einen Filmschauspieler, der John Wayne hieß, und niemand konnte von ihm allen Ernstes verlangen, daß er noch mehr Filme machte. Kein Schauspieler in Hollywood hatte serienmäßiger und härter in den letzten vierunddreißig Jahren gearbeitet als er. Wayne war jetzt über fünfzig Jahre alt, aber er trug sich noch immer nicht mit dem Gedanken, von der Filmbühne abzutreten. Er wollte auch weiterhin einen Film nach dem anderen drehen.

›McLintock‹, 1963, ist die Westernversion von ›Der Widerspenstigen Zähmung‹: John Wayne als mächtiger Viehzüchter George Washington McLintock.

Während der vielen Jahre hatte Wayne eine bemerkenswerte Ausdauer in körperlicher Hinsicht gezeigt. Und was noch erstaunlicher war: Duke war selten länger als einen Tag lang krank. Er litt häufig unter einer Magenverstimmung, aber er wußte auch, wie er damit fertig werden konnte. Dann stellte er die Whiskyflasche weg und wartete darauf, daß er sich wieder einen oder mehrere Drinks spendieren konnte.
Aber bei den Dreharbeiten zu *McLintock!* bekam Wayne eine Grippe, die nicht so war wie all die grippalen Infekte, die er bisher in seinem Leben kennengelernt hatte. Es mußte ein anderer Virus sein, aber Wayne wußte nicht, von welcher Art er war.
Es war auch kein gewöhnlicher Husten, der ihn plagte. Und dies nicht erst seit ein paar Tagen, sondern schon seit Monaten. Zuerst dachte er, daß er vom vielen Rauchen kam, weil er immer-

hin bis zu fünf Schachteln Zigaretten am Tag verqualmte. Also schob er das Problem vorläufig auf die Zigaretten und war bemüht, nicht weiter über seinen Husten nachzudenken.

Pilar war über die dauernde Husterei bestürzt und drängte ihren Mann, einen Arzt aufzusuchen.

Wayne jedoch winkte ab. »Das geht schon bald wieder vorbei.« Trotzdem versprach er Pilar, einen Arzt aufzusuchen, wenn sich sein Zustand weiterhin verschlimmern sollte. Denn im Augenblick hatte er andere Sorgen als seine Gesundheit: Wayne mußte wieder einen Film machen.

Die Geschichte von *McLintock!* ist die eines halsstarrigen Rinderbarons, der sich gegen neue Siedler, Indianer und seine eigensinnige Frau behaupten muß. Die Rolle des McLintock spielte John Wayne.

Miß O'Hara wirkte in einer der lustigsten Szenen des Films mit, als der alte McLintock seine Frau durch die halbe Stadt jagt, um sie wieder für sich einzufangen. Daß Maureen O'Hara dabei nur ihre Unterwäsche anhat, amüsiert die Betrachter am Rande der Szene: Edgar Buchanan, Stephanie Powers, Yvonne de Carlo und auch Chill Wills, der sich mit Wayne nach dem Krach um die Oscarvergabe wieder versöhnte und noch in einem weiteren Wayne-Film mitspielte.

Dieser Film war fast eine familiäre Angelegenheit. Jedenfalls mehr als andere Filme von und mit Wayne. Nicht nur sein Sohn Patrick spielte eine bedeutende Rolle, auch Aissa hatte lange Szenen in dem Film, und Michael Wayne arbeitete wieder einmal als Regieassistent. Aber diesmal nicht an der Seite seines Vaters, sondern unter der Aufsicht von Andrew V. McLaglen, dem Sohn von Victor, der ein langjähriger Freund von Wayne war. Andy hatte lange beim Fernsehen gearbeitet, unter anderem auch für die Serie *Gunsmoke* (›Rauchende Colts‹). Im Laufe der Jahre war dieser junge Regisseur schon fast in die Familie Wayne hineingewachsen.

Als der junge McLaglen einen Serienhelden für seine Fernsehfilme der Reihe *Gunsmoke* (›Rauchende Colts‹) suchte, wandte er sich zuerst an John Wayne.

Aber Wayne lehnte ab. »Ich wollte diese Rolle nicht annehmen, obwohl ich Andy diesen Gefallen gerne getan hätte. Aber wenn ich mich als Held einer Fernsehserie dem Publikum gezeigt hätte, wäre dies meinem Image nicht sehr nützlich gewesen und hätte meinem Ansehen bei dem Kino-Publikum sehr geschadet.

Außerdem kommt mir ein Westernheld in einer Fernsehserie immer vor wie ein Westentaschenheld.« Ein anderer interessierter Zuschauer bei den Dreharbeiten zu *McLintock* war Pilar, sie war die ganze Zeit am Ort des Geschehens.

In der Zwischenzeit waren einige der besten Freunde oder Bekannte von Wayne gestorben. Victor McLaglen war tot. Ward Bond starb 1960 an einem Herzanfall. Clark Gable starb im gleichen Jahr, nachdem er noch *The Misfits* (›Nicht gesellschaftsfähig‹) mit Marilyn Monroe gedreht hatte. Im gleichen Jahr starb auch Gary Cooper nach langem Leiden an Krebs.

Als die Dreharbeiten beendet waren, kehrte Wayne wieder nach Hause zurück. Sein Husten hatte sich in der Zwischenzeit weiter verschlimmert, aber Duke wollte noch immer keinen Arzt aufsuchen.

Wayne hatte einen Vertrag unterschrieben, in dem Film *Circus World* (›Zirkuswelt‹, 1964) mitzuwirken. *Circus World* (›Zirkuswelt‹) erzählt die Geschichte des Zirkus Matt Masters, der mit einer Western-Show durch Europa reist. Der Film wurde hauptsächlich in Spanien gedreht, und neben Wayne wirkten noch Rita Hayworth, Claudia Cardinale, Lloyd Nolan, Richard Conte und John Smith als Hauptdarsteller mit.

In einer Szene des Films, die in Madrid gedreht wurde, bat Regisseur Henry Hathaway die Schauspieler, noch in dem Zirkuszelt zu bleiben, während ein Feuer ausbricht. Die Flammen wurden von Spezialisten gelegt und breiteten sich so weit aus, wie es das Drehbuch vorgesehen hatte. Aber dann geriet das Feuer außer Kontrolle, und ein plötzlich auftretender Wind entfachte sofort alles Stroh in dem Zelt.

Als Wayne merkte, was passiert war, versuchte er, das Feuer zu löschen. Aber die Flammen hatten schon das Zeltdach erreicht und fraßen sich immer weiter fort. In wilder Panik rannten die Schauspieler, Kameraleute und Arbeiter aus dem brennenden Zelt. Es blieb Wayne nichts anderes übrig, als mit ihnen ins rettende Freie zu eilen. Wenige Minuten später krachte das Zelt zusammen. Funken sprühten in den Himmel, und der schwarze Rauch war noch in einem riesigen Umkreis zu sehen. Sie hatten noch in letzter Sekunde einen Elefanten, einen Löwen und andere Tiere aus dem Inferno retten können.

Feuerwehrleute konnten nur mühselig die Flammen löschen. Aber das Zelt war völlig kaputt. Später gab Hathaway an, daß das Feuer außer Kontrolle geraten war. Er konnte zwar immer noch nicht verstehen, wie es zu einem solchen Unglück hatte kommen können, aber er mußte zugeben, daß die Feuerspezialisten einen Fehler begangen hatten.

Der Film war noch aus einem anderen Grund bemerkenswert. Miß Hayworth, die noch vor zwanzig Jahren das Sex-Idol zahlloser Männer gewesen war, spielte in *Circus World* (›Zirkuswelt‹) die Mutter von Claudia Cardinale, die mit ihren zweiundzwanzig Jahren das Sex-Symbol Nummer eins in Europa geworden war und noch viele Jahre blieb.

Als Wayne in die Staaten zurückkam, hatte sich sein Husten weiter verschlimmert, aber er war noch immer nicht bereit, Pilars Ratschlag zu folgen und einen Arzt aufzusuchen. Er war vielmehr gewillt, seinen nächsten Verpflichtungen nachzukommen, die vorsahen, daß er eine Rolle in den Filmen *The Greatest Story Ever Told* (›Die größte Geschichte aller Zeiten‹) und in *In Harm's Way* (›Erster Sieg‹, 1965) von Otto Preminger übernahm.

Und dann gab es noch ein anderes Ereignis, das ihn von dem dringend nötigen Arztbesuch abhielt. Melinda Ann Wayne war jetzt dreiundzwanzig Jahre alt, und sie heiratete den sechsundzwanzigjährigen Gregory Robert Munoz, einen in Los Angeles zugelassenen Anwalt. Die Hochzeitszeremonie wurde in der Blessed Sacrament Church von Kardinal McIntyre vollzogen. Es waren die gleichen Riten, die er bei jedem Kind von John Wayne zelebrierte.

Über siebenhundert Gäste füllten das Kirchenschiff. Unter ihnen waren so bekannte Namen wie Cesar Romero, Jean Crain, Irene Dunn und Loretta Young.

Während der Zeremonie sah Wayne, wie seine Tochter immer blasser wurde und mit einemmal in die Knie ging. Er stürzte zu ihr hin, und ein Priester brachte einen Stuhl. In der Zwischenzeit war Melinda wieder zu sich gekommen, setzte sich auf den Stuhl, und die Hochzeitsfeierlichkeiten konnten nach diesem Zwischenfall forgeführt werden.

Später bei dem Empfang dachte Wayne an die Worte seines alten Freundes Toots Shor, der eine Kette von New Yorker Nachtlokalen besaß. Shors Grundsatz war: »Niemand, der bis Mitternacht nicht betrunken ist, trinkt wirklich richtig.« Aber diesesmal konnte Wayne diesem Ratschlag nicht folgen. Sein Husten wurde immer schlimmer.

Mit großem Staraufgebot wurde ›The Greatest Story Ever Told/ Die größte Geschichte aller Zeiten‹, 1965, gedreht. Für John Wayne war die Rolle eines römischen Zenturios ein Reinfall.

Schließlich sah er keinen anderen Weg mehr, als sich in ärztliche Behandlung zu begeben. In einer Klinik in La Jolla wurde er geröntgt und die Ärzte stellten einen Fleck in seiner rechten Lunge fest. Nach eingehenden Untersuchungen sagten ihm die Ärzte, daß es sich um einen Tumor handle, den sie unbedingt entfernen müßten, weil das Geschwür sich sonst vergrößern würde.

Es wurden keine besonderen Verlautbarungen bekannt, als Wayne im September 1964 in das Krankenhaus ging. Nur sein Sohn Michael erklärte nach einigen Tagen vor der Presse: »Mein Vater mußte ein Hospital aufsuchen, um sich einer operativen Heilbehandlung zu unterziehen. Er hat sich bei den Dreharbeiten zu dem Film *Legend of te Lost* (›Die Stadt der Verlorenen‹, 1957) in Nordafrika den Fußknöchel gebrochen. Und diese Verletzung ist nie richtig verheilt.«

Das war natürlich barer Unsinn, aber da Wayne sich verpflichtet hatte, in wenigen Monaten bei den Dreharbeiten des Films *The Sons of Katie Elder* (›Die vier Söhne der Katie Elder‹, 1965) mitzuwirken, wollte Michael Wayne keine Panik verbreiten.

Michael berichtete den Reportern weiterhin: »Die Ärzte meinen, daß er sich mehr schonen soll. Denn diese Verletzung ist jetzt zehn Jahre alt und nie richtig auskuriert. Und wie Sie alle wissen, ist dies das erstemal, daß er in ein Krankenhaus gehen mußte.« Und dann erzählte Michael noch, daß sein Vater nach der Operation Beschwerden innerhalb der Atemwege habe. Dies kam der Wahrheit schon näher.

»Das kommt wahrscheinlich von einer Infektion, die aber nicht so schlimm ist. Jeder Patient steckt sich in irgendeiner Weise bei einem anderen an, wenn man tagelang passiv im Bett liegt. Ich selber bin einmal ins Krankenhaus eingeliefert worden, weil ich ein Bein gebrochen hatte. Und nach ein paar Tagen hatte ich eine Lungenkrankheit von dem Mann, der auf meinem Zimmer lag. Es war nur eine harmlose Infektion, aber sie zwang mich, länger in dem Hospital zu bleiben, als ich beabsichtigt hatte.«

Der Beinbruch war die Folge eines Autounfalls, den Michael einige Monate zuvor mit seinem Bruder Pat gehabt hatte.

Dann fragten die Reporter, wie lange John Wayne in dem Krankenhaus bleiben müsse.

»In einer Woche spätestens wird er wieder zu Hause sein«, antwortete Michael Wayne. Aber zwei Wochen später lag Wayne noch immer in dem Krankenhaus, und man fragte sich, wie es möglich war, daß ein Knöchelbruch so lange Zeit nicht verheilt. Oder lag es an der Infektion, die er sich innerhalb der Atemwege zugezogen hatte? Diese Gedanken machte sich besonders James Bacon, ein gewiefter Hollywood-Reporter. Deshalb machte er sich auf den Weg ins Hospital.

»Ich habe nie so genau gewußt, was ich wirklich habe«, berichtete ihm Wayne. »Als ich die Ärzte fragte, haben sie mir gesagt, daß ich es schon überstehen würde. Und dann lag ich zehn Tage lang auf der Intensivstation. Später habe ich herzstärkende Mittel und alle solche Sachen bekommen. Schließlich habe ich ihnen gesagt, daß sie mir ein Gewehr geben sollen, damit ich mich aus dem Krankenhaus befreien kann.«

Später brachten sie John Wayne auf eine andere Station. Er erzählte Bacon, wie es mit ihm weitergegangen war: »Innerhalb von fünf Tagen hatte ich zwei Operationen. Das war eigentlich der schlimmste Teil meines Aufenthaltes hier. Bei der ersten Operation haben sie dieses Ding aus meiner Lunge geschnitten und mich dann wieder zugenäht. Aber ich mußte in den nächsten Tagen so stark husten, daß mein Lungengewebe wieder platzte. Also haben sie mich wieder auf den Operationstisch gelegt, alles wieder aufgemacht und danach zugenäht. Aber jetzt fühle ich mich ganz gut.«

Michael Wayne bestätigte auf Anfragen, daß es sich bei dem Ding, wie sein Vater es genannt hatte, um einen Abszeß gehandelt habe.

Niemald wollte gerne die Wahrheit sagen. Auch John Wayne nicht. Aber die Wahrheit blickte ein wenig aus seinen Worten hindurch, als er am 8. Oktober das Hospital verließ und in die Menge der Reporter blinzelte.

»Man hat mir einen Lungentumor entfernt«, sagte er und versuchte ein Grinsen.

»War es Krebs?« fragte einer der Journalisten in die Stille hinein.

Wayne zuckte mit den Schultern und zögerte einen Moment mit der Antwort. Dann erwiderte er: »Ich nehme es an.«

John Wayne zog sich in sein Haus in Encino zurück, und man hörte monatelang nichts mehr von ihm. Als der Termin immer näher kam, an dem Henry Hathaway und die Paramount den Film *The Sons of Katie Elder* (›Die vier Söhne der Katie Elder‹) drehen wollten, mußte Wayne ihnen absagen. Er war gesundheitlich noch nicht in der Lage, die anstrengenden Dreharbeiten mitzumachen. Der Film wurde auf unbestimmte Zeit verschoben, denn die Paramount wollte unbedingt Wayne für den Film haben.

Um die Weihnachtszeit rief ich John Wayne an, nachdem ich einen Bericht von Earl Wilson gelesen hatte, der in seinem Artikel behauptet hatte, daß Wayne an Krebs erkrankt war. Ich erzählte Wayne, daß ich von ihm selber wissen wollte, wie es gesundheitlich um ihn stehe.

Und Wayne erzählte freimütig: »Ich habe zwei schwere Operationen hinter mir. Sie haben meinen Brustkasten geöffnet und einen Teil der Lungen entfernt. Dabei mußten sie mir auch noch eine Rippe wegschneiden. Ich nehme mit Sicherheit an, daß es sich dabei um eine Krebsgeschwulst handelte. Ich hatte das Glück, daß es frühzeitig erkannt wurde. Und wenn ich mit meiner Geschichte jemanden dazu bringen kann, schon bei den ersten Anzeichen zum Arzt zu gehen, um sich gründlich untersuchen zu lassen, würde es mich sehr freuen. Ich habe auch gelernt, daß man über eine Krankheit wie Krebs sprechen kann. Sie ist nicht wie früher die Lepra, denn man kann gegen Krebs schon sehr viel machen. Ich habe ihn besiegt, weil die Ärzte ihn frühzeitig erkannt haben. Dann habe ich auch gelernt, mich der Operation zu unterziehen. Ich muß Ihnen zugeben, daß ich mich am Anfang wahnsinnig dagegen gesträubt habe, weil sich alles in mir sperrte, den Krebs in meiner Lunge anzuerkennen. Aber dann sah ich ein, daß die Operation das einzige Mittel war, um den kleinen Krankheitsherd entfernen zu lassen. Als sie dann dieses Ding wegoperiert hatten, war die Welt wieder in Ordnung.«

Wayne sprach die ganze über ruhig und sachlich über seine Krankheit. Es war fast so, als ob er die Szene aus einem Film beschrieb, den er einmal gesehen hatte.

»Natürlich beinhaltet jede Operation ein Risiko. So war es auch bei mir. Dadurch, daß ich nach der ersten Operation so viel husten mußte, war es nötig, mich ein zweitesmal zu operieren. Und das was sehr hart, wie Sie sich vorstellen können, wenn man eine Operation glücklich überstanden hat. All das passierte dann innerhalb von nur fünf Tagen. Aber ich habe Patienten gesehen, denen es viel schlechter ging als mir. Und ich habe mir dann gesagt, daß ich trotz allem noch sehr viel Glück hatte.«

John Wayne machte einen Augenblick Pause und sagte dann: »Ich freue mich, daß ich bald gesund bin und meinen nächsten Film machen kann.«

18. Wayne ist wieder der alte

Im Februar 1965 konnte Wayne allen Leuten zeigen, daß er wieder der alte Haudegen war. Zwar waren seine Haare dünner, die Falten tiefer geworden, aber seine Vitalität war erhalten geblieben. Seine Wunden von den Operationen schmerzten bei jedem Wetterumschwung, aber Wayne biß die Zähne zusammen und versuchte, sich nichts anmerken zu lassen. Die Hauptsache für ihn war, daß er arbeiten konnte, und mit seinen achtundfünfzig Jahren drehte er jetzt seinen 151. Film: *The Sons of Katie Elder* (›Die vier Söhne der Katie Elder‹).
Henry Hathaway rief Wayne auf die Szene, und Duke warf ihm

John Wayne, Dean Martin, Earl Holliman und Michael Anderson jr. (von links) als ›The Sons of Katie Elder/Die vier Söhne der Katie Elder‹, 1965. Regie: Henry Hathaway.

seinen großen Cowboyhut entgegen. Er war froh, daß er wieder unter Filmleuten war, und er freute sich auch, daß Dean Martin neben ihm einen der vier Söhne der Katie Elder spielte. Daneben hatten noch Earl Holliman und Michael Anderson jr. die weiteren Hauptrollen. Sie trafen sich in dem Film bei der Beerdigung ihrer Mutter, deren Mann durch eine Kugel in den Rükken ermordet worden war. Die texanische Landschaft, welche die Filmfans später in den Lichtspielhäusern sahen, lag nicht in Texas, sondern in dem staubigen Durango jenseits der mexikanischen Grenze. Die Innenaufnahmen hatte Hathaway in den Churubusco-Studios in Mexico City aufgenommen.

Diese Stadt war sehr von Wayne eingenommen. Viele nannten ihn in Mexico City »El Macho«, was soviel wie »Der Männliche« heißt. Für die Mexikaner war Wayne der Inbegriff des Cowboys, und viele Menschen in Mexiko waren ihm dankbar, daß er zahlreiche Filme in ihrem Land gedreht hatte, was dem Land einen ökonomischen Aufschwung gebracht hatte.

Wayne war bei den Dreharbeiten fit, als hätte er niemals drei Wochen im Krankenhaus gelegen und sich über drei Monate zu Hause erholt. Manchmal mußte er aus einem Spezialgerät reinen Sauerstoff inhalieren, weil ihm jetzt die Höhenluft mehr zu schaffen machte als in früheren Jahren. Aber das war kein Wunder, wenn man sich überlegt, daß auch gesunde Menschen mit beiden Lungenflügeln in dieser Luft Atembeschwerden bekommen. Eines Tages erschien Dr. Charles W. Mayo von der Mayo-Klinik, um Wayne zu gratulieren, weil er einen wertvollen Beitrag gegen die Krebsangst geleistet hatte. Der Arzt, der einer der führenden Krebsforscher in aller Welt war, bedankte sich bei Wayne, weil er so positiv über die ärztliche Vorsorgeuntersuchung bei Krebsverdacht gesprochen habe.

»Wenn ich einem Patienten sage, daß ich ihn sicherheitshalber untersuchen möchte, denkt jeder, daß ich nur darauf aus bin, ihm eine hohe Rechnung zu schicken«, beklagte sich Dr. Mayo. »Es hat einen ganz anderen Publikumseffekt, wenn eine so bekannte Persönlichkeit, wie Sie es sind, die Vorsorgeuntersuchung befürwortet.«

Regisseur Henry Hathaway kam zu dem Gespräch und sagte: »Ich wurde vor zwölf Jahren in der Mayo-Klinik am Magen operiert, weil akuter Krebsverdacht bestand. Die Operation hatte Erfolg. Der Krebs ist seitdem nie wieder aufgetaucht.«

Nach *The Sons of Katie Elder* (›Die vier Söhne der Katie Elder‹)

*John Wayne und Dean Martin als »Topfgucker« in der Küche eines italie-
nischen Restaurants.*

drehte Wayne in Italien *Cast a Giant Shadow* (›Der Schatten des
Giganten‹) neben so bekannten Schauspielern wie Kirk Douglas, Yul Brynner, Senta Berger und Angie Dickinson.
Sie filmten in Santa Maria Galleria, dreißig Kilometer außerhalb von Rom. Das Drehbuch schrieb eine Szene vor, in der
Wayne mit Douglas in einem Jeep kämpfen mußte. Aber der
Kampf dauerte nicht lange. Mitten in der Szene schrie Wayne
plötzlich vor Schmerzen auf.
Er war am Rückgrat verletzt worden. Sie brachten Wayne in das
nahe gelegene Villa-Clara-Hospital, und er wurde eingehend
geröntgt. Die Ärzte stellten fest, daß er sich zwei Rückenwirbel
verletzt hatte, verordneten ihm drei Tage Bettruhe und erklärten ihm, daß er sich nach seiner Entlassung nochmals für drei
oder vier Tage absolut schonen müsse.

Als er aus dem Krankenhaus entlassen worden war, ging Wayne zu dem Regisseur und sagte: »Wir können die Szene in dem Jeep jetzt drehen. Ich will den Film endlich hinter mich bringen, um dann nach Hause zu fahren.«

Drei Tage später saß Wayne im Flugzeug, um in die Staaten zurückzufliegen. Aber er machte einen Umweg über London, um einen alten Freund aus früheren Tagen zu besuchen. Es war Roberto Tito Arias, der in der Stoke Mandeville Clinic in Buckinghamshire lag – er war ein Krüppel, nachdem ihm ein politischer Rivale vier Kugeln in den Rücken geschossen hatte. Das Ganze war vor zwei Jahren in Panama passiert.

Wayne kehrte nach diesem Besuch nach Kalifornien zurück und erfuhr von Pilar, daß er zum drittenmal stolzer Vater werden würde – das siebtemal insgesamt. Diesesmal war das St.-Josephs-Hospital sehr weit von ihrem Haus weg, denn die Waynes hatten ihr großes Haus in San Fernando verkauft und wohnten jetzt in Newport Beach.

Obwohl das St.-Josephs-Hospital weiter entfernt lag als andere Krankenhäuser, bestand Pilar darauf, dorthin zu der Geburt ihres Kindes zu fahren. Sie brachte dann ein Mädchen zur Welt, das sie Marisa nannten. Es war der 22. Februar 1966.

Marisa wurde zu der Zeit geboren, als ihr Vater an seinem hundertzweiundvierzigsten Film drehte. Es war *El Dorado* unter der Regie von Howard Hawks.

Neben Wayne spielte noch Robert Mitchum eine Hauptrolle. Dieser Film war genau in der Tradition vieler John-Wayne-Filme gemacht.

Danach kam *The War Wagon* (›Die Gewaltigen‹), in dem Wayne wieder mit Kirk Douglas spielte. Bei diesem Film hoffte Wayne, daß er nicht wieder nach einem Kampf mit Douglas in ein Krankenhaus eingeliefert werden mußte wie damals bei dem Film *Cast a Giant Shadow*.

The War Wagon (›Die Gewaltigen‹) wurde wieder in Mexiko gedreht. Bei den Dreharbeiten ereignete sich ein Zwischenfall, der Wayne sehr aufbrachte. Während der Film in Mexiko gemacht wurde, bewarb sich Ronald Reagan in Kalifornien um den Posten eines Gouverneurs. Mitten in der Produktion verschwand Kirk Douglas aus Mexiko, um bei einer Fernsehaufzeichnung gegen Reagan zu sprechen.

»Ich habe die Dreharbeiten nicht vernachlässigt, als ich für Reagan gesprochen habe«, sagte Wayne ärgerlich. »Deshalb

John Wayne als alternder Revolverheld Cole Thornton und Rober Mit-
chum als versoffener Sheriff J. P. Harrah in ›El Dorado‹, 1967.

sollte Kirk auch nicht während des Films verschwinden, um gegen Reagan zu stimmen.«
Was Wayne aber viel mehr ärgerte, war die Tatsache, daß sich in
dieser Zeit viele Schauspieler in die Politik einmischten. Aber
noch mehr regte er sich darüber auf, daß sich ehemalige Schauspieler um politische Ämter bemühten und dabei ihre Popularität als Schauspieler ins Rennen warfen.
Es gab aber noch andere Streitereien zwischen John Wayne und
Kirk Douglas. Einige von ihnen waren auch später in dem fertigen Film zu sehen. So konnte Douglas viel besser auf ein Pferd
springen als Wayne. Duke sprang in den Sattel, wie er es immer
schon getan hatte. Aber Douglas übersprang zwei Pferde auf
einmal und landete auf der anderen Seite wieder auf dem Bo-

Robert Mitchum, Arthur Hunnicutt und John Wayne in einem der erfolg-
reichsten Western aller Zeiten: ›El Dorado‹, *1967.*

John Wayne, wie ihn sein Publikum liebte: Als schießender Rächer Taw Jackson in ›War Wagon/Die Gewaltigen‹, 1967.

den. Was aber das Kinopublikum nicht wissen konnte, war die Tatsache, daß Kirk Douglas für diese artistischen Leistungen ein Trampolin benutzte.

Allgemeine Heiterkeit kam auf, als Wayne und Douglas gemeinsam gegen zwei Revolverhelden kämpfen mußten. Wie nicht anders zu erwarten, waren Wayne und Douglas die strahlenden Sieger. Aber dann stritten sich beide, wer von ihnen geschickter mit dem Colt war.

»Mein Gegner hat den Boden als erster berührt«, sagte Douglas stolz.

»Aber mein Revolvermann war größer«, erwiderte Wayne gelassen.

Wayne hatte gedacht, daß der Film gut genug war, um einen Preis zu erhalten. Aber er irrte sich wiederum. Viel später hat Wayne einmal erklärt, warum die Filme, in denen er mitspielte, nie Preise bekommen haben.

»Cannes wollte diesen Film, aber das Studio war zu feige, um ihn zu nominieren. Ich hatte bisher noch nie eine Chance auf einem Festival, und damit ist auch meine letzte Chance zum Teufel gegangen. Aber immerhin bin ich schon für den Oscar nominiert worden, wenn ich ihn auch bis heute nie erhalten habe. Ich bin darüber nicht traurig, weil ich die Gründe dafür kenne. Ich bin in der Filmindustrie nicht populär, weil ich sehr eigene politische Auffassungen habe, die den herrschenden Meinungen häufig widersprechen.«

Wayne war fast sechzig Jahre alt. Und er tat noch einmal etwas, was ihm die Feindschaft vieler Menschen einbrachte, weil er ihnen klarmachen wollte, was ein Mann tun mußte, um als Patriot zu gelten.

Es fing alles mit einer siebzehntätigen Reise im Sommer 1966 an.

19. Superhawk

Im Jahre 1960, als Wayne damit beschäftigt war, den Film *Alamo* zu drehen, als er den Rechtsanwalt Fred Semaan überzeugen mußte, daß er »Wayne« und nicht »Payne« hieß, als ihn der Gouverneur Price Daniels als »hervorragenden texanischen Geschäftsmann« auszeichnete, passierte noch etwas anderes: Wayne traf bei einem Dinner Lyndon B. Johnson, der später Präsident der Vereinigten Staaten werden sollte.

Anfang 1966, während Wayne noch mit den Dreharbeiten zu *El Dorado* beschäftigt war, las er das Buch von Robin Moore *The Green Berets* (›Die grünen Teufel‹). Es war ein Roman, der den Kampf eines Spezialteams der Streitkräfte in Vietnam schilderte. Das Buch stand lange Zeit auf der Bestsellerliste. Wayne war sofort von dem Stoff begeistert, und er sah eine Gelegenheit, einen Film über ein Thema zu machen, an das sich niemand in Hollywood herangewagt hatte: Wayne wollte einen Film über den Vietnamkrieg drehen.

Wenn Wayne über sein Projekt sprach, traf er überall auf Ablehnung. Zwei große Studios, es waren die Columbia und Universal, erklärten, daß der Film zu teuer werden würde. Aber Wayne vermutete, daß dies nur ein Vorwand war, weil ihnen das Projekt zu riskant war. Wie er dann noch in Erfahrung brachte, hatten drei andere Filmemacher ihre Ideen für einen Vietnamfilm für eine Weile liegenlassen.

»Dies ist die Geschichte eines unpopulären Krieges«, erklärte Wayne, als er auf *The Green Berets* (›Die grünen Teufel‹) angesprochen wurde. »Aber welcher Krieg ist nicht unpopulär?«

Wayne war ungeheuer zuversichtlich über seine Fähigkeit, nicht nur einen patriotischen Film zu machen, sondern gleichzeitig dafür zu sorgen, daß *The Green Berets* (›Die grünen Teufel‹) ein Kassenschlager wurde.

»Ich hatte keine Veranlassung, daran zu denken, daß der Film nicht ein voller Erfolg in den Kinos werden würde«, berichtete Wayne. »Die Voraussetzungen, diesen Film zu drehen, waren alle gegeben. Aber es gibt immer noch zu viele Leute, die mehr darüber reden, wie man einen guten Film machen soll, anstatt ihn selber zu drehen.«

Er wollte diesen Film unbedingt machen, weil er den Soldaten in Vietnam bei einer Goodwilltour im Jahre 1966 versprochen hatte, einen Film über ihr Leben an der Front zu drehen.

Als Wayne bei dem Siebten Marine-Regiment in der Nähe ihrer Station Chu Lai war und den Soldaten Autogramme schrieb, peitschten plötzlich Schüsse auf, und die Kugeln schlugen dicht neben der Gruppe der Männer in den Boden. Dreck wirbelte hoch, und das Rattern der Maschinengewehre erfüllte die Luft. Aber mit einem Schlag war der ganze Spuk vorbei, und die gegnerischen Soldaten zogen sich wieder in den Urwald zurück.

»Die Vietnamesen schießen wohl immer aus dem Urwald heraus?« fragte Wayne die umstehenden Männer und setzte dann seine Autogrammstunde fort. Eine Gruppe amerikanischer Soldaten machte sich an die Verfolgung der Vietnamesen. Als sie nach einer Weile zurückkamen, erzählten sie, daß sie außer einem Fahrrad nichts von dem Gegner gesehen hätten.

Bevor Wayne Vietnam verließ, versprach er den Soldaten, daß er dem amerikanischen Volk zeigen wolle, was hier in Asien vor sich gehe.

Wayne kam schließlich zu der Filmgesellschaft Warners, die jetzt Warners-Seven Arts hieß und bereit war, ihm zuzuhören.

Als Wayne ihnen das Projekt *The Green Berets* (›Die grünen Teufel‹) erklärt hatte, zeigten sie sich einverstanden, 7 Millionen Dollar in den Film zu investieren.

»Ich mußte härtere Verhandlungen führen als jemals in meinem ganzen Leben zuvor«, sagte Wayne, wenn man ihn auf dieses Projekt ansprach.

Das bedeutete aber auch, daß Wayne selbst nicht viel als Hauptdarsteller und Regisseur verdienen konnte. Aber das war ihm egal, da er in der Zwischenzeit schon in der Steuerklasse war, die 90 Prozent der Einnahmen an das Finanzamt abliefern mußte.

Die Rechte an dem Buch beliefen sich auf 50.000 Dollar. Der nächste Schritt war schwieriger. Man mußte für den Film einen Ort finden, der den Gegebenheiten in Vietnam entsprach. Ferner waren noch technische Probleme zu bewältigen. Woher sollten sie die vielen Maschinengewehre, Panzer, Flugzeuge, Hubschrauber bekommen? Die einzige Möglichkeit bestand darin, sie vom Militär auszuleihen.

Wayne überlegte sich, wen er in der Armee oder bei der Marine kannte. Aber dann fiel ihm jemand anderer ein, den er einmal bei einem Essen im Jahre 1960 kennengelernt hatte. Und er schrieb sofort an Präsident Lyndon B. Johnson. In dem Brief stand unter anderem folgende Passage: »Ich beabsichtige, einen Film über die Soldaten in Vietnam zu drehen. Sehen Sie die Möglichkeit einer Zusammenarbeit oder nicht?«

Bill Moyers, der Pressesprecher des Weißen Hauses, schrieb an Wayne zurück, daß der Präsident an dem Unternehmen interessiert sei, es allerdings für ein gewagtes Unterfangen halte. Moyers lud Wayne ins Verteidigungsministerium und stellte ihm Major Jerold R. Dodds vor, der ein junger Soldat war. Dodds sollte als technischer Berater an dem Filmprojekt teilhaben.

Einen anderen Punkt überging Moyers in dem Schreiben an Wayne. Er erwähnte mit keiner Silbe, daß der Präsident noch immer über Wayne verärgert war, weil Duke im Jahre 1964 für die Präsidentschaftskandidatur Barry Goldwaters gestimmt hatte.

Die Schwierigkeiten, einen geeigneten Ort zu finden, der Vietnam entsprach, waren unüberwindlich. Deshalb entschloß sich Wayne, am Kampfplatz in Vietnam zu drehen. Das Pentagon war von dieser Idee überhaupt nicht begeistert, und die politische Führung in Moskau am allerwenigsten. Die Zeitung *Soviet Culture* griff Wayne an, weil er im Kampfgebiet filmen wollte. Und sie nannten Wayne noch einen extremen Reaktionär.

Die Zeitung schrieb weiterhin: »Er möge sich auf den Pfaden bewegen, in denen wirkliche Kugeln verschossen werden, wenn er seinen Plan verwirklicht, über die *Green Berets* in Vietnam zu drehen. Er will nur versuchen, die Taten dieser heimtückischen Killer-Soldaten zu verherrlichen. Die früheren Filme von Mr. Wayne spielten alle in der ungefährlichen Prärie von Texas oder Colorado, und die Helden schossen mit Vergnügen auf Ziele aus Pappe. Aber diesesmal wird er echte Kugeln vorfinden, wenn er nach Vietnam geht.«

Das Pentagon teilte Wayne mit, daß es keine gute Idee war, in die kriegerischen Zonen zu fahren, und sie boten ihm an, einen anderen Landstrich für ihn zu suchen.

Wayne hatte die Vorbereitungen für den Film fast abgeschlossen. Er hatte die Darsteller ausgewählt, ohne darauf Rücksicht zu nehmen, welche Einstellung sie zu diesem Krieg hatten. Es spielten neben Wayne David Janssen, Aldo Ray, Jim Hutton, Raymond St. Jacques und Bruce Cabot.

»Der Gesichtspunkt, unter dem ich die Darsteller ausgesucht

habe, war einzig und allein der Film. Soviel ich weiß, waren auch Pazifisten darunter, aber das war mir egal. Es ging mich überhaupt nichts an, wie sie über diesen Film dachten. Die Hauptsache war für mich, wie sie sich vor der Kamera verhielten.«

Eine Örtlichkeit für den Film war endlich gefunden. Es war der große Gebäudekomplex von Fort Benning, der zu der Armee in Georgia gehörte. Nachdem man im August 1967 mit den Dreharbeiten begonnen hatte, wurde offensichtlich, daß die Produktion ähnlich verlaufen konnte wie damals bei dem Film *Alamo*. Die Kosten überstiegen bald den Etat, und Wayne konnte den Drehplan nicht mehr einhalten.

Warners-Seven Arts, die genau wußten, wie die Finanzierungsmisere in Bracketville begonnen hatte, schickten schnell einen erfahrenen Regisseur zu Wayne, der sich um die Angelegenheit kümmern sollte. Es war Mervyn Le Roy, der solche Filme wie *Thirty Seconds Over Tokyo, Mister Roberts* (1955) und über siebzig andere Streifen gedreht hatte.

Le Roy paffte eine dicke Zigarre und stellte sich vor Wayne. »Duke, ich habe nicht vor, den Film in deiner Art weiterzudrehen. Aber ich will, daß du die Dinge vorantreibst und endlich mit dem Streifen fertig wirst.«

»Geh mir lieber aus dem Weg«, knurrte Wayne gereizt zurück. Dann grinste er breit und schüttelte Le Roy die Hand. »Ich weiß, warum du hier bist, Merv. Diese vertrockneten Finanziers in den Studios haben dich hergeschickt, weil sie Angst um ihr Geld haben. Wenn ich mal eine Minute Luft hole, denken sie gleich, daß hier kein Mensch arbeitet. Aber in Wahrheit hatte ich eine Augeninfektion und mußte andere Aufnahmen zuerst machen.«

Später verliefen die Unterredungen zwischen Le Roy und Wayne nicht immer auf einer humorigen Ebene. Sie bekamen manchen Krach, der wortgewaltig ausgetragen wurde. Eine Szene brachte dann das Faß beinahe zum Überlaufen. Wayne spielte den Colonel Kirby und hatte eine Unterredung mit einem vietnamesischen Offizier. Le Roy wollte die Szene in der Totale filmen und danach erst Nahaufnahmen der handelnden Personen in die Sequenz einbauen. Aber Wayne mochte Totalaufnahmen nicht, weil er der Meinung war, daß dann alles Mögliche auf dem Bild zu sehen war.

»Totalaufnahmen sind doch ein ganz alter Hut«, protestierte

Wayne energisch. Aber dann winkte er ab. »Aber dafür lohnt es sich nicht, sich aufzuregen.«

Obwohl Wayne als Regisseur für weite Strecken des Films verantwortlich war, bestimmte Le Roy mit seinem Stil große Teile von *The Green Berets* (›Die grünen Teufel‹). Eines aber fand Wayne überhaupt nicht schwierig: Sich selbst vor der Kamera zu führen, obwohl er das erst einmal in einem Film gemacht hatte. In *Alamo*.

Wayne war teilweise wie besessen bei der Regie von *The Green Berets* (›Die grünen Teufel‹). Wenn die Szenerie fertig aufgebaut war, rief er laut: »Aufnahme läuft!«

Schwarzer Rauch stieg in den Himmel, Gewehre und Maschinenpistolen krachten, Menschen flogen durch die Luft, als sie von den Kugeln und Salven getroffen wurden, Handgranaten detonierten, und über allem lagen die Schreie der Verwundeten. Es wurde versucht, das Grauen des Vietnamkrieges realistisch darzustellen.

Wenn Wayne sicher war, daß die Kamera alles eingefangen hatte, rief er in das Kampfgeschehen hinein: »Schluß für heute!«

Die Schlacht um Benning dauerte 107 Tage und kostete 45.000 Dollar pro Tag. Die Kameraleute brauchten sehr viel Zeit, um die Spezialeffekte einzufangen, achtzehn erstklassige Stuntmen waren eingesetzt, 1500 schwarze Rauchbomben, eine Tonne Dynamit 60000 Schuß Munition und hektoliterweise Benzin und Öl wurden verbraucht.

Und die Filmkosten wären bestimmt viel höher gewesen, wenn die Armee nicht mit Material ausgeholfen hätte.

»Die Armee hat viele Dinge zu dem Film beigesteuert, die sonst nur schwer zu beschaffen sind«, erklärte Captain August Schomburg jr., der als Verbindungsoffizier der Armee für das Filmprojekt abgestellt war.

Der Regisseur Le Roy sah die Angelegenheit sehr nüchtern. »Sie hätten uns nicht mit den vielen Soldaten, Panzern und anderen Dingen geholfen, wenn nicht auch die Armee ein großes Interesse daran gehabt hätte, daß dieser Film in dieser Form gemacht wurde.«

Es gab manche unvorhergesehene Panne bei dem Film. Die Dreharbeiten waren noch nicht abgeschlossen, als ein Kälteeinbruch den nachgebauten Dschungel eingehen ließ. Alle tropischen Pflanzen waren über Nacht erfroren und eingegangen. Aber Wayne schaffte schnell einen neuen »Dschungel« aus den

Studios in Hollywood heran und konnte danach weiterdrehen. Als der Film fertiggestellt war, beliefen sich die Produktionskosten auf acht Millionen Dollar – eine Million mehr, als das Budget von Warners-Seven Arts vorgesehen hatte. Diese Tatsache löste scharfe Kritik an Wayne aus. Aber Wayne selbst hatte schon bald mit diesen Kosten gerechnet und dennoch unbeirrt weitergedreht, weil er sich an sein Versprechen gebunden fühlte, das er den Soldaten in Vietnam gegeben hatte. Denn er wollte noch immer seinen Landsleuten zeigen, wie es in diesem Teil der Welt aussah und welche Ereignisse sich dort abspielten.

The Green Berets (›Die grünen Teufel‹) hatte noch ein Nachspiel. Der Abgeordnete Benjamin S. Rosenthal ließ den General Accounting Office Report veröffentlichen, nach dem die Armee für über 18.000 Dollar Material für den Film kostenlos bereitgestellt hatte.

Als Wayne von diesen Anschuldigungen hörte, erklärte er dazu: »Das Pentagon hat uns bereitwillig bei den Dreharbeiten unterstützt. Aber wir haben keinen einzigen Soldaten während seiner Dienstzeit in Anspruch genommen. Außerdem haben wir sie für ihre Leistungen gut bezahlt. Wir haben für den Film ein Lager im Wert von 171.000 Dollar errichtet und es der Armee nach Beendigung des Films kostenlos überlassen. Mit anderen Worten: Wir haben für alles bezahlt und ihnen noch nützliche Dinge hinterlassen.«

Aber Rosenthal gab sich noch immer nicht zufrieden. Er wollte die Rolle geklärt haben, die das Verteidigungsministerium bei dem Film gespielt hatte. »Die glorifizierte Darstellung des Vietnamkrieges, die das Kernstück des ganzen Filmes ist, läßt ernsthaft an die Frage denken, inwiefern das Verteidigungsministerium Steuergelder verschleudert, um direkte Reklame für sich selbst zu machen.«

Für Wayne war dies nur ein Werbefeldzug eines Abgeordneten, der sich auf diese Weise populär machen wollte. Und er konterte, daß *The Green Berets* (›Die grünen Teufel‹) der einzige Film sei, der aller Welt zeige, welche Helden die Amerikaner in Vietnam seien.

Und dann fügte er seine politische Meinung hinzu: »Ich finde es richtig, daß die Amerikaner auf die Vietnamesen geschossen haben. Denn viele Amerikaner sind getötet worden, als sie eine vietnamesische Fahne gesehen haben. Was mich betrifft, würde ich keinen Augenblick zögern, auf einen Vietnamesen zu schießen. Ich habe gesehen, wie es in Vietnam zugeht, und ich habe die Gewehre und Kugeln gesehen, mit denen unsere Soldaten getötet wurden. Das ist alles eine kommunistische Verschwörung. Und die Kommunisten sind unsere Feinde, nicht das russische Volk. Die kommunistische Verschwörung ist unser Feind. Die einzige Weise, wie der Vietnamkrieg zu einem dritten Weltkrieg werden könnte, ist die, daß Rußland nur diesen Weg sieht, um die ganze Welt zu erobern. Sie stürzen sich immer auf schwächere Nationen, entmachten ihre Führer und zermalmen sie, wenn sie ihren Frieden gewonnen haben. Das alles hätte einen dritten Weltkrieg auslösen können. Aber wir haben den Völkern gesagt: ›Kämpft für euer Recht, und wir werden euch den Rücken stärken.‹ Wir haben dies seit Jahren getan und immer unser Wort gehalten.«

Es gibt ein Sprichwort, das besagt: »Wenn man eine Nachricht zu vermitteln hat, soll man ein Telegramm schicken.« Wenn John Wayne eine Botschaft mitzuteilen hat, dreht er einen patriotischen Film.

20. Eine Angelegenheit der Politik

Ich kann mich noch genau an diese Nacht erinnern. Es war ein Donnerstag, an dem ich nachts vom Bowling nach Hause kam. Man schrieb den 20. Juni 1968. Meine Frau las einen langen Artikel in der *New York Times,* als ich in unser Schlafzimmer kam, mir meinen Schlafanzug anzog und mich in unser Bett legte. Sekunden später war ich tief eingeschlafen. Ungefähr zwei Stunden später, gegen zwei Uhr in der Nacht, rüttelte meine Frau mich wach. Das tat sie immer, wenn sie etwas Aufregendes in der Zeitung las. Und sie sagte mir sofort, was sie in der Zeitung gelesen hatte: »Mein Gott, wenn man die *New York Post* als liberales Blatt bezeichnet, was ist dann die *Times*?«

»Weit links«, erwiderte ich. »Ihre Redakteure sind alle Kommunisten. Jetzt laß mich schlafen.«

»Aber nein«, beharrte sie. »Du mußt unbedingt lesen, was sie über John Waynes neuesten Film geschrieben haben. Du wirst es niemals glauben.«

»Alles, was sie über ihn sagen, ist mir recht«, erklärte ich ihr. »Hast du denn vergessen, wie er mich damals in dem Nachtlokal behandelt hat?«

»Aber dies hier ist schrecklich«, antwortete meine Frau. »Noch nicht einmal du würdest eine so gemeine Sache über ihn schreiben. Und jetzt wach endlich auf und lies diesen Artikel hier.«

Ich wußte, daß ich keine Ruhe finden würde, bevor ich nicht das gelesen hatte, was meine Frau mitten in der Nacht so aufgebracht hatte. Also nahm ich die Zeitung und las die Kolumne mit halbgeöffneten Augen.

»Der Film *The Green Berets* (›Die grünen Teufel‹) ist so unaussprechlich dumm, niederträchtig und lügenhaft in jeder Einzelheit, auch in den Szenen, die Lustigkeit vortäuschen sollen, daß es dem Betrachter schlecht wird – nicht für das Leiden der Soldaten in Vietnam, denn der Film stellt sie so verlogen dar, daß er ihnen einen miesen Dienst erweist –, sondern es wird einem übel, wenn man an den Zustand der Filmindustrie in diesem Land denkt. Ob Vereinfachungen von rechts oder links: Dieser Film ist jenseits von allem guten Geschmack. Er ist ekelhaft und sinnlos, außerdem noch langweilig und fade.«

Das waren deutliche Worte. Es fragte sich nur, inwieweit sich die Kinogänger von Filmkritiken beeinflussen ließen, wenn sie einen Streifen so zerrissen.

Andere Zeitungen in Amerika urteilten oft ähnlich wie die *New York Times,* allerdings nicht mit so harten Worten. Eine Zeitung, die sich auf den finanziellen und geschäftsmäßigen Aspekt des Filmes beschränkte, urteilte folgendermaßen: »Wenn man davon absieht, welchen politischen Wirbel *The Green Berets* (›Die grünen Teufel‹) verursacht hat, ist er geschäftsmäßig ein Erfolg, denn er läuft in immer mehr Kinos unseres Landes und wird bald die Herstellungskosten eingespielt haben.«

Ein anderes Blatt schrieb in ähnlicher Manier: »John Wayne hat seinen ersten Kampf verloren, aber die Schlacht wie immer gewonnen. *The Green Berets* (›Die grünen Teufel‹), sein umstrittener Film über das siebenjährige Engagement der Amerikaner in Vietnam, hat am Anfang eine Welle negativer Kritiken gebracht. Aber für die Warners-Seven Arts ist er geschäftlich ein Erfolg, denn er hat bisher schon über 11 Millionen Dollar eingespielt.«

Und dann zitierte man John Wayne: »Ich bin der Meinung, daß diese fürchterlichen Rezensionen uns eine Menge geholfen haben. Ich bin jetzt seit über vierzig Jahren in dem Filmgeschäft, und jede Äußerung, die ich in einem Film gemacht habe, war ehrlich. Wenn die Leute jetzt diese Artikel gegen den Film lesen, werden sie den Journalisten kaum glauben, was sie über den Film schreiben. *The Green Berets* (›Die grünen Teufel‹) sagt nichts weiter, als daß unsere Soldaten in Vietnam kämpfen und auch sterben. Diese einseitigen Kritiken des Films machen es den Menschen nur noch bewußter, und sie zeigen auch, daß Rezensionen nicht sehr effektiv sind.«

Michael Wayne äußerte sich auch zu diesem Thema: »Viele Kritiker meinen wahrscheinlich eher den Krieg als den Film, der von Menschen spricht und nicht von der Politik. Der Film zeigt die Amerikaner als Helden, und die Zuschauer sind damit einverstanden, wenn die Amerikaner als Helden vor der ganzen Welt dastehen.«

Im Sommer 1968 drehte Wayne seinen einhundertvierundvierzigsten Film. Es war *Hellfighters* (›Die Unerschrockenen‹) unter der Regie von Andy McLaglen. Aber er hatte zu dieser Zeit auch noch andere Dinge im Kopf.

Die Republikaner hielten ihren neunundzwanzigsten Parteitag

*John Wayne während der Dreharbeiten zu ›Hellfighters/Die Unerschrok-
kenen‹, 1969.*

in Miami Beach ab, und Wayne war eingeladen worden, um zu
den Delegierten zu sprechen. Wayne war der achtzehnte von
einundzwanzig Rednern, die den ersten Tag in der Convention
Hall eröffnen sollten.

Wayne wurde von dem Vorsitzenden der kalifornischen Dele-
gation mit folgenden Worten vorgestellt: »Ich präsentiere Ihnen
einen Mann, der ein König des Films ist. Aber er ist als erstes,
letztes und immer ein Amerikaner.«

Das Orchester im Saal spielte einen Tusch, und dann kam
Wayne auf die Bühne und grinste die Delegierten an. Er war in
einen dunkelblauen Anzug gekleidet, und während er zu den
Abgeordneten sprach, lauschten sie seinen Worten.

»Ich habe lange überlegt, bevor ich mich entschieden habe, hier
vor Ihnen zu sprechen«, sagte er und fuhr dann fort: »Ich bin
nämlich genauso politisch wie ein bengalischer Tiger.«

Und dann erzählte Wayne seinen Zuhörern, daß er ohne vorbereitetes Manuskript erschienen sei, um hier zu reden. Er wolle nur das sagen, was ihm im Augenblick einfalle.

»Ich habe einige der Kritiken gelesen, die meine linken Freunde geschrieben haben«, sagte Wayne und spielte damit auf die Rezensionen von *The Green Berets* (›Die grünen Teufel‹) an. Dann sprach er weiter zu den Delegierten und dem Millionenpublikum, das diese Veranstaltung auf den Fernsehbildschirmen sah.

»Ich bin hier bei Ihnen, weil ich diese Partei mag. Und ich bin der Meinung, daß eine Nation mehr ist als nur eine Regierung oder eine Verwaltung. Dean Martin fragte mich einmal, was ich mir für meine kleine Tochter wünsche, und ich antwortete ihm, daß ich hoffe, sie möge einen guten Start im Leben haben. Sie solle sich auch einige Werte zulegen, die manche in diesem Land für altmodisch halten. Denn ich bin nach wie vor der Meinung, daß man dankbar für jeden Tag sein muß, den man in Amerika verbringt.«

Die Delegierten jubelten ihm zu und applaudierten, während die Kapelle wieder einen Tusch spielte.

»Es mag vielleicht altmodisch klingen«, fuhr Wayne nach einer Weile fort. »Aber die erste Sache, die ich meiner Tochter beigebracht habe, war das Beten.«

Starker Applaus.

»Ich bin nicht traurig, wenn sie die *Gettysburg Address* nicht auswendig kann. Aber sie muß den Inhalt verstehen lernen.«

Dann erklärte Wayne, daß er seiner Tochter nicht beibringen könne, daß sie mit der Waffe in der Hand ihr Land verteidigen solle. Aber sie müsse vor jedem Mann Respekt haben, der dies tue.

Er verließ die Convention Hall unter dem donnernden Applaus der Delegierten, gab im Freien noch ein paar Autogramme und fuhr dann mit seinem Wagen nach Fontainebleau, wo er in eine Bar ging, um ein paar Whiskys zu trinken. Und nach einigen Gläsern äußerte sich Wayne abermals zur politischen Lage Amerikas.

»Das Unglück heutzutage ist, daß die Zeitungen von linksgerichteten Schreibern überflutet sind. Überhaupt sind alle Kommunikationsmittel in der Hand von sogenannten Liberalen. Aber für mich sind das alles Radikale.«

Dann erklärte er, woran das angeblich lag. »Die meisten dieser Schreiber haben ihre Universitätsausbildung nicht zu Ende gemacht. Dazu kommt noch, daß sie in den Universitäten alle zu Sozialisten gemacht werden.«

Nach einer Pause und einem weiteren Glas Whisky äußerte sich Wayne über die Jugend: »Wir hatten in meiner Jugend auch Tabletten. Zehn Stück kosteten einen Dollar. Und wenn man genügend einnahm, konnte man einen Trip machen. Aber heutzutage ist es so, daß diese Sachen viel zu wichtig genommen werden. Und dann hört man noch auf diese Schwächlinge. Wir hatten auch Hippies in meiner Jugend. Wir nannten sie damals *Bindlestiffs*. Diese Schurken haben sich niemals gewaschen und lebten immer auf der Straße.«

Und dann fragte er, ob man nicht auch über die netten Kinder schreiben könne. »Warum berichtet niemand von den Jungen und Mädchen, die ihre Schule beenden?«

21. ›Der Marshal‹

Man schrieb jetzt das Jahr 1969.
John Wayne war in seinem vierzigsten Jahr als Schauspieler, in seinem dreißigsten als Star und seinem zwanzigsten, in dem er die Top-Ten-Liste in bezug auf Popularität und Einnahmen mit anführte – eine Leistung, die kaum ein zweiter Schauspieler für sich in Anspruch nehmen konnte.
Er verdiente in dieser Zeit eine Million Dollar pro Film, und es ging noch immer aufwärts. Aber es ärgerte ihn doch, daß er niemals einen Preis der Filmakademie gewonnen hatte. Wenn man ihn darauf ansprach, sagte er: »Ich hätte sehr gerne einmal den Oscar gewonnen, aber es klappte nie. Trotzdem habe ich auch ohne diesen Preis meine Verdienste um den Film.«
Anfang 1969 las Wayne den bisher unveröffentlichten Roman *True Grit.* Wayne wollte die Filmrechte an dem Buch haben und bot dem Autor Charles Portis 300.000 Dollar an. Aber der Produzent Hal Wallis war schon vor ihm bei Portis gewesen. Wayne wollte nicht nur die Rolle des einäugigen US-Marshals Rooster Cogburn spielen, der, wie Wayne es sagte, »ein alter, wilder Haudegen ist wie ich auch«, sondern er wollte auch die Regie in diesem Film übernehmen.
Nun aber besaß Wallis die Aufführungsrechte, und Wayne mußte sich mit ihm arrangieren.
»Sie können die Rolle des Cogburn übernehmen«, sagte Wallis zu Wayne. »Aber die Regie wird in jedem Fall Henry Hathaway übernehmen.«
»Ich bin davon überzeugt, daß mir die Rolle auf den Leib geschrieben ist«, erwiderte Wayne. »Den Cogburn könnte natürlich auch Lee Marvin spielen. Aber er neigt zu theatralischen Gesten. Ich dagegen komme ohne sie aus, weil ich sie kaum gebrauche.«
Wallis oder Hathaway hatten nichts dagegen, daß Wayne die Rolle bekam. Und so spielte Wayne den meistens betrunkenen einäugigen Cogburn in dem Film *True Grit* (›Der Marshall‹). Wayne reiste mit den anderen Schauspielern Glen Campbell, Kim Darby und Jeremy Slate nach Colorado zu den Dreharbeiten und spielte den feisten Cogburn.

Rechts: Nach langen Jahren des Hoffens und Wartens bekam John Wayne endlich den langersehnten Oscar für seine Rolle als rauhbeiniger Rooster Cogburn in ›True Grit/Der Marshal‹, 1969.

Unten: Für seine Rolle als Reuben J. ›Rooster‹ Cogburn in ›True Grit/The Marshal‹, 1969, bekam John Wayne endlich den langersehnten Oscar als bester männlicher Hauptdarsteller.

Als der Film gedreht wurde, hatte Wayne den Eindruck, daß diese Rolle des Cogburn seine erste neue Chance nach *Stagecoach* (›Ringo‹) war, in der er einen echten Charakter spielen konnte. Und er legte sein ganzes Können in die Darstellung des versoffenen Marshals.

Aber er lobte auch den Regisseur Hathaway. »Henry versteht es ungewöhnlich gut, Stimmung und dichte Atmosphäre in eine Szene zu bringen.«

Einige Monate später erfuhr Wayne, daß die Academy of Motion Picture Arts and Sciences ihn mit fünf anderen Schauspielern für die Verleihung des Oscar in diesem Jahr vorgesehen hatte. Wayne war sehr erfreut über diese Tatsache, aber gleichzeitig schraubte er seine Erwartungen nicht zu hoch. Er hoffte trotzdem, daß er 1969 einen Oscar für seine Rolle in *True Grit* (›Der Marshall‹) erhalten würde.

Aber es gab noch andere Anwärter. Jon Voight und Dustin Hoffman waren für ihre vorzügliche Darstellung in dem Film *Midnight Cowboy* (›Asphalt Cowboy‹) nominiert worden. Ebenso Richard Burton für die Rolle des Heinrich VIII. in *Anne of the Thousand Days* und Peter O'Toole für seinen Interpretation in *Goodbye. Mr. Chips.* In der Nacht vom 7. April waren John Wayne und seine Frau Pilar in dem Los Angeles Music Center, um bei der Verleihung des Oscar dabeizusein. Und dann kam der Augenblick, als die Gewinner verkündet wurden. Barbra Streisand öffnete den verschlossenen Umschlag, blickte auf den Namen des besten männlichen Hauptdarstellers von 1969 und rief laut den Namen in den Saal: »John Wayne.«

Wayne konnte es kaum fassen. Mit zitternden Knien ging er auf die Bühne und nahm den begehrten Filmpreis entgegen. Dann bedankte er sich bei allen, die ihn für diesen Oscar vorgeschlagen hatten.

Wayne hatte einen weiteren Meilenstein auf seiner langen Karriere hinter sich gelassen. Es bedeutete zwar nicht alles in der Welt, wenn man den Oscar gewann, aber Wayne machte kein Hehl daraus, daß er unheimlich stolz auf diesen Preis war, auf den er jahrelang gewartet hatte. Denn immer wieder hatte er in Interviews erwähnt, daß er den Oscar wahrscheinlich niemals gewinnen werde.

1970 drehte Wayne dann unter der Regie von Andrew McLaglen den Western *Chisum,* in dem er einen mächtigen Rinderbaron darstellte.

John Wayne als reicher Rinderbaron John Chisum und Pamela Mc Myler als dessen Nichte Sally in ›Chisum‹, 1970.

Irgendwann in diesem Jahr erklärte Präsident Richard Nixon, daß er einen Westernfilm gesehen habe, von dem er ungewöhnlich fasziniert gewesen sei. Es war der Film *Chisum* gewesen. Dazu äußerte sich Nixon: »Ich habe mir schon oft überlegt, warum ausgerechnet die Sparte der Westernfilme Jahr für Jahr

175

Oben: ›Rio Lobo‹ war der letzte Film von Regisseur Howard Hawks. John Wayne als ehemaliger Nordstaaten-Colonel Cord McNally.

Links: »Sag' noch einmal ›Opa‹ zu mir …«: John Wayne als ›Big Jake‹, 1971.

überlebt. Vielleicht ist ein Grund darin zu sehen, daß zu dem Vergnügen an den Schlägereien, Schießereien und der aktionsreichen Handlung noch folgendes kommt: Die guten Männer überleben im Western, während die bösen Schurken am Ende untergehen.«

Richard Nixon empfand weiterhin, solche Filme wie *Chisum* wären ein gutes Gegengewicht gegen solche Filme, die Verbrechen verherrlichen würden und zum Teil an solchen Morden wie dem an Sharon Tate schuldig wären.

Nach *Chisum* kam *Rio Lobo* von Howard Hawks. Danach spielte Wayne in *Big Jake* unter der Regie von George Sherman.

Gegen Ende des Jahres 1970 entschloß sich John Wayne, zum erstenmal in seinem Leben, direkt in einer Fernsehshow mitzuwirken. Es war eine neunzigminütige musikalische Komödie für die NBC, in der Amerika als Land gefeiert wurde. *Swing Out, Sweet Land* hieß die Sendung. Stars wie Glen Campbell sangen darin *Dies ist ein großes Land,* und Dan Blocker spielte einen Indianer, der Peter Minuit die Insel Manhattan für wenige Dollar verkauft. Als Wayne mit Dan Blocker auf der Bühne stand, sagte er zu ihm: »Ich hoffe, daß ich dich bald einmal wieder in einem Western sehen werde.« Es war eine Show, wie sie nur ein Mann wie John Wayne ansagen konnte. Denn John Wayne war nicht nur ein Superstar, sondern er war auch ein Superpatriot.

Kay Gerdella schrieb später in den *New York Daily News:* »Dies war nicht nur die großartigste Verherrlichung Amerikas in einer Show, sondern auch die Sendung mit der höchsten Einschaltquote. Wenn ein Kassenmagnet wie John Wayne häufiger solche Sendungen machen würde, bräuchte man sich um die Zuschauerzahlen beim Fernsehen keine Sorgen mehr zu machen.«

Ein anderer Vorfall muß auch noch erwähnt werden: Wayne geriet einmal in eine Gruppe von Demonstranten, die gegen den Vietnamkrieg protestierten. Als er die Menge sah, schrie er ihnen entgegen: »Ihr dreckigen, verdammten Schurken!«

Wayne wurde daraufhin von einem der Demonstranten angezeigt. Das Gericht wies die Anzeige mit folgender Begründung ab: »Mr. Wayne hat lediglich von seinem Recht der freien Meinungsäußerung Gebrauch gemacht, als er seine Worte den Demonstranten entgegenrief.«

22. Nachlassen der Leistung?

Weil *The Cowboys* (›Die Cowboys‹) der einzige Film von Wayne im Jahre 1972 war, rutschte er auch in der Skala der beliebtesten Filmstars um drei Plätze herunter. Sein Platz wurde jetzt von Clint Eastwood eingenommen.

George C. Scott kam durch seine Darstellung des *Patton* und seine Rolle in *Hospital* vom fünften auf den zweiten Platz. Gene Hackman, der den Oscar mit dem Erfolgsfilm *The French Connection* (›Brennpunkt Brooklyn‹) gewonnen hatte, belegte Platz drei. Dann kam Wayne, gefolgt von Barbra Streisand und Marlon Brando, der seit 1958 das erstemal wieder auf der Liste stand, was seiner Rolle in dem Film *The Godfather* (›Der Pate‹) zuzuschreiben war.

Paul Newman war der siebte, gefolgt von Steve McQueen und Dustin Hoffman, und Goldie Hawn rundete dann die ersten zehn Stars ab.

Obwohl Wayne von seinem ersten Platz entthront worden war, hielt er doch noch einen anderen Rekord, der erstmalig seit Bestehen dieser Liste aufgestellt wurde. Es war ihm gelungen, dreiundzwanzigmal auf der Starliste zu erscheinen. Im Vergleich dazu standen Gary Cooper ›nur‹ achtzehnmal und Clark Gable sechzehnmal darauf.

Im Januar war wieder ein Wendepunkt in Waynes Leben, was von seinen Freunden allerdings als eine sehr negative Nachricht verbreitet wurde. Wayne hatte trotz seines Krebses und der schweren Lungenoperation im Jahre 1964 wieder damit angefangen, Zigaretten zu rauchen.

Aber es war nicht der Rauch, der seinen Freunden oder Feinden die Tränen in die Augen trieb, sondern sein wiedererwachtes Eintreten für die patriotischen Belange Amerikas. Da Patriotismus schon immer der letzte Ausweg der Plattenproduzenten gewesen war, um ihren Schützling besser verkaufen zu können, überredeten sie Wayne zu einem Album, das den Titel *America, Why I Love Her* trug.

John Wayne brauchte niemandem in Amerika zu erzählen, warum er dieses Land liebte, denn jeder wußte es auch so. Aber diese Art der Darstellung durch solch eine Platte überraschte seine

Fans doch, denn das Orchester spielte eine Musik wie Milch und Honig, und im Hintergrund waren immer sanfte Chöre zu hören. Und Wayne selbst sang Texte, die seine Sicht von Amerika erklärten. Aber es ist weniger ein Singen als ein Erzählen, was auf der Platte zu hören ist. Seine unverwechselbare, eindrucksvolle Stimme kommt aus den Lautsprechern und berichtet, was Wayne über Gott und sein Land denkt und was in Amerika alles in Ordnung ist. Aber bereits im Frühjahr hörte man von Wayne ganz andere Töne. »Ich hasse die Politik, und ich hasse die Politiker. Und ich hasse es, von allen Menchen immer wieder in die Ecke eines Rechtsextremisten gedrängt zu werden«, erklärte Wayne bei einem Interview, das er in Nashville anläßlich eines Banketts für ehemalige amerikanische Gefangene in Vietnam gab. Und er fügte noch hinzu: »Ich liebe es nicht, wenn man mir das Etikett eines Superpatrioten anheftet. Ich habe vielmehr den Eindruck, daß ich genauso denke wie vielleicht 160 Millionen von den 200 Millionen Menschen, die wir in unserem Land haben. Ich spreche dabei von der Mittelschicht. Wenn es sie nicht gäbe, würde dieses Land zusammenbrechen, und deshalb bin ich froh, mit dieser Schicht in Zusammenhang zu stehen.«

Eastern Airlines war glücklich darüber, mit einem Vertreter der Mittelschicht wie John Wayne zu verhandeln, denn sie hatten seine große Villa in Acapulco für 230 Dollar pro Tag gemietet, damit sie einen Erholungsort für ihre Manager hatten. Und diese Villa war es ihnen dann auch wert, daß sie außer der Miete noch die Gehälter für fünf Hausangestellte bezahlten, damit alles reibungslos lief. Noch eine weitere Äußerung kam von Wayne auf dieser Feierlichkeit in Nashville, und sie betraf den erst kürzlich bekanntgewordenen Watergate-Skandal. Wayne sprach in diesem Zusammenhang von »völlig verzeichneten Nachrichten und Sensationsmacherei«.

Wenig später schon kam er auf seinen Freund und ehemaligen Präsidenten Richard Nixon zu sprechen. »Leider haben die Presse und der Kongreß es häufig unterlassen, die guten Taten von Nixon mehr herauszuheben. Und im Watergate-Fall hat man Nixon als den Hauptschuldigen bezeichnet, obwohl John Erlichman und H. R. Haldeman viel schuldiger waren.«

Auf die Frage, wie Nixon zu seinen Vertrauten stehe, erwiderte Wayne: »Ich kenne die beiden Männer nicht persönlich. Aber ich glaube, sie sind wirklich zwei arrogante Burschen, denn sie haben dem Präsidenten nicht sehr viel geholfen.«

Waynes Aufenthalt in Washington war durch einen Film bedingt, den er dort in der Umgebung drehte. Aber was sich zu dieser Zeit um ihn herum abspielte, war eine Folge seiner Reise nach Seattle, wo ihn der dortige Gouverneur, Daniel J. Evans, geehrt hatte, indem er die Woche vom 10. bis 17. Juni als die »John-Wayne-Woche« bezeichnet hatte.

Aber diese Auszeichnung kollidierte mit einem Festival, das die Indianer und deren Freunde zur Rettung indianischer Kultur gaben, denn sie bezeichneten Wayne als einen Rassisten und als Amerikas Indianer-Killer Nummer eins. Sie beanstandeten in Waynes Filmen, daß die weißen Siedler immer als die guten und ehrenwerten Menschen gezeigt wurden, wohingegen man die Indianer immer als die grausamen und blutrünstigen Skalpjäger darstellte.

In der Zwischenzeit waren auch Waynes politische Ansichten im Staat Colorado heftig debattiert worden. Den Anlaß dazu gab der Abgeordnete Michael Strang, als er eine Anfrage stellte und gleichzeitig eine Resolution verlas, wonach Jane Fonda in Colorado nicht willkommen war, weil sie erklärt hatte, es sei eine Lüge amerikanischer Kriegsgefangener in Vietnam, daß man sie gefoltert habe.

Miß Fonda dagegen hatte diese Versicherung erhalten, als sie Nordvietnam persönlich besichtigt hatte.

Dagegen sagte Michael Strang: »Miß Fonda ist eine aggressive Frau, die ihren Mund gerne zu voll nimmt und von Dingen redet, die sie nicht versteht.«

John Wayne wurde in diese Auseinandersetzung durch Arie Taylor mit hineingezogen, welche die einzige schwarze Abgeordnete zu dieser Legislaturperiode in Colorado war und die erklärt hatte, daß Wayne in ihrem Staat wegen seiner rassistischen Äußerungen unerwünscht sei.

Einen mutigen Helden mußte John Wayne 1973 in seinem einzigen Film in diesem Jahr spielen. Es war *Cahill* (›Geier kennen kein Erbarmen‹). Wayne spielte darin zwei Rollen: Einmal war er der harte Marshal, der die Stadt gegen eine Bande von Bankräubern schützen sollte. Und zum anderen war er der Vater von zwei vernachlässigten Kindern, die sich der Bankräuberbande anschließen wollten.

Die Geschichte ging dann aber trotzdem für Wayne gut aus, da seine beiden ›Söhne‹ mitwirkten. Der eine war sein richtiger Sohn Michael Wayne, der den Film produzierte, und der andere war sein Vertrauter, Andrew V. McLaglen, der die Regie führte – auf diese Weise blieb alles wieder in der großen Wayne-Familie.

Gegen Ende des Jahres 1973 näherte sich John Wayne immer mehr seinem 66. Geburtstag, und er war froh, daß er noch immer lebte. Und aus seiner persönlichen Sicht wollte er in keinem anderen Land leben als in Amerika und keinen anderen Präsidenten haben als Nixon.

In diesem Sinn erklärte er einem Journalisten der *New York Times:* »Man versucht im Augenblick, Richard Nixon zu kreuzigen. Aber wenn die Geschichte dieses Zeitabschnitts einmal geschrieben wird, bleibt von Watergate nicht mehr als eine Fußnote.«

Und dann fügte er noch hinzu: »Glauben Sie mir, daß ich einen sehr großen Respekt vor der bulldoggenhaften Art habe, mit der unser Präsident seinen Weg geht. Und dies trotz all der vielen Artikel gegen ihn in den liberalen Blättern, denn deren einziger Zweck besteht darin, Toilettenpapier oder Toyotas zu verkaufen. Und er hat auch die ehrgeizigen Politiker gegen sich, deren einziges Bestreben darin besteht, einem engagierten Mann den Mumm zu nehmen, der nötig ist, um dieses Land mit seinen vielfältigen Problemen regieren zu können.«

Eines der Probleme, mit denen Richard Nixon konfrontiert wurde, war die Flucht seines Vizepräsidenten, als er selbst noch ein kleiner Politiker in Maryland war.

»Ich stimme der Haltung von Spiro Agnew zu«, erklärte Wayne dem Journalisten. »Allerdings weiß ich wenig über seine privaten Affären. Aber ich war dann doch sehr enttäuscht, als ich erfuhr, daß er eine Menge Dreck am Stecken hat, wenn dies auch weit zurückliegt.«

Wie Wayne die Dinge sah, hatte Nixon keinen Dreck am Stecken, sondern stand mit beiden Beinen fest in der politischen Landschaft. Und dann fügte Wayne auch noch hinzu, wie stolz er auf die Haltung war, die Nixon im Vietnamkrieg eingenommen und bewahrt hatte. »Der einzige Weg, um die 520000 Mann aus Vietnam herauszuholen, war der, daß man die Hafenstadt Haiphong bombardierte. Sonst wären diese Männer noch heute irgendwo in dem Dschungel verborgen.«

Auf die Bombardierung Hanois angesprochen, erklärte er: »Präsident Nixon tat das einzig Richtige: Als der Gegner unsere Gefangenen schlecht behandelte, ließ er Bomben auf Hanoi

Links: John und John: ›The Duke‹ mit seinem Sohn.
Rechts: John Wayne mit seinem Sohn Ethan, der in ›Big Jake‹ den Enkel seines Vaters spielen durfte.

nieder. Und erst daraufhin ließen die Vietnamesen unsere Gefangenen frei.«

Wie er privat zu Nixon stehe, wurde er dann noch gefragt. Wayne antwortete grinsend: »Präsident Nixon und ich kennen uns schon sehr lange Zeit. Und ich habe ihn immer als einen guten und ehrenwerten Mann respektiert, egal, ob er irgendeine Sache gewonnen oder verloren hatte. Und ich bin der Meinung, daß man solch einem Mann ein Denkmal setzen sollte. Aber statt dessen macht man ihn für all die Fehler verantwortlich, die es heutzutage in unserem Land gibt.«

Die Sympathie für Nixon datiert schon sehr früh zurück. Sie begann damit, daß sich Nixon in seinem Amt als Kongreßabgeordneter in Kalifornien stark machte, um die unamerikanischen Umtriebe zu bekämpfen.

Der Schauspieler Lionel Stander sagte dazu aus, daß Wayne in dieser Zeit in Hollywood mehrmals Nixon angerufen habe, um ihm die Namen von ein oder zwei Schauspielern zu nennen, die seiner Meinung nach auf die schwarze Liste für unamerikanische Umtriebe gehörten.

Wayne protestierte energisch gegen eine solche Unterstellung. »Ich habe niemals in meinem Leben jemanden in irgendeiner Weise denunziert.«

Der Journalist fragte daraufhin, ob Wayne in den letzten Jahren seinen blinden Kommunistenhaß gemildert habe. Dazu erklärte Wayne: »Der Kommunismus ist immer noch eine offensichtliche Bedrohung. Sie sind in der Zwischenzeit allerdings viel humaner geworden und haben ein gewisses Recht, die Welt von ihrem Standpunkt zu sehen. Trotzdem würde ich mich sehr dagegen verwahren, wenn unsere Kinder sich eines Tages diesen Thesen verschreiben würden.«

Wo er denn die Gefahr des Kommunismus sehe, fragte der Journalist. Wayne antwortete sofort: »Für mich ist es wichtig, daß die Errungenschaften, die unser Land in den letzten zweihundert Jahren erworben hat, nicht mit einem Schlag wieder zunichte gemacht werden.«

Dann wurde er gefragt, wie er es sich erklären könne, daß er eine so lange Zeit an der Spitze der beliebtesten Schauspieler in Amerika gestanden habe.

»Mein Image wurde aufgebaut, indem ich fast immer in den Filmen den gleichen Helden spielte. Die Leute konnten mich also sehr schnell wiedererkennen. Sie haben meine Filme vor dem Zweiten Weltkrieg gesehen, und als sie aus dem Krieg zurückkamen, konnten sie meine Filme erneut sehen. Dann wuchsen deren Kinder auf, und auch sie gingen in die Filme, in denen ich mitspiele. Genauso wird es dann deren Kindern gehen. Ich bin also Teil einer größeren Familie.«

Als Wayne gefragt wurde, wer denn der John Wayne der Zukunft sei, erwiderte er: »Ich denke, daß Steve McQueen und Redford dazu eine gute Chance haben. Und ganz bestimmt auch dieser große Junge, auf dessen Namen ich im Augenblick nicht komme. Aber Sie wissen bestimmt, wen ich meine.«

»Sie meinen Clint Eastwood?«. Wayne nickte. »Genau den meine ich. Er wird meinen Platz einnehmen wird.«

23. Das Feuer von Pilar ist erloschen

Nach neunzehn Jahren als seine Partnerin ließ seine Frau Pilar verkünden, daß John Wayne für sie seinen ursprünglichen Charme verloren habe.

Seine dritte Scheidung wurde durch eine simple Erklärung von seinem Agenten verkündet: »John Wayne hat einer friedlichen Trennung von seiner Frau zugestimmt.«

Auf diese Weise entfloh die peruanische Schönheit, die nach Esperanza Baur in sein Leben getreten war, aus den Blicken von Wayne. Es war eine gelassene Trennung, denn die ehemalige Pilar Palette mußte es bestimmt nicht bedauern, mit John Wayne verheiratet gewesen zu sein.

Aissa war in der Zwischenzeit siebzehn Jahre alt. John Ethan elf und Marisa sechs. Pilar und John Wayne hatten viele Erinnerungen an die vergangenen Jahre, und niemand bedauerte die Trennung mehr als John Wayne selbst.

»Es sind schlimme Ereignisse, die mich in meinem Leben getroffen haben«, sagte Wayne zu diesem Thema. »Ich meine das in familiärer und rein persönlicher Hinsicht. Ich hätte alles lieber ganz anders gehabt.«

Während Waynes Privatleben immer schlechter verlief, hielt sich seine filmische Karriere noch immer auf der gleichen Höhe, wo sie immer gewesen war. Trotzdem gab es zu dieser Zeit einige Leute, die behaupteten, daß er auch in dieser Hinsicht abgewirtschaftet habe.

Aber Wayne hatte selbst gemerkt, daß die Zeit der alten Westernfilme vorbei war. Er zog es dann auch immer häufiger vor, seinen alten Sechsschüsser gegen eine der modernen Waffen einzutauschen, die ohne Schwierigkeiten in der Lage waren, zwanzig Schuß in ein Ziel zu feuern. Und mit diesem Wandel änderten sich auch seine Rollen.

Wayne spielte in dem Film, der *McQ* (›McQ schlägt zu‹) hieß, einen Polizisten, dessen Partner zwei andere Kollegen erschossen hatte. Dieser Killer-Polizist war außerdem noch in einen weitverzweigten Rauschgifthandel verstrickt, und es war die Aufgabe von McQ, den John Wayne spielte, die verbrecherischen Zusammenhänge aufzuklären. Aber seine Vorgesetzten wollten den Fall vertuschen, und daher quittierte McQ seinen Dienst, um die Nachforschungen auf eigene Faust durchzuführen.

Zu diesem Film schrieb der Kritiker Archer Winsten in der *New York Post:* »Ich will nicht unbedingt behaupten, daß dieser Film neue Maßstäbe im Bereich des Kriminalfilms setzt, aber er zeigt, daß John Wayne in der Lage ist, jede Rolle, die er spielen muß, präzise zu gestalten.«

Weitere gute Kritiken erhielt Wayne von Eddie Albert, Diana Muldaur, welche die Frau seines Partners im Film war, und Coleen Dewhurst, die sich ausgezeichnet in der Drogenszene auskannte und dem Film große Realitätsnähe zuschrieb.

Nachdem der Film in den Kinos angelaufen war, ging auch Wayne auf Publicity-Tour, damit er neben der normalen Werbung auch selber Reklame für den Film machen konnte, denn Wayne wollte unbedingt wieder auf einem der Spitzenplätze in der Skala der beliebtesten Stars stehen.

Sein erster Aufenthalt war Boston, wo der Film Uraufführung haben sollte. Aber er war nicht nur wegen der Darbietung von *McQ* (›McQ schlägt zu‹) nach Boston gekommen, sondern er wollte auch die Herausforderung annehmen, die ihm die Studenten der Bostoner Universität gestellt hatten, als sie ihn zum größten Schwindler aller Zeiten gewählt hatten.

Wayne erschien dann auch zu seinem Treffen mit den Studenten von Harvard, und er wurde von ungefähr zweitausend Menschen empfangen, die ihm ihre Fragen stellen wollten. Er setzte sich an einen großen Podiumstisch im Harvard-Square-Theater und wartete dann den weiteren Verlauf der Dinge ab, die auf ihn zukamen.

Ein Wortführer erhob sich bald darauf und sagte zu der Versammlung: »Wir wissen alle, wofür sich John Wayne in Amerika einsetzt, aber wir haben ihn trotzdem zu uns eingeladen.«

Nachdem der Beifall und das Gelächter verklungen waren, kamen die ersten Fragen an Wayne. Hier ist eine Auswahl in der ungefähren Reihenfolge:

Frage: »Sie sehen sich doch selbst als die Erfüllung des amerikanischen Traums an? Stimmt das?«

Wayne: »Ich sehe in mir nicht mehr, als wirklich vorhanden ist.«

Frage: »Können wir Ihre Meinung zur heutigen Frauenbewegung erfahren?«

Wayne: »Ich bin der Meinung, daß Frauen an jedem Platz arbei-

Abgekämpft: John Wayne während einer Drehpause des Films ›McQ/McQ schlägt zu‹, 1974.

ten sollten, den sie sich selbst wählen. Allerdings nur unter der Voraussetzung, daß das Mittagessen fertig ist, wenn der Mann nach Hause kommt.«

Frage: »Was waren die letzten Worte, die Richard Nixon zu Ihnen gesagt hat?«

Wayne: »Er sagte: ›Vielen Dank.‹«

Frage: »Was haben Sie für ihn getan?«

Wayne: »Wir haben uns ernsthaft über alle möglichen Themen unterhalten.«

Frage: »Können Sie Ed Sullivan imitieren?«

Wayne erhob sich und machte ihn nach. Dann sagte er: »Ich habe immer Schwierigkeiten, wenn ich Leute imitieren soll, die mich imitieren.«

Frage: »Woher kommt es, daß man Sie überzeugen konnte, so zu sein wie Sie sind?«

Wayne: »Man brauchte mich nicht zu überzeugen. Ich will Ihnen folgendes erzählen: Ich habe schon als kleiner Junge immer gewußt, was ich will. Und es war eher so, daß ich die Leute von meiner Meinung überzeugt habe, als daß ich gezwungen war, fremde Meinungen aufzunehmen.«

Frage: »Hat Ihnen Präsident Nixon Vorschläge gemacht, wie Ihre Filme besser werden könnten?«

Wayne: »Das brauchte er nicht, weil meine Filme alle erfolgreich sind.«

Frage: »Warum spielen in den meisten Ihrer Filme keine Zwerge mit?«

Wayne: »Man hat es beim Faustkampf dann so schwer, sie auch zu treffen.«

Nachdem er über eine halbe Stunde derartige Fragen über sich hatte ergehen lassen, erhob sich Wayne und erklärte, er müsse jetzt leider wieder anderen Verpflichtungen nachkommen. Unter dem allgemeinen Beifall der anwesenden Studenten verließ er dann den Saal.

Er fuhr zu dem Filmpalast, in dem *McQ* (›McQ schlägt zu‹) uraufgeführt werden sollte. Als aber im Kino die Lichter langsam erloschen und die ersten Bilder auf der Leinwand zu sehen waren, erhob sich Wayne vorsichtig von seinem Sitz und schlich zur Seitentür, um ins Hotel zu fahren.

Die Uraufführung war ein großes Ereignis, und sie erregte auch weite Aufmerksamkeit in der Presse und beim Fernsehen. Für noch größeren Wirbel allerdings sorgte ein Jerry W. Friedhelm aus dem Verteidigungsministerium, als er eine Anfrage einbrachte, welche Stellen seines Ministeriums für die Unterstützung dieses Wayne-Films verantwortlich seien.

Er traf damit voll ins Wespennest, denn eine Verbindung von der Armee zu John Wayne wollte das Pentagon unter allen Umständen in der Öffentlichkeit vermeiden.

Aber Friedhelm hatte noch eine andere Sache auf Lager, welche die Energiekrise betraf. Er wollte auch noch wissen, wer das Benzin für die dreizehn Tonnen schweren Maschinen bezahlt habe, die für diesen Film extra von Fort Devens nach Cambridge gefahren worden waren.

Ein Sprecher des Pentagon gab dazu folgende Erklärung ab: »Es hat bei der ganzen Angelegenheit überhaupt keinen Ärger gegeben, sondern wir haben sehr viel Spaß und Vergnügen dabei gehabt. Aber es gibt offensichtlich einige Menschen, die es dem Militär nicht gönnen, wenn sie mal Freude und Spaß an einer Sache haben. Außerdem war es zu allen Zeiten so, daß die Militärs im Frieden auch Dinge übernommen haben, die den zivilen Bereich unseres Landes betreffen.«

So unerfreulich diese Sache war, mehr Grund zur Freude hatte Wayne, als er wieder einmal eine neue Ehrung in Empfang nehmen konnte.

Im September 1973 bat mich die United Service Organisation, mit John Wayne in Kontakt zu treten, weil sie einen Preis für ihn hätte, den sie ihm auf einem großen Bankett übergeben wolle. Ich dachte zwar noch an unsere erste Begegnung, die ich am Anfang dieses Buches geschildert habe, versprach dann aber doch, mich mit John Wayne in Verbindung zu setzen.

Die Organisation hatte sich sehr für die Angehörigen des militärischen Personals seit dem Zweiten Weltkrieg eingesetzt, und sie wollte auf ihrer jährlichen Tagung, zu der immer mehr als 5000 Menschen eingeladen wurden, ihren diesjährigen Preisträger einer amerikanischen Auszeichnung gerne persönlich sehen.

Ich schrieb also einen mehr als spöttischen Brief an Wayne und erklärte ihm darin, daß ich nicht verstehen könne, warum die United Service Organisation ausgerechnet auf ihn als Preisträger verfallen war. Denn es gebe doch bestimmt andere Menchen, die sich um das Vaterland verdienter gemacht hätten, und denen deshalb auch viel eher die Ehre gebühre als ihm.

Vor allem seien die Menschen bestimmt nicht so rauh mit Reportern umgesprungen, wie er es seinerzeit getan habe, als ich ihn wegen eines Interviews für *Photoplay* angesprochen habe.

Damals existierte schon die erste Ausgabe dieses Buches, und Wayne hatte es gelesen. Er schrieb mir folgenden Brief zurück:

Lieber George,
ich bin ein wenig verwirrt von der zwiespältigen Haltung, die Sie in Ihrem Brief mir gegenüber zum Ausdruck bringen. Und es mag Sie auch verwundern, daß ich mich nicht mehr an Sie oder an unser Treffen erinnern kann. Ich bin mir aber sehr wohl bewußt, daß Ihre Darstellung von der Haltung, die ich gegenüber meinen Freunden, Geschäftspartnern und Mitarbeitern habe, von Ihnen irreführend beschrieben worden ist – was bestimmt nicht Ihre Absicht gewesen sein kann, denn Ihnen sind die Tatsachen bekannt. Aber heute genug davon. Ich wäre Ihnen sehr dankbar, wenn Sie

*der United Service Organisation mitteilen könnten, daß mich die
Ehrung sehr stolz macht, für den amerikanischen Preis ihres Ver-
bandes vorgeschlagen worden zu sein. Leider bin ich aber aus
zeitlichen Gründen nicht in der Lage, an der Verleihung persönlich teilzunehmen.*

*Mit freundlichen Grüßen
John Wayne*

*PS: Wenn Sie jemals wieder an einem Ort sein sollten, an dem ich
mich zur gleichen Zeit aufhalte, vergessen Sie bitte nicht, eine An-
stecknadel an Ihrem Jackett zu tragen, auf der* Vergiß-mein-nicht
steht.

Im Jahre 1974 arbeitete John Wayne mehr als in manch einem
Jahr zuvor.
Im März flog John Wayne nach Tokio, um in Japan einige Geschäfte zu erledigen und um gleichzeitig für seinen Film *McQ*
(›McQ schlägt zu‹) Reklame zu machen, der in dieser Zeit Pre-
miere in der japanischen Hauptstadt hatte.
Von den japanischen Journalisten wurde Wayne zu den ver-
schiedensten Themen befragt. Einer von ihnen wollte wissen,
wie seine Meinung zu der augenblicklich sehr verbreiteten Art
von manchen Menschen sei, splitternackt in der Öffentlichkeit
als Flitzer herumzurennen.
»Um sich das zu erlauben, muß man schon einen gutgebauten
Körper haben«, gab Wayne zurück.
Was er dazu sage, daß viele Filmschauspieler jetzt nackt in den
Filmen zu sehen seien, und ob er selber so etwas auch tun würde.
Wayne schüttelte den Kopf. »Es ist für mich zu spät, um bei solchen Dingen noch teilzunehmen. Außerdem habe ich vom Reiten zu viele Schwielen am Körper.« Dies war kurz vor seinem
67. Geburtstag.
Wenig später flog Wayne nach Griechenland und wurde in
Athen von dem Bürgermeister Dimitrios Ritsos begrüßt, der es
sich nicht nehmen ließ, seinem prominenten Gast selbst die
Hauptstadt seines Landes zu zeigen.
Zu dieser Zeit überlegte man gerade in Athen, wie es möglich
war, der immer weiter ansteigenden Flut von Autos Herr zu
werden, weil durch ihre Abgase die kostbaren Denkmäler der
Antike in Mitleidenschaft gezogen wurden.

Ein Leiden ganz anderer Art zwang Wayne im Jahre 1974 wieder dazu, sich ins Krankenhaus zu begeben. Die Sportverletzung in seinem rechten Knie, die er sich als junger Mann 1926 zugezogen hatte, brach erneut auf und verursachte große Schmerzen.

Die Operation wurde im Hoag-Memorial-Hospital vollzogen, und Wayne rannte vierzehn Tage nach dem chirurgischen Eingriff wieder in der Weltgeschichte herum und suchte nach neuen Betätigungsfeldern.

Er war also wieder auf freiem Fuß und unbedingt entschlossen, weitere Filme zu machen und zusätzliche geschäftliche Unternehmungen zu tätigen. Und diese Pläne sollten bald Wirklichkeit werden ...

24. Ein Grund zum Jubeln:
Wayne, Hepburn und Rooster

Obwohl sich viele seiner Rollen ähnelten, war doch eine gewisse Entwicklung bei Wayne als Schauspieler festzustellen. Einer seiner Filme spielt im Jahr 1950, als ein junger Mann die Sicherheit seiner Heimat und der Eisenbahnwaggons verläßt und dabei auch die Liebe zu einem Mädchen verliert, um sich nach Südwesten aufzumachen, wo er reiches und weites Land zur Viehzucht sucht.

Ich spreche von dem Howard-Hawks-Film *Red River,* den er 1948 drehte, und durch den er auf einen bestimmten Typ festgelegt wurde. Sein Image als Westernstar konnte aber das Publikum nicht davon abhalten, sein Geld an den Kinokassen zu lassen, als ein ganz anderer Wayne-Film in den Lichtspielhäusern gezeigt wurde: *Brannigan* (›Ein Mann aus Stahl‹).

In diesem Film spielte er wieder einen Polizeibeamten. Aber es gab doch einen wesentlichen Unterschied zu dem anderen Film: Wayne war in *Brannigan* (›Ein Mann aus Stahl‹) viel ruhiger und besonnener als in *McQ* (›McQ schlägt zu‹).

Der Schauplatz war London, was vielleicht einiges zu Waynes Besänftigung beitrug. Wayne spielte einen Lieutenant der Chicagoer Polizei, der den Bandenführer Larkin (John Vernon) zurück in die Vereinigten Staaten bringen soll.

Die Bobbies in London tragen keine Schußwaffen. Als Commander Swann (Richard Attenborough) diese Tatsache Brannigan mitteilt, schlägt dieser die gutgemeinte Warnung in den Wind und behält seine Waffe.

Im Verlauf des Films erweist es sich dann doch noch als gut, daß Brannigan seine Pistole behält – was man ihm auch nicht verbieten kann, da es sich um seine Dienstwaffe als amerikanischer Polizeibeamter handelt.

Jennifer Thatcher, die von Judy Geeson gespielt wird, hat von Scotland Yard den Auftrag erhalten, John Wayne während seiner Londoner Zeit zu beobachten. Aber das Problem von Brannigan ist, daß er häufig ihr Leben retten muß, weil ein gedungener Mörder die Personen, die im Umkreis von Brannigan sind, gefährdet.

Neben diesem Umstand hat sie als Engländerin auch noch die typischen Vorurteile gegenüber den Amerikanern, die noch aus der Zeit des Zweiten Weltkrieges herrühren: »Die Amerikaner werden in ihren Berufen überbezahlt, sie sind im Privatleben vom Sex besessen, und sie glauben, sich überall einmischen zu dürfen.«

Diese Äußerung löst danach einen Welle von Gewalt im Film aus: Eine verwegene Autojagd über die Tower-Brücke, was um so spektakulärer wirkt, weil die Brücke gerade geöffnet wird; eine Gewehrsalve, die auf Brannigan abgefeuert wird, als er eine Tür öffnet; eine Bombe, die hochgeht, als er sich im Bad rasieren will; eine Schlägerei in einer Bar und ein Pistolenduell mit Gorman, der Brannigan immer wieder zur Strecke bringen will und dabei jedes Mittel benutzt.

»John Wayne ist zu streitsüchtig für Gangster, für Chicago, für England, für irgendeine Person«, schrieb ein Kritiker, nachdem er den Film gesehen hatte. Und er fuhr fort: »Aber Wayne ist ein getestetes Produkt, das den Absatz immer wieder garantiert. In diesem Sinn ist auch der Film gemacht.«

An einem Tag im März 1975 lud der unverwüstliche John Wayne 44 Journalisten aus allen Teilen der USA und aus Kanada in seine Villa in Newport Beach ein, um mit ihnen über seinen Film *Brannigan* (›Ein Mann aus Stahl‹) zu sprechen.

Wayne hatte gerade eine langwierige Zahnoperation hinter sich, und sein Zahnfleisch war noch immer entzündet. Es erschien also verständlich, daß er an diesem Tag nicht der redseligste Gesprächspartner sein konnte.

Aber Wayne hatte von seinem Zahnarzt Novocain und Aspirin verschrieben bekommen, und dann kamen noch der Whisky und Tequila dazu, den er sich selbst verordnet hatte. Auf diese Weise merkte er nichts mehr von der Infektion, noch verspürte er irgendeinen Schmerz.

Und dann kamen die einzelnen Fragen:

»Mr. Wayne, glauben Sie, daß Spiro Agnew seine politische Glaubwürdigkeit eingebüßt hat und jetzt ins Exil gehen und seine Karriere beenden wird?«

Wayne schüttelte den Kopf. »Ich persönlich stehe nach wie vor zu Agnew und kann mir nicht vorstellen, daß er etwas Unrechtes getan hat.« Schallendes Gelächter brach daraufhin bei den Journalisten aus.

Aber Wayne winkte ab. »Wenn Sie lachen, beweist das nur, daß Sie Vorurteile gegenüber Agnew haben. Ich glaube weiterhin, daß er ein ehrenwerter Mann ist, mit dem man gut auskommen und reden kann.«

Ein Journalist wollte wissen, ob Wayne schon einmal eine richtige Schlägerei mitgemacht hatte.

Wayne antwortete: »Der letzte Kampf, an den ich mich erinnern kann, fand im College statt. Ich hatte Schnaps für eine Party gekauft, die ich am Abend geben wollte. Und irgend jemand klaute mir alle Flaschen, ohne daß ich es merkte. Als ich mich auf die Suche nach dem Übeltäter machte, geriet der Mann, der mich bestohlen hatte, derart in Panik, daß er vor mir davonlief und zwei Flaschen fallen ließ. Ich habe ihn dann schnell erwischt und auch sehr deutlich zu verstehen gegeben, daß ich solche Dinge nicht mag.«

Und dann kam die Sprache auf Waynes letzten Film *Brannigan* (›Ein Mann aus Stahl‹). Aber für John Wayne antwortete der Produzent des Films, Michael Wayne. Er schilderte, wie der Film entstanden war und mit welchen Schwierigkeiten sie während der Dreharbeiten in England hatten fertig werden müssen.

Nach einer Weile wollte einer der Journalisten wieder etwas über John Waynes politische Einstellung wissen, und der Film war sofort vergessen.

»Haben Sie in letzter Zeit mit Richard Nixon gesprochen?« fragte der Mann.

»Ja, das habe ich«, gab Wayne zurück. »Und ich kann Ihnen auch erzählen, daß viele von Ihnen, die heute hier in meinem Haus sitzen, eine Menge Unsinn über Richard Nixon geschrieben haben.«

Ein paar Monate später wurde Wayne erneut ins Krankenhaus überwiesen. Er hatte eine erneute Infektion lange Zeit mit sich herumgeschleppt, aber er konnte dann selbst die Augen vor der Wahrheit nicht mehr verschließen und hatte dem Rat der Ärzte zugestimmt, erneut in das Krankenhaus zu gehen, damit sie eine Reihe von Tests an ihm durchführen konnten.

Die Untersuchungen waren langwierig, aber es erwies sich im Endeffekt, daß seine Erkrankung nicht so schwer war, wie man ursprünglich angenommen hatte. Wayne wurde deshalb gegen Ende des Jahres wieder aus dem Krankenhaus entlassen, und er stürzte sich sofort wieder in die Filmarbeit.

Zu seinem nächsten Film gab es für Wayne einen besonderen

Anreiz, wieder vor die Kameras zu treten. Er sollte nämlich mit Katharine Hepburn drehen, die er sich immer schon als Partnerin gewünscht hatte. Aber in den zurückliegenden Jahren war es nie zu einer Zusammenarbeit gekommen.

Das Konzept für den Film, der Wayne und Katharine Hepburn zusammenbringen sollte, ging von Waynes Darstellung des versoffenen, einäugigen Marshal Rooster Cogburn aus, für die er auch den Oscar erhalten hatte.

Der Leser wird sich noch daran erinnern, daß Wayne dem Schriftsteller Charles Portis 300.000 Dollar geboten hatte, um dessen Roman *True Grit* zu verfilmen. Und Wayne hatte darin die Hauptrolle spielen und Regie führen wollen.

Aber die Dinge waren dann anders gelaufen. Der Produzent Hal Wallis hatte sich zuerst an Portis gewandt und Wayne dann die Rolle von Rooster Cogburn übergeben. Die Regie war dann in die Hände von Henry Hathaway gekommen.

Es war irgendwann im Mai 1975, als Wallis einen Film machte, der *When The Legends Die* (›Die Legende von Killer Tom‹) hieß. Dieser Film zeichnete sich durch eine ausgezeichnete schauspielerische Leistung von Richard Widmark und einen totalen Mißerfolg an den Kinokassen und bei der Kritik aus.

Die Regie lag in den Händen von Stuart Millar, der zuvor schon der Produzent von Filmen wie *The Best Man* und *Little Big Man* gewesen war.

Wallis rief dann eines Tages Millar an und erzählte ihm, was für ein Projekt er vorhabe. Er wollte einen Western drehen, der ähnlich wie *True Grit* (›Der Marshall‹) war, aber Wallis hatte gleichzeitig vor, dem Film eine andere Note zu geben.

Als Schauspieler wollte man Wayne und Miß Hepburn verpflichten. Sie trafen dann auch am Drehort in Oregon ein, wo sie Millar fanden, der gerade das Drehbuch abgeschlossen hatte. Katharine Hepburn zog sich bald darauf ihr Westernkostüm an, hatte aber Schwierigkeiten, unter vielen bunten Kopftüchern das geeignete für ihren Typ zu finden. Sie ging aus der Garderobe heraus und traf zufällig auf den Regisseur, den sie fragte, welches Tuch sie anziehen sollte.

Millar zuckte mit den Schultern und erklärte ihr, daß ihm das grundsätzlich egal sei, denn es müsse nur zu ihrem Typ passen und nicht ihm gefallen.

Daraufhin erwiderte Miß Hepburn energisch: »Wenn Sie bei diesem Film mein Regisseur sein wollen, müssen Sie mir aber auch genaue Anweisungen geben.«

Wenige Sekunden später hatte Stuart Millar seine Wahl unter den Tüchern getroffen.

Bevor Wayne Millar kennenlernte, hatte ihm jemand gesagt, daß Millar nicht nur größer sei als er selbst, sondern daß Millar auch ein Temperament habe, das schon viele Menschen in die Knie gezwungen habe.

Waynes Antwort war daraufhin: »Hoffentlich ist er auch cleverer als ich.«

Als sie den Film abgedreht hatten, wurde Regisseur Millar von einem Journalisten gefragt, ob es schwierig für ihn gewesen sei, mit zwei so bekannten Schauspielern wie John Wayne und Katharine Hepburn zusammenzuarbeiten, oder ob einer dem anderen die Schau hatte stehlen wollen.

Millar sagte daraufhin: »Am ersten Drehtag spielten die beiden, als ob sie sich schon jahrelang gekannt und auch gut verstanden hätten. Sie hatten beide auch gute Ideen, wie man einige Dinge noch verbessern konnte, aber das Schlimmste war, daß jeder von ihnen am Ende einer Szene im Bild festgehalten werden wollte.«

Ein Kritiker der *New York Post* sah diese Zusammenarbeit zwischen den beiden allerdings in einem ganz anderen Licht, als er schrieb: »Miß Hepburn spielt ihre Rolle sehr gelangweilt, wodurch es John Wayne sehr geschickt versteht, viel aufdringlicher ins Bild zu kommen.«

Und dann fuhr er in einem Ton fort wie seinerzeit Renate Adler, die sich über den Film *The Green Berets* (›Die grünen Teufel‹) geäußert hatte: »Vor zehn oder zwanzig Jahren hatte Wayne noch eine Ausstrahlung, die sich dann auch auf das Publikum übertrug. Aber davon ist nichts mehr zu spüren. John Wayne scheint am Ende seiner Laufbahn zu sein.«

Wenige Zeilen danach kam er auch auf Miß Hepburn zu sprechen: »Wayne und Hepburn sind zu Institutionen erstarrt, und das ist etwas anderes, als wenn sie wie Schauspieler agieren. Ihre Mimik und ihre Bewegungen sind eingefahren und werden nicht ihrer Rolle gerecht, sondern nur dem Bild, das man sich im Laufe der Jahre gemacht hat.«

25. Fünfzig Jahre John Wayne

Wenn jemand gedacht hatte, daß Waynes Karriere schon zu Ende war, so hatte er sich gewaltig geirrt. Denn kurz nach den letzten Drehtagen flog er nach Carson City in Nevada zu einem neuen Filmprojekt.

Der Streifen hieß *The Shootist* (›Der Scharfschütze‹) und hatte eine ungewöhnliche Story, weil er von einem der letzten Revolvermänner des Wilden Westens handelt, der gegen Ende seines Lebens erkennen muß, daß er Krebs hat.

›The Shootist/Der Scharfschütze‹, 1976, war John Waynes letzter Film. Parallele zur Wirklichkeit: Wayne als krebskranker Revolverheld John Bernard Books.

Obwohl die Geschichte, die der Film erzählt, zu weiten Teilen erfunden wurde, mutet der Streifen doch wie eine Ehrung an Wayne an, der selbst die Tücken einer Krebserkrankung erfahren und es verstanden hatte, mit dieser Krankheit zu leben.

In dieser Weise beginnt auch der Film. Bevor der Zuschauer den Titel zu sehen bekommt, sieht er eine Reihe von Bildern, die John Wayne in seinen verschiedenen Western im Laufe von Jahrzehnten zeigen. Und dazu ertönt eine Stimme aus dem Lautsprecher: »Was wir hier sehen, ist nur ein kurzer Abriß der Legende, die John Wayne in der Zwischenzeit geworden ist.«

Als Wayne gefragt wurde, ob er sich schon wie eine Legende fühle, obwohl er noch gesund sei und weitere Filmpläne vorhabe, protestierte er.

»Ich kann dazu nur sagen, daß es schon eine große Belastung ist, wenn man zu seinen Lebzeiten als Legende herumläuft. Aber der Filmvorspann war als Kompliment für mich gedacht, und so habe ich es auch aufgefaßt, denn ein durchschnittlicher Schauspieler bringt es nur auf zwanzig Berufsjahre, und ich habe einige mehr hinter mir.«

Wie lange er schon im Filmgeschäft sei, wurde er daraufhin gefragt. Wayne lächelte. »Wir haben jetzt 1976, und in diesem Sommer sind es genau fünfzig Jahre her, daß ich das erstemal vor einer Kamera stand. Ich mußte damals den Schauspieler Francis Bushman jr. doubeln, als er bei einem Footballspiel auftreten sollte, aber von den Regeln des Spiels überhaupt keine Ahnung hatte.«

Bei den Dreharbeiten zu dem Film *The Shootist* (›Der Scharfschütze‹) war Wayne wieder mit einer Schauspielerin zusammen, mit der er bereits vor zwanzig Jahren vor der Kamera gestanden hatte. Es war Lauren Bacall.

»Erinnerst du dich noch an *Blood Alley,* John?« fragte sie, als sie Wayne nach den vielen Jahren wiedersah. Sie gab ihm die Hand und sagte sofort: »Du brauchst mir nicht zu sagen, daß ich heute noch genauso aussehe wie damals, denn ich weiß, daß wir uns geändert haben.«

Das Gespräch beim Abendessen drehte sich dann in der Hauptsache um den verstorbenen Ehemann von Lauren Bacall, den unvergessenen Humphrey Bogart († 14.1.1957). Und sie sprachen auch noch von John Ford und von Katharine Hepburn und von Spencer Tracy und vielen anderen Schauspielern.

Was Wayne an dem Film *The Shootist* (›Der Scharfschütze‹) reizte, war ziemlich klar, denn er selbst hatte den Kampf gegen den Krebs geführt und auch gewonnen.

»Der beste Teil des Films ist der, wenn die Leute in dem Film merken, wie es um die Hauptperson bestellt ist«, erklärte Wayne seinen Standpunkt. »Ein Mann stirbt für sich allein vor einem heroischen Hintergrund.«

Der Film wurde in und um Carson City in Nevada gedreht, und er zeigt, wie der Krebs eine kleine Stadt um 1901 in Aufruhr bringt, denn diese Krankheit war in jener Zeit so gut wie nicht bekannt.

Wayne spielte den bekannten Revolvermann J. B. Books, der bei einer alten Witwe und ihrem Sohn unterkommt. Diese Frau an Waynes Seite spielt Lauren Bacall. Und in dem Film verliebt sie sich in Books, und ihr Sohn wird bald der beste Freund des rauhen Revolvermannes.

Für viele der zahlreichen Wayne-Fans ist das Ende des Films nicht sehr versöhnlich. Denn es ist eine Sache, wenn man Wayne am Ende einer Geschichte unter den Kugeln seiner Feinde zusammenbrechen sieht, und eine andere, wenn man Zeuge wird, wie ein blutiger Anfänger Books erschießt.

John Wayne hatte einmal eine Rolle in einem Western übernommen, wo er am Ende zu Boden geht und nie mehr aufsteht, aber er hatte noch keine, in der er hinterrücks von einem Barkeeper erschossen wird.

Die Kritiken, die der Film bekam, waren nicht immer voller Lob. Viele bemängelten das Ende des Films, andere störten sich daran, daß Wayne in der Rolle von Books viel zu alt aussehe, manche wiederum waren einfach von der Story dieses Western irritiert.

So schrieb ein Journalist: »Es ist eine bedauerliche Tatsache, daß John Wayne immer nur Wayne spielen kann. Und für diese Rolle ist er einfach zu alt geworden.«

26. Die Herzoperation

Zu Beginn des Jahres 1978 fühlte Wayne sich sehr schlapp und überarbeitet, und er spürte jede Anstrengung doppelt so stark wie früher. Wenn er manchmal Treppen steigen mußte, kam er immer mehr außer Atem.

Ohne irgendeine Besorgnis ging er zum Arzt, ließ sich untersuchen, und als er das Ergebnis hörte, traute er im ersten Augenblick seinen Ohren nicht. Der Arzt hatte bei dem Helden zahlreicher Westernfilme einen Herzklappenfehler und außerdem eine Verengung der Atemwege entdeckt.

Wayne konnte es kaum glauben, denn er fühlte sich noch immer so gesund wie der Mann, der er in vielen Filmen gewesen war. Aber jetzt war er mit dem wirklichen Leben konfrontiert und mußte glauben, was der Arzt ihm sagte.

Wenig später sollte er zu einem Treffen erscheinen, das über 2000 Rancher in der Nähe von San Antonio veranstalten wollten. Sie hatten Wayne dazu eingeladen, weil er die Rolle, die sie im wirklichen Leben verkörperten, in vielen Filmen dargestellt hatte.

Aber Wayne mußte diese Einladung absagen, weil es ihm gesundheitlich immer schlechter ging. Er entschloß sich schweren Herzens, das Hoag-Memorial-Hospital erneut aufzusuchen, um sich notfalls einer Operation zu unterziehen.

Es gab aber auch Kritiker von Wayne, die behaupteten, er habe das Treffen mit den Texanern nicht aus gesundheitlichen Gründen abgesagt, sondern weil er befürchtet hatte, ihnen Rede und Antwort stehen zu müssen.

Der Grund dafür lag einige Monate zurück, als Wayne sich zu der Frage des Panamakanals geäußert hatte. Er hatte nämlich an den panamesischen General Omar Torrijos ein Telegramm geschickt, in dem er »alles Gute für die nachbarschaftlichen Beziehungen beider Länder« gewünscht hatte. Und dies war ihm in Texas sehr verübelt worden.

Das Schlimme an der Sache kam aber erst später, als Torrijos die Angelegenheit in seinem Sinn wendete, indem er behauptete, Wayne sei ein Verbündeter der panamesischen Bewegung, die sich von den USA lösen wollte.

Als sich dann noch Ronald Reagan, der ehemalige Schauspieler und Gouverneur von Kalifornien, einschaltete, konterte Torrijos sofort und sagte den Journalisten: »Ich weiß überhaupt nicht, was Reagan will, wenn er gegen die panamesische Freiheit ist. Außerdem ist er ein viel schlechterer Schauspieler als Wayne.«

Und diese Meinung vertrat sicherlich auch die ABC, als sie mit Wayne einen Zweijahresvertrag über die Serie abschloß *Oscar Presents John Wayne And The War Movies*.

Die Serie sollte anhand von Filmausschnitten über den Verlauf des Zweiten Weltkrieges berichten, und Waynes Aufgabe war es, den Kommentar dazu zu sprechen. Er tat dies um so lieber, da er in vielen Filmen, die über den Zweiten Weltkrieg gedreht worden waren, mitgespielt hatte.

In der letzten Woche des März 1978 konnte Wayne weder vor sich selbst noch vor anderen mehr verheimlichen, daß die Schmerzen in seiner Brust immer stärker wurden. Er entschloß sich in diesen Tagen zu einer Operation, denn er wußte genau, daß dies das einzige war, was ihm noch helfen konnte.

Er flog also nach Boston in das Hospital, das er schon in- und auswendig kannte, und begab sich unter die Obhut eines der bekanntesten Herzspezialisten der Welt, Dr. Mortimer J. Buckley, der ihn auch schon früher behandelt hatte.

Als er in Behandlung war und eine Reihe von Tests über sich ergehen lassen mußte, kam er sich vor wie im Jahre 1964, als er an gleicher Stelle wegen Krebs in Behandlung gewesen war und man ihm einen Lungenflügel wegoperiert hatte.

Als der Radiosender WNAC die Nachricht, daß Wayne in dem Krankenhaus lag, um sich einer schweren Herzoperation zu unterziehen, verbreitete, bestürmten die Journalisten den Sprecher des Hoag-Krankenhauses, um weitere Einzelheiten zu erfahren.

Aber sie waren alle umsonst nach Boston gekommen. Denn Martin Bander, der Sprecher, erklärte ihnen kurz und bündig: »Wir respektieren hier das Privatleben aller unserer Patienten und können dabei keine Ausnahme machen. Alles, was ich Ihnen sagen kann, ist die Tatsache, daß Mr. Wayne sich einer Reihe von Untersuchungen hat unterziehen müssen und wir mit Sicherheit wissen, daß es sich nicht um eine erneute Erkrankung an Krebs handelt.«

Als die Journalisten nach dieser spärlichen Erklärung Michael Wayne befragten, sagte er: »Der einzige Grund, warum sich mein Vater im Krankenhaus aufhält, ist der, weil er Schwierigkeiten mit den Atemwegen hat.«

Aber auch diese Erklärung war den Reportern zuwenig, deshalb fügte Michael Wayne noch hinzu: »Es gibt außerdem noch ein Problem mit der Aorta, aber es wird vor Samstag mit Sicherheit keine Operation geben, weil sein allgemeiner Gesundheitszustand noch überprüft wird. Aber mit seiner Krebserkrankung hat alles nichts zu tun.«

Damit in dem Krankenhaus keine allzugroße Unruhe unter den Patienten entstand, hatte sich John Wayne unter seinem ursprünglichen Namen Marion Morrison in die Liste des Krankenhauses eintragen lassen. Aber die Nachricht, daß ein Mann namens John Wayne in dem Haus war, sprach sich in Windeseile herum. Die für Samstag geplante Operation wurde dann von den Ärzten auf Montag verschoben, und als Wayne den Wunsch äußerte, am Wochenende mit seinen Kindern in ein Restaurant außerhalb des Krankenhauses zu gehen, gaben die Ärzte diesem Wunsch sofort nach.

Er traf sich dann mit Michael, Patrick und Aissa in einem kleinen Restaurant in der Nähe des Krankenhauses und bestellte sich das größte Steak, das der Wirt in der Küche hatte. Das zeigte zumindest, daß er guten Appetit hatte.

Der Wirt des Restaurants wurde später von Journalisten gefragt, wie Wayne sich in seinen Räumen verhalten habe und ob ihm etwas Besonderes aufgefallen sei.

Der Wirt erklärte knapp: »Mr. Wayne hatte ausgezeichnete Laune, als er mein Restaurant mit seinen Kindern betrat. Ich habe die Gesellschaft dann in ein kleines, abgeschiedenes Zimmer geführt, damit sie unter sich sein konnte und nicht den neugierigen Blicken anderer Gäste ausgesetzt war. Man hat Mr. Wayne auf jeden Fall angemerkt, daß er sehr froh war, für ein paar Stunden das Krankenhaus verlassen zu können und mit seinen Kindern zu sprechen.«

Am folgenden Montag sollte die Operation dann stattfinden. Aber bevor John Wayne in den Operationssaal gerollt wurde, diktierte er seinem Sekretär Pat Stacy noch folgende Zeilen: »Ich möchte mich bei allen bedanken, die in diesen Stunden an mich denken, und ich danke allen Menschen, die mir in diesen Tagen geschrieben haben.«

Nach seiner schweren Krankheit zeigt sich John Wayne im Juli 1978 erstmals wieder vor einer Fernsehkamera.

Die Operation verlief schwieriger, als ursprünglich erwartet worden war. Aber es tauchten keine Probleme auf, die nicht von dem Team gemeistert wurden.

Nach dem Eingriff stellte sich der Leiter des Operationsteams vor die wartenden Journalisten und sagte: »Es ist im Moment noch zu früh, um eine endgültige Erklärung über den Zustand von Mr. Wayne abzugeben. Aber es läßt sich soviel sagen, daß die Operation erfolgreich verlaufen ist und Komplikationen wahrscheinlich nicht auftreten werden.«

Ein anderer Arzt, der ebenfalls an der Operation teilgenommen hatte, sagte sogar, daß Wayne wahrscheinlich nach zwei Wochen das Krankenhaus wieder verlassen und in knapp drei Monaten wieder arbeiten könne.

John Wayne im April 1979, zwei Monate, bevor er am 11. Juni in Los An-
geles seinem Krebsleiden erlag.

Dieser Arzt sollte recht behalten. Nach knapp zwanzig Tagen
war es soweit, daß John Wayne sich darauf vorbereitete, wieder
nach Hause zu gehen.
Und am gleichen Tag erhielt er einen Telefonanruf, der nicht je-

dem Patienten eines Krankenhauses zuteil wird. Es war ein Gespräch aus dem Weißen Haus.

Als Wayne den Telefonhörer in die Hand nahm, hörte er die Stimme von Präsident Jimmy Carter: »Ich weiß, daß Sie eine nationale Größe sind, und ich wünsche Ihnen für die kommenden Tage und Wochen gute Erholung. Und wenn ich irgend etwas für Sie tun kann, lassen Sie es mich bitte wissen. Ich werde dann versuchen, Ihnen zu helfen.«

Als er das Krankenhaus verließ, hatte er einen Cowboyhut auf dem Kopf und verkündete den wartenden Journalisten: »Ich fühle mich heute so gut wie schon lange nicht mehr.«

Schon 1979 machte Wayne wieder durch einen Krankenhausaufenthalt von sich reden. Er war in die Universitätsklinik von Los Angeles eingeliefert worden, weil man Gallensteine bei ihm entdeckt hatte. Später erklärte Bernard Strohm, ein Sprecher des Krankenhauses, den wartenden Journalisten: »Während die Ärzte Waynes Gallensteine entfernten, entdeckten sie einen ungewöhnlichen Tumor in seinem Magen ...«

Die Operation, die am 13. Januar um 7.45 Uhr begonnen hatte und auf zwei Stunden angesetzt war, wurde nun fortgesetzt und erst um 16.30 Uhr beendet. Die Ärzte mußte seinen ganzen Magen entfernen, um ihn vor dem sicheren Tod zu retten.

Aber auch nach der Operation fürchteten die Ärzte noch um sein Leben. Aus aller Welt trafen Briefe und Telegramme ein, und die Telefonleitungen des Krankenhauses waren überlastet, weil immer wieder Fans anriefen und sich nach dem Befinden ihres Idols erkundigten.

Einige Wochen später wurde zur Gewißheit, was alle Freunde und Fans des Schauspielers gehofft hatten: John Wayne erholte sich. Seine Genesung schritt schnell voran, und er spielte sogar schon wieder mit dem Gedanken, in einem Film mitzuwirken. Doch dazu kam es nicht. Er trat zum letztenmal am 9. April 1979 vor die Kamera, als er den Oscar für den besten Film des Jahres an den Regisseur von *The Deer Hunter* (›Die durch die Hölle gehen‹) überreichte und vom Publikum mehr Beifall als der Preisträger erhielt. Dann raffte ihn die schwere Krankheit dahin. Der Krebs fraß sich durch seinen Körper, und er starb in der Nacht zum 12. Juni nach einem langen Todeskampf. Er hatte alle Schmerzmittel abgelehnt und war so aus der Welt gegangen, wie er gelebt hatte: als Held.

27. Der letzte Cowboy?

Dies war die Geschichte eines Jungen, der Marion Michael Morrison hieß und zu John Wayne oder auch Duke wurde, wie ihn viele Menschen nennen.

Er brauchte viele Jahre, um den Gipfel seiner schauspielerischen Karriere zu erklimmen. Aber er schaffte es. Er wurde zu einem der größten Kassenmagneten des Films, und man kann ihn nur noch mit Schauspielern wie Clark Gable, Gary Cooper, Rudolph Valentino, Humphrey Bogart, Spencer Tracy, James Stewart, Douglas Fairbanks oder Tom Mix vergleichen.

Wayne war aber kein Mythos, sondern ein Mensch, der mitten unter uns lebte. Er beeinflußte die Unterhaltungsindustrie wie kaum ein zweiter, und er war jederzeit bereit, seine Meinungen über Politik und Patriotismus kundzutun.

In den über 150 Filmen spielte er den rauhen Cowboy, der aufrecht im Sattel sitzt und aufrecht durchs Leben geht. Er wurde zum Prototyp des Westernhelden. Vergleichbar war Wayne in dieser Beziehung nur Gary Cooper, der einen bestimmten Typ eines Westernmannes prägte.

Wayne hatte zwei kaputte Ehen hinter sich, aber das hielt ihn nicht zurück, noch ein drittesmal zu heiraten. Auch in dieser Ehe kümmerte er sich weiterhin um alle seine Kinder und verschaffte ihnen einen beruflichen Werdegang in der Filmindustrie.

Am Anfang des Buches kam ich auf die Enkelkinder von Wayne zu sprechen. Aber es hat keinen Sinn, an dieser Stelle weiter auf dieses Thema einzugehen, weil sich die Zahl seiner Enkel ständig vergrößert. Es sind im Augenblick neunzehn – und ein Ende ist noch nicht in Sicht.

Wayne hatte Glück im Leben, aber er lernte auch die andere Seite kennen, als er vom Krebs befallen wurde und mit dieser heimtückischen Krankheit fertig werden mußte.

»Ich habe an drei Dinge gedacht, als die Operation bevorstand: an meine Frau, meine Kinder und an den Tod. Ich war sehr deprimiert. Eine Lunge hatten sie mir herausgeschnitten, die andere teilweise entfernt. Aber bald darauf merkte ich, daß ich trotzdem gut atmen konnte. Und die Hauptsache war, daß ich lebte.«

Und dann kam er noch einmal auf seine Einstellung zum Leben zu sprechen. »Es gibt immer noch einen Funken Hoffnung, auch wenn man im Augenblick nicht daran glaubt. Ich habe den Krebs bekämpft, auch wenn es fünf Jahre gedauert hat. Die Ärzte haben mir versichert, daß ich keinen Krebs mehr habe, und jetzt kann ich das Leben voll und ganz fühlen.«

Wayne bekam mehr Falten, sein Gang wurde langsamer, und es dauerte länger, wenn er ein Pferd bestieg. Aber er dachte nicht daran, sich zur Ruhe zu setzen, sondern wollte immer weiter vor der Kamera stehen und neue Filme drehen.

Doch im Jahre 1979, nach einem fünfzehn Jahre dauernden Kampf gegen den Krebs, mußte auch Wayne kapitulieren. Er ging ins Krankenhaus und starb in den Morgenstunden des 12. Juni. Seine sieben Kinder und zahlreiche Enkel wachten an seinem Bett, als er zum letztenmal in den Kampf zog und mit schmerzverzerrtem Gesicht aufgab. »Laßt mich endlich sterben!« waren seine letzten Worte.

Der älteste Sohn des verstorbenen Western-Stars trat wenig später in Hollywood mit der aufsehenerregenden Enthüllung vor die Presse, daß John Wayne, der als Bub protestantisch getauft worden war, jedoch sein Leben lang die Kirche gemieden hatte, wenige Stunden vor seinem Tod zum katholischen Glauben übergetreten war. Er war bei vollem Bewußtsein, als er diese Entscheidung traf.

John Wayne und seine Filme

Die nachfolgende Filmographie ist nach Uraufführungsdaten geordnet und weist nur dann einen deutschen Titel aus, wenn dies ein offizieller Verleih – oder Sendetitel (Fernsehen) ist. Die Zusammenstellung enthält somit keine wort- oder sinngemäße Übersetzungen der Originaltitel.

1927

THE DROP KICK
Produktion First National. *Regie* Millard Webb. *Buch* Winifred Dunn (nach der Novelle »Glitter« von Katherine Brush). *Kamera* Arthur Edeson, Alvin Knechtel.
Darsteller Richard Barthelmess (Jock Hamill), Barbara Kent (Cecily Graves), Dorothy Revier (Eunice Hathaway), Eugene Strong (Brad Hathaway), Alberta Vaughn (Molly), James Bradbury jr. (Bones), Brooks Benedict (Ed Pemberton), Hedda Hopper (Mrs. Hamill), Mayme Kelso (Mrs. Graves), George Pearce (Dekan), JOHN WAYNE (Football-Spieler).
John Wayne als Spieler einer Football-Mannschaft.
Länge 78 Minuten (stumm). *Uraufführung* 25.9.1927.

1928

MOTHER MACHREE
Produktion Fox (William Fox). *Regie* John Ford. *Buch* Gertrude Orr (nach »The Story of Mother Machree« von Rida Johnson Young). *Kamera* Chester Lyons. *Zwischentitel und Schnitt* Katherine Hilliker, H. H. Caldwell. *Regieassistenz* Edward O'Fearna. *Requisiteur* JOHN WAYNE.
Darsteller Neil Hamilton (Brian McHugh), Belle Bennett (Ellen McHugh), Victor McLaglen (Terrence O'Dowd), Philippe de Lacy (Brian als Kind), Pat Somerset (Robert de Puyster), Ted McNamara (Harfenist), John MacSweeney (Priester), Eulalie Jensen (Rachel), Robert Parrish (Kind), Constance Howard (Edith Cutting), Ethel Clayton (Mrs. Cutting), William Platt (Pips), Jacques Rollens (Bellini), Rodney Hildebrand (Brian McHugh sen.), Joyce Wirard (Edith Cutting als Kind), JOHN WAYNE.
John Wayne in einer Komparsenrolle, in einem Film um ein irisches Auswandererschicksal.
Länge 75 Minuten (Stummfilm mit Tonsequenzen). *Uraufführung* 22.1.1928.

FOUR SONS

Produktion Fox (William Fox). *Regie* John Ford. *Buch* Philip Klein (nach »Grandmother Bernle Learns Her Letters« von Ida Alexa Ross Wylie). *Kamera* George Schneiderman, Charles G. Clarke. *Musik* Erno Rapee, Lew Pollack. *Musikalische Leitung* S. L. Rothafel. *Zwischentitel* Katherine Hilliker, H. H. Caldwell. *Schnitt* Margaret V. Clancey. *Regieassistenz* Edward O'Fearna.

Darsteller Margaret Mann (Großmutter Bernle), James Hall (Joseph Bernle), Charles Morton (Johann Berle), Earle Foxe (von Stomm), Francis X. Bushman jr. (Franz Bernle), George Meeker (Andreas Bernle), Albert Gran (Bote), Frank Reicher (Schulmeister), Hughie Mack (Wirt), Michael Mark (von Stomms Ordonanz), August Tollaire (Bürgermeister), June Collyer (Ann), Jack Pennick (Josephs Freund), Erzherzog Leopold von Österreich (deutscher Kapitän), Robert Parrish (Kind), Ferdinand Schumann-Heink (Offizier), Wendell Phillips Franklin (James Henry), Ruth Mix (Johanns Verlobte), L. J. O'Connor (französischer Wirt), Stanley Blystone, Carl Boheme, Hans Fürberg, Tibor von Janny (Offiziere), JOHN WAYNE.

In diesem 1. Weltkriegsmelodrama um eine bayerische Witwe und ihre vier Söhne soll angeblich auch *John Wayne* in einer Komparsenrolle mitgespielt haben.

Länge 107 Minuten (Stummfilm mit Tonsequenzen). *Uraufführung* 13.2.1928.

HANGMAN'S HOUSE

Produktion Fox (William Fox). *Regie* John Ford. *Buch* Philip Klein, Marion Orth, Willard Mack (nach dem Roman von Brian Oswald Donn-Byrne). *Kamera* George Schneiderman. *Zwischentitel* Malcolm Stuart Boylan. *Schnitt* Margaret V. Clancey. *Regieassistenz* Phil Ford.

Darsteller June Collyer (Connaught O'Brien), Larry Kent (Dermott McDermott), Victor McLaglen (Hogan), Earle Foxe (John Darcy), Hobart Bosworth (Richter O'Brien), Belle Stoddard (Anne McDermott), Joseph Burke (Neddy Joe), Eric Mayne (Colonel), JOHN WAYNE.

John Wayne als Zuschauer eines Pferderennens.

Länge 75 Minuten (stumm). *Uraufführung* 13.5.1928.

1929

WORDS AND MUSIC

Produktion Fox (William Fox, Chandler Sprague). *Regie* James Tinling. *Buch* Andrew Bennison (nach einer Erzählung von Frederick Hazlitt Brennan und Jack Edwards). *Kamera* Charles G. Clarke, Charles van Enger, Don Anderson. *Musik* William Kernell, Dave Stamper, Edmund

Joseph, Paul Gerard Smith, Sidney Mitchell, Archie Gottler, Con Conrad. *Musikalische Leitung* Arthur Kay. *Schnitt* Ralph Dixon. *Regieassistenz* William Tinling. *Kostüme* Sophie Wachner. *Dramaturgie und Choreographie* Frank Merlin, Edward Royce. *Ton* Donald Flick, Joseph Aiken.

Darsteller Helen Twelvetrees (Dorothy Bracey), Lois Moran (Mary Brown), David Percy (Phil Denning), William Orlamond (Pop Evans), JOHN WAYNE unter dem Namen Duke Morrison (Pete Donahue), Elizabeth Patterson (Dean Crockett), Ward Bond (Ward), Frank Albertson (Skeet Mulroy), Dorothy Ward (Mädchen), Richard Keene (Sänger), Tom Patricola (Hannibal), Bubbles Crowell (Bubbles), The Collier Sisters (Tänzerinnen), Helen Parrish, Jack Wade, Mae Madison.

John Wayne als junger Musical-Komponist, der bei einem Kompositionswettbewerb den ersten Preis und die Hauptdarstellerin des Musicals für sich gewinnen will.

Länge 81 Minuten. *Uraufführung* 18.8.1929.

SALUTE

Produktion Fox (William Fox). *Regie* John Ford. *Buch* James Kevin McGuinness (nach einer Story von Tristram Tupper und John Stone). *Kamera* Joseph August. *Zwischentitel* Wilbur Morse jr. *Schnitt* Alex Troffey. *Regieassistenz* Edward O'Fearna, R. L. Hough. *Ton* W. W. Lindsay.

Darsteller George O'Brien (John Randall), Helen Chandler (Nancy Wayne), Frank Albertson (Kadett Price), William Janney (Frank Randall), Clifford Dempsey (Major General Somers), Lumsden Hare (Rear Admiral Randall), JOHN WAYNE, Ward Bond (Football-Spieler), Stepin Fetchit (Smoke Screen), Rex Bell (Kadett), David Butler (Trainer), Joyce Compton (Marian Wilson), John Breeden (Kadett).

John Wayne als Spieler bei dem entscheidenden Footballmatch zwischen der Marineakademie Annapolis und der Militärakademie West Point. *Länge* 86 Minuten. *Uraufführung* 1.9.1929.

1930

MEN WITHOUT WOMEN

Produktion Fox (William Fox, James Kevin McGuinness). *Regie* John Ford. *Buch* Dudley Nichols (nach einer Story von John Ford und James Kevin McGuinness). *Kamera* Joseph August. *Musik* Peter Brunelli, Glen Knight. *Production Design* Williams S. Darling. *Dramaturgie* Andrew Bennison. *Schnitt* Paul Weatherwax. *Regieassistenz* Edward O'Fearna. *Ton* Donald Flick, W. W. Lindsay.

Darsteller Kenneth MacKenna (Torpedomaat Burke), Frank Albertson

Ein seltenes Bild: John Wayne einmal nicht in uniformer Kluft, sondern mit Weste und Schiebermütze.

(Fähnrich Price), Warren Hymer (Kaufmann), J. Farrell MacDonald (Costello), Paul Page (Handsome), Walter McGrail (Cobb), Stuart Erwin (Jenkins), Charles Gerard (Commander Weymouth), George le Guere (Pollock), Ben Hendricks jr. (Murphy), Harry Tenbrook (Winkler), Warner Richmond (Bridewell), Roy Stewart (Captain Carson), Pat Somerset (Lieutenant Digby), JOHN WAYNE (Funker), Robert Parrish.

John Wayne als Bordfunker eines amerikanischen Unterseeboots in See-
not. Außerdem übernahm Wayne die Stunts fast aller Schauspieler.
Länge 77 Minuten. *Uraufführung* 31.1.1930.

ROUGH ROMANCE
Produktion Fox (William Fox). *Regie* A. F. Erickson. *Buch* Elliot Le-
ster, Donald Davis (nach »The Girl Who Wasn't Wanted« von Kenneth
B. Clarke). *Kamera* Daniel B. Clark. *Musik* George A. Little, John
Burke. *Schnitt* Paul Weatherwax. *Regieassistenz* Ewing Scott. *Ton* Bar-
ney Fredericks.
Darsteller George O'Brien (Billy West), Helen Chandler (Marna Rey-
nolds), Antonio Moreno (Loup Latour), Eddie Borden (Laramie), Roy
Stewart (Milt Powers), Harry Cording (Chick Carson), David Hartford
(Dad Reynolds), Noel Francis (Flossie), Frank Lanning (Pop Nichols),
JOHN WAYNE (Spieler).
John Wayne als Poker-Partner in einer Saloon-Szene.
Länge 55 Minuten.*Uraufführung* 15.6.1930.

CHEER UP AND SMILE
Produktion Fox (William Fox, Al Rockett). *Regie* Sidney Lanfield. *Buch*
Howard J. Green (nach »If I Was Alone With You« von Richard Con-
nell). *Kamera* Joseph Valentine. *Musik* Jesse Greer, Raymond Klages.
Schnitt Ralph Dietrich. *Regieassistenz* Ewing Scott. *Ton* Al Bruzlin.
Darsteller Arthur Lake (Eddie Fripp), Dixie Lee (Margie), Olga Bacla-
nova (Yvonne), »Whispering« Jack Smith (als er selbst), Franklin Pang-
born (Professor), Johnny Arthur (Andy), Charles Judels (Pierre), John
Darrow (Tom), Sumner Getchell (Paul), Buddy Messinger (Donald),
JOHN WAYNE.
John Wayne in einer Komparsenrolle in einem Film im College- und
Show-Milieu.
Länge 76 Minuten. *Uraufführung* 22.6.1930.

THE BIG TRAIL
Deutscher Titel **Der große Treck**
Produktion Fox. *Regie* Raoul Walsh. *Buch* Jack Peabody, Fred Serser,
Florence Postal, Marie Boyle (nach einer Erzählung von Hal G. Evarts).
Kamera Arthur Edeson (70 mm), Lucien Andriot (35 mm). *2. Kamera*
Don Anderson, Bill McDonald, Roger Sherman, Bobby Mack, Henry
Pollack, Dave Ragin, Sol Halprin, Curt Fetters, Max Cohn, Harry
Smith, L. Kunkel, Harry Dawe. *Musik* Arthur Kay, Joseph McCarthy,
James F. Hanley. *Production Design* Harold Miles. *Schnitt* Jack Dennis.
Regieassistenz Ewing Scott, Sid Bowen, Clay Crapnell, George Walsh,
Virgil Hart, Earl Rettig. *Kostüme* Earl Moser. *Make-up* Jack Dawn,

Louise Sloane. *Ton* Donald Flick. *Produktionsleitung* Archibald Buchanan.

Darsteller JOHN WAYNE (Breck Coleman), Marguerite Churchill (Ruth Cameron), Tully Marshall (Zeke), Tyrone Power sen. (Red Flack), El Brendel (Gussie), Ian Keith (Bill Thorpe), David Rollins (Dave Cameron), Frederick Burton (Pa Bascom), Russ Powell (Windy Bill), Charles Stevens (Lopez), Ward Bond (Sid Bascom), Louise Carver (Gussies Schwiegermutter), Helen Parrish (Mädchen), Jack Peabody (Bill Gillis), de Witt Jennings (Captain), William V. Mong (Wellmore), Dodo Newton (Abigail), Marcia Harris (Mrs. Riggs), Marjorie Leet (Mary Riggs), Emslie Emerson (Sairey), Frank Rainboth (Mann aus Ohio), Andy Shufford (sein Sohn), Gertrude & Lucille van Lent (Geschwister), Alphonse Ethier (Marshall).

John Wayne als Scout, der einen Siedlertreck nach Kalifornien leitet und einen Mitreisenden als Mörder seines Freundes entlarvt.

Länge 158 Minuten (70-mm-Version), 125, auch 102 Minuten (35-mm-Version).*Uraufführung* 24.10.1930.

1931

GIRLS DEMAND EXCITEMENT

Produktion Fox. *Regie* Seymour Felix. *Buch* Harlan Thompson. *Kamera* Charles Clarke. *Schnitt* Jack Murray.

Darsteller JOHN WAYNE (Peter Brooks), Virginia Cherrill (Joan Madison), Marguerite Churchill (Miriam), William Janney (Freddie), Martha Sleeper (Harriet Mundy), Helen Jerome Eddy (Grazelle Perkins), Eddie Nugent (Tommy), Winter Hall (Dekan), Addie McPhail (Sue Street), Ralph Welles, George Irving, Ray Cooke, Marion Byron, Jerry Mandy, Emerson Treacey.

John Wayne als Captain einer College-Herrenbasketballmannschaft, der sich in die Leiterin der Damenbasketballmannschaft verliebt.

Länge 79 Minuten. *Uraufführung* 8.2.1931.

THREE GIRLS LOST

Produktion Fox. *Regie* Sidney Lanfield. *Buch* Bradley King (nach einer Story von Robert D. Andrews). *Kamera* L. William O'Connell. *Schnitt* Ralph Dietrich.

Darsteller JOHN WAYNE (Gordon Wales), Loretta Young (Noreen McMann), Joan Marsh (Marcia Tallant), Lew Cody (William Marriott), Joyce Compton (Edna Best), Paul Fix (Tony), Katherine Clare Ward (Mrs. McGee), Bert Roach.

John Wayne als Architekt, der wegen einer Frau in Mordverdacht gerät und – nachdem sich seine Unschuld herausstellt – die »Richtige« heiratet.   *Länge* 80 Minten. *Uraufführung* 19.4.1931.

MEN ARE LIKE THAT
Ursprünglicher US-Titel **ARIZONA**
*Produktion*Columbia. *Regie* George B. Seitz. *Buch* Robert Riskin, Dorothy Howell (nach dem Theaterstück »Arizona« von Augustus Thomas). *Kamera* Ted Tetzlaff. *Schnitt* Gene Milford.
Darsteller JOHN WAYNE (Lieutenant Bob Denton), Laura LaPlante (Evelyn Palmer), June Clyde (Bonita Palmer), Forrest Stanley (Colonel Bonham), Nena Quartaro (Conchita), Susan Fleming (Dot).
John Wayne als Abgänger der Militärakademie West Point, der in Arizona ein von ihm sitzengelassenes Mädchen als Frau seines Vorgesetzten wiedertrifft und mit deren Schwester glücklich wird.
Länge 70 Minuten. *Uraufführung* 27.6.1931.

RANGE FEUD
Produktion Columbia. *Regie* D. Ross Lederman. *Buch* Milton Krims. *Kamera* Benjamin Kline. *Schnitt* Maurice Wright.
Darsteller Buck Jones (Sheriff Buck Gordon), JOHN WAYNE (Clint Turner), Susan Fleming (Judy Walton), Ed LeSaint (John Walton), William Walling (Dad Turner), Wallace MacDonald (Hank), Frank Austin (Biggers), Harry Woods (Vandall).
John Wayne als Stiefbruder eines Ranchers, dessen Ermordung er beschuldigt wird, und der nur knapp der Lynchjustiz entgeht.
Länge 64 Minuten. *Uraufführung* 1.12.1931.

THE DECEIVER
Produktion Columbia. *Regie* Louis King. *Darsteller* Ian Keith.
JOHN WAYNE mußte den Hauptdarsteller des Films als Toten doubeln, da er bei der Columbia in Ungnade gefallen war.
Uraufführung Dezember 1931.

HAUNTED GOLD
Produktion Warner Brothers (Leon Schlesinger). *Regie* Mack V. Wright. *Buch* Adele Buffington. *Kamera* Nicholas Musuraca. *Schnitt* William Clemens.
Darsteller JOHN WAYNE (John Mason), Sheila Terry (Janet Carter), Harry Woods (Joe Ryan), Erville Alderson (Benedict), Otto Hoffman (Simon), Martha Mattox (Mrs. Herman), Blue Washington (Clarence), Slim Whitaker.
John Wayne als Cowboy, der mit seiner Freundin in einer alten Goldmine nach einem versteckten Schatz sucht und gegen Verbrecher zu kämpfen hat.
Länge 58 Minuten. *Uraufführung* 17.12.1931.

MAKER OF MEN

Produktion Columbia. *Regie* Edward Sedgwick. *Buch* Howard J. Green, Edward Sedgwick. *Kamera* L. William O'Connell. *Schnitt* Gene Milford. *Darsteller* Jack Holt (Dudley), Richard Cromwell (Bob Dudley), Joan Marsh (Dorothy), Robert Alden (Chick), Walter Catlett (McNeill), JOHN WAYNE (Dusty), Natalie Moorehead (Mrs. Rhodes).

John Wayne in einer kleinen Rolle, wieder einmal als Football-Spieler einer amerikanischen Universität.

Länge 71 Minuten. *Uraufführung* 25.12.1931.

1932

THE VOICE OF HOLLYWOOD

Produktion Tiffany. *Regie* Mack d'Agostino.

JOHN WAYNE als Rundfunkansager in einer Folge einer Reihe von zwölf-minütigen Filmen, in denen sich Hollywood-Stars in einer Rundfunk-Show dem Publikum vorstellen.

Uraufführung 17.1.1932.

SHADOW OF THE EAGLE

Produktion Mascot (Nat Levine). *Regie* Ford Beebe. *Buch* Ford Beebe, Colbert Clark, Wyndham Gittens. *Kamera* Benjamin Kline, Victor Scheurich. *Schnitt* Ray Snider.

Darsteller JOHN WAYNE (Craig McCoy), Dorothy Gulliver (Jean Gregory), Edward Hearn (Nathan Gregory), Lloyd Whitlock (Green), Richard Tucker (Evans), Pat O'Malley (Ames), Walter Miller (Danby), Kenneth Harlan (Ward), Edmund Burns (Clark), James Bradbury jr. (Bauchredner), Yakima Canutt (Boyle), Little Billy (Liliputaner), Ivan Linow (Muskelmensch), Billy West (Clown).

John Wayne als Artist eines Wanderzirkus und erfahrener Pilot, der die gestohlenen Pläne einer aeronautischen Erfindung seinem Zirkusdirektor zurückbringt.

Länge 240 Minuten (12 Folgen-Serial). *Uraufführung* 1.2.1932.

TEXAS CYCLONE

Produktion Columbia. *Regie* D. Ross Lederman. *Buch* Randall Faye (nach einer Story von William Colt MacDonald). *Kamera* Benjamin Kline. *Schnitt* Otto Meyer.

Darsteller Tim McCoy (Pecos Grant), Shirley Grey (Helena Rawlins), Wheeler Oakman (Utah Becker), JOHN WAYNE (Steve Pickett), Walter Brennan (Lew Collins), Wallace MacDonald (Nick Lawlor), Vernon Dent (Hefty), James Farley (Webb Oliver), Mary Gordon (Kate), Harry Cording.

John Wayne als Freund und Mitstreiter eines Cowboys, der verschollen war und sein Gedächtnis verloren hat.
Länge 63 Minuten. *Uraufführung* 24.2.1932.

TWO-FISTED LAW
Produktion Columbia. *Regie* D. Ross Lederman. *Buch* Kurt Kempler (nach einer Story von William Colt MacDonald). *Kamera* Benjamin Kline. *Schnitt* Otto Meyer.
Darsteller Tim McCoy (Tim Clark), Wheeler Oakman (Bob Russell), Walter Brennan (Hilfssheriff Bendix), Alice Day (Betty Owen), Tully Marshall (Sheriff Malcolm), JOHN WAYNE (Duke), Wallace MacDonald (Artie), Richard Alexander (Zink Yokum).
John Wayne als Cowboy eines Ranchers, der von Betrügern um seinen Besitz gebracht wird.
Länge 64 Minuten. *Uraufführung* 6.6.1932.

LADY AND GENT
Produktion Paramount. *Regie* Stephen Roberts. *Buch* William Slavens McNutt, Grover Jones. *Kamera* Harry Fischbeck.
Darsteller George Bancroft (Stag Bailey), Wynne Gibson (Puff Rogers), James Gleason (Pin Streaver), Charles Starrett (Ted Streaver), JOHN WAYNE (Buzz Kinney), Joyce Compton (Betty), Morgan Wallace (Cash Enright), James Crane (McSweeley), William Halligan (Doc Haynes).
John Wayne als junger Preisboxer, der einen ehemals berühmten Boxerkollegen im Ring schlägt.
Länge 80 Minuten. *Uraufführung* 15.7.1932.

HURRICANE EXPRESS
Produktion Mascot (Nat Levine). *Regie* Armand Schaefer, J. P. McGowan. *Buch* J. P. McGowan, George Morgan (nach einer Story von Wyndham Gittens, Barney Sarecky, Colbert Clark). *Kamera* Ernest Miller, Carl Wester. *Schnitt* Ray Snider.
Darsteller JOHN WAYNE (Larry Baker), Tully Marshall (Mr. Edwards), Shirley Grey (Gloria Martin), Conway Tearle (Stevens), J. Farrell MacDonald (Jim Baker), Lloyd Whitlock (Walter Gray), Matthew Betz (Jordan), James Burtis (Hemingway), Joseph Girard (Matthews), Edmund Breese (Stratton).
John Wayne als Pilot einer Luftfahrtgesellschaft, der einen Phantomverbrecher und Eisenbahnattentäter zur Strecke bringt.
Länge Serial in zwölf Folgen zu je zwei Akten. *Uraufführung* 1.8.1932.

THE HOLLYWOOD HANDICAP
Produktion The Thalians Club/Universal. *Regie* Charles Lamont.

JOHN WAYNE hat einen Gastauftritt in einer Folge einer Komödienserie. *Länge* 20 Minuten. *Uraufführung* 10.8.1932.

RIDE HIM, COWBOY

Produktion Warner Brothers (Leon Schlesinger). *Regie* Fred Allen. *Buch* Scott Mason (nach der gleichnamigen Erzählung von Kenneth Perkins). *Kamera* Ted McCord. *Schnitt* William Clemens.
Darsteller JOHN WAYNE (John Drury), Ruth Hall (Ruth Gaunt), Henry B. Walthall (John Gaunt), Harry Gribbon (Hilfssheriff), Otis Harlan (Richter Jones), Frank Hagney (Henry Suggs).
John Wayne als Cowboy, der ein »Wunderpferd« vor dem Galgen rettet (!) und ihm dieses dafür hilft, einen Mörder zu entlarven.
Länge 56 Minuten. *Uraufführung* 27.8.1932.

THE BIG STAMPEDE

Produktion Warner Brothers (Leon Schlesinger). *Regie* Tenny Wright. *Buch* Kurt Kempler (nach einer Story von Marion Jackson). *Kamera* Ted McCord. *Schnitt* Frank Ware.
Darsteller JOHN WAYNE (John Steele), Noah Beery sen. (Sam Crew), Luis Alberni (Sonora Joe), Mae Madison (Ginger Malloy), Berton Churchill (Gouverneur Wallace), Paul Hurst (Arizona), Sherwood Bailey (Pat Malloy).
John Wayne als Hilfssheriff, der einen Viehzüchter, der mit einer Bande von Pferdedieben die Gegend terrorisiert, zur Strecke bringt.
Länge 54 Minuten. *Uraufführung* 8.10.1932.

1933

THE TELEGRAPH TRAIL

Produktion Warner Brothers (Leon Schlesinger). *Regie* Tenny Wright. *Buch* Kurt Kempler. *Kamera* Ted McCord. *Schnitt* William Clemens.
Darsteller JOHN WAYNE (John Trent), Marceline Day (Alice Ellis), Frank McHugh (Sergeant Tippy), Otis Harlan (Zeke Keller), Yakima Canutt (High Wolf), Albert J. Smith (Gus Lynch), Lafe McKee (Oldtimer), Clarence Geldert (Kavallerieoffizier).
John Wayne als Armee-Scout, der beim Bau der ersten Telegraphenverbindung durch den Westen blutige Indianerkämpfe zu bestehen hat.
Länge 55 Minuten. *Uraufführung* 18.3.1933.

THE THREE MUSKETEERS

Produktion Mascot. *Regie* Armand Schaefer, Colbert Clark. *Buch* Wyndham Gittens, Barney Sarecky, Norman S. Hall, Ben Cohn, Ella

Arnold. (Sehr frei nach Alexandre Dumas.) *Kamera* Ernest Miller, Ed Lyons.
Darsteller JOHN WAYNE (Tom Wayne), Ruth Hall (Elaine Corday), Jack Mulhall (Clancy), Raymond Hatton (Renard), Francis X. Bushman jr. (Schmidt), Noah Beery jr. (Stubbs), Lon Chaney jr. (Armand Corday), Al Ferguson (Ali), William Desmond (Captain Boncour), Robert Warwick (Colonel Brent), Hooper Atchely (El Kador), Edward Piel (Ratkin), George Magrill (El Maghreb), Gordon DeMain (Colonel Duval), Robert Frazer (Major Booth), Emile Chautard (General Pelletier), Rodney Hildebrandt.
John Wayne als amerikanischer Abenteurer, der drei französischen Fremdenlegionären im Kampf gegen einen arabischen Wüstenscheich beisteht.
Länge Serial in zwölf Folgen zu je zwei Akten. *Uraufführung* 7.4.1933.

CENTRAL AIRPORT
Produktion Warner Brothers. *Regie* William A. Wellman. *Buch* Jack Moffitt, Rian James, James Seymour.
Darsteller Richard Barthelmess, Sally Eilers, Glenda Farrell, Tom Brown, JOHN WAYNE.
John Wayne in einer Komparsenrolle, als Passagier eines auf dem Meer notgelandeten Flugzeuges.
Länge 71 Minuten. *Uraufführung* 15.4.1933.

SOMEWHERE IN SONORA
Produktion Warner Brothers (Leon Schlesinger). *Regie* Mack V. Wright. *Buch* Joe Roach (nach »Somewhere South in Sonora« von Will Levington Comfort). *Kamera* Ted McCord. *Schnitt* William Clemens.
Darsteller JOHN WAYNE (John Bishop), Henry B. Walthall (Bob Leadly), Shirley Palmer (Mary Burton), J. P. Mc Gowan (Monte Black), Paul Fix (Bart Leadley), Ann Fay (Patsy Ellis), Bill Franey (Shorty), Ralph Lewis (Burton).
John Wayne als Rodeoreiter, der sich in Mexiko zu Banditen gesellt, um dem Vater seiner Freundin die Rechte an einer Silbermine wiederzubeschaffen.
Länge 57 Minuten. *Uraufführung* 7.6.1933.

HIS PRIVATE SECRETARY
Produktion Showmen's Pictures. *Regie* Philip H. Whitman. *Buch* John Francis Natteford (nach einer Story von Lew Collins). *Kamera* Abe Schultz. *Schnitt* Bobby Ray.
Darsteller Evalyn Knapp (Marion Hall), JOHN WAYNE (Dick Wallace), Alec B. Francis (Dr. Hall), Reginald Barlow (Mr. Wallace), Natalie

Kingston (Polly), Arthur Hoyt (Little), Al St. John (Garagenbesitzer), Hugh Kidder (Butler), Mickey Rentschler (Junge).
John Wayne als Sohn eines reichen Unternehmers, der nur Mädchen, nicht aber die Firma seines Vaters im Kopf hat.
Länge 60 Minuten. *Uraufführung* 10.6.1933.

LIFE OF JIMMY DOLAN

Produktion Warner Brothers. *Regie* Archie L. Mayo. *Buch* Bertram Millhauser, David Boehm, Erwin S. Gelsey, Beulah Marie Dix. *Kamera* Arthur Edeson.
Darsteller Douglas Fairbanks jr. (Jimmy Dolan), Loretta Young (Peggy), Fifi d'Orsay (Budgie), Guy Kibbee (Phlaxer), Aline MacMahon (Tante), Lyle Talbot (Doc Wood), Harold Huber (Reggie Newman), Shirley Grey (Goldie), Mickey Rooney (Freckles), Arthur Hohl (Malvin), George Meeker (Magee), Farina (Sam), Dawn O'Day (Mary Lou), David Durand (George), Arthur Dekuh (Louis Primaro), JOHN WAYNE (Smith).
John Wayne als junger Boxer, eine winzige Rolle.
Länge 89 Minuten. *Uraufführung* 14.6.1933.

BABY FACE

Produktion Warner Brothers. *Regie* Alfred E. Green. *Buch* Gene Markey, Kathryn Scola (nach einer Story von Mark Canfield – Pseudonym für Darryl F. Zanuck). *Kamera* James van Trees. *Production Design* Anton Grot. *Schnitt* Howard Bretherton.
Darsteller Barbara Stanwyck (Lily, genannt Baby Face), George Brent (Trenholm), Donald Cook (Stevens), Arthur Hohl (Sipple), JOHN WAYNE (Jimmy McCoy), Henry Kolker (Carter), Robert Barrat (Nick Powers), Margaret Lindsay (Ann Carter), Douglas Dumbrille (Brody), Nat Pendleton (Stolvich), James Murray (Brakeman), Theresa Harris (Chico), Renée Whitney (Mädchen), Alphonse Ethier (Cragg).
John Wayne als ausgenützter Assistent eines Bankmanagers, der einer skrupellosen Frau eine Anstellung in der Bank verschafft, woraufhin diese ihn sitzenläßt.
Länge 76 Minuten. *Uraufführung* 1.7.1933.

THE MAN FROM MONTEREY

Produktion Warner Brothers (Leon Schlesinger). *Regie* Mack V. Wright. *Buch* Lesley Mason. *Kamera* Ted McCord. *Schnitt* William Clemens.
Darsteller JOHN WAYNE (Captain John Holmes), Ruth Hall (Dolores), Luis Alberni (Felipe), Francis Ford (Don Pablo), Nena Quartaro (Anita), Lafayette McKee (Don José Castanares), Donald Reed (Don Luis

Gonzales), Lillian Leighton (Juanita), Charles Whitaker.

John Wayne als Armee-Captain, der über die Einhaltung der neuen Landgesetze bei den Grundbesitzern in Monterey zu wachen hat.
Länge 57 Minuten. *Uraufführung* 15.7.1933.

COLLEGE COACH
Produktion Warner Brothers. *Regie* William A. Wellman. *Buch* Niven Busch, Manuel Seff.
Darsteller Pat O'Brien, Ann Dvorak, Dick Powell, Arthur Bryan, Lyle Talbot, Hugh Herbert, JOHN WAYNE.
John Wayne hatte eine Komparsenrolle, wieder einmal in einer Football-Story.
Länge 75 Minuten. *Uraufführung* 4.11.1933.

RIDERS OF DESTINY
Produktion Monogram (Paul Malvern). *Regie* Robert N. Bradbury. *Buch* Robert N. Bradbury.
Darsteller JOHN WAYNE (mit der Singstimme von Smith Ballew), Sandy Saunders (genannt »Singin' Sandy«), Cecilia Parker (Fay Denton), George Hayes (Denton), Forrest Taylor (Kincaid), Al St. John (Bert), Heinie Conklin (Pete), Earl Dwire (Slip Morgan), Lafe McKee (Sheriff).
John Wayne als Geheimbeauftragter der Regierung, der Ranchern im Kampf um ihre Wasserrechte hilft.
Länge 58 Minuten. *Uraufführung* 10.10.1933.

SAGEBRUSH TRAIL
Produktion Monogram (Paul Malvern). *Regie* Armand Schaefer. *Buch* Lindsley Parsons. *Kamera* Archie Stout.
Darsteller JOHN WAYNE (John Brant), Nancy Shubert (Sally Blake), Lane Chandler (Bob Jones), Yakima Canutt (Ed Walsh), Art Mix (Schurke), Earl Dwire (Blind Pete), Wally Wales (Hilfssheriff), Robert E. Burns (Sheriff Parker), Henry Hall (Dad Blake).
John Wayne als unschuldig wegen Totschlags inhaftierter Cowboy, der ausbricht, um den wahren Täter zu suchen.
Länge 55 Minuten. *Uraufführung* 15.12.1933.

1934

LUCKY TEXAN
Produktion Monogram (Paul Malvern). *Regie* Robert N. Bradbury. *Buch* Robert N. Bradbury. *Kamera* Archie Stout. *Schnitt* Carl Pierson.
Darsteller JOHN WAYNE (Jerry Mason), Barbara Sheldon (Betty), George Hayes (Jake Benson), Lloyd Whitlock (Harris), Yakima Canutt

Der Blick verspricht romantische Abenteuer: John Wayne in den 40er Jahren.

(Cole), Earl Dwire (Bankier), Gordon DeMaine (Sheriff), Edward Parker (sein Sohn).
John Wayne als College-Absolvent und Goldsucher im Wilden Westen, der auf eine reichhaltige Goldader stößt und diese vor Verbrechern verteidigen muß.
Länge 56 Minuten. *Uraufführung* 22.1.1934.

WEST OF THE DIVIDE

Produktion Monogram (Paul Malvern). *Regie* Robert N. Bradbury. *Buch* Robert N. Bradbury. *Kamera* Archie Stout. *Schnitt* Carl Pierson. *Darsteller* JOHN WAYNE (Ted Hayden), Virginia Brown Faire (Fay Winters), Lloyd Whitlock (Gentry), Georges Hayes (Dusty Rhodes), Yakima Canutt (Hank), Lafe McKee (Winters), Earl Dwire (Red), Billy O'Brien (Spud), Blackie Whiteford (Hutch), Dick Dickinson (Joe). *John Wayne,* als Outlaw getarnt, schleicht sich auf der Suche nach dem Mörder seines Vaters und Entführer seines Bruders bei Banditen ein. *Länge* 55 Minuten. *Uraufführung* 1.3.1934.

BLUE STEEL

Produktion Monogram (Paul Malvern). *Regie* Robert N. Bradbury. *Buch* Robert N. Bradbury. *Kamera* Archie Stout. *Schnitt* Carl Pierson. *Darsteller* JOHN WAYNE (John Carruthers), Eleanor Hunt (Betty Mason), George Hayes (Sheriff Jake), Ed Peil (Melgrove), Yakima Canutt (Danti), George Cleveland (Hank), Lafe McKee (Dad Mason), Earl Dwire (Schurke), George Nash (Bräutigam), Hank Bell (Kutscher). *John Wayne* als US-Marshal, der inkognito eine Stadt von Banditen und goldsüchtigen Geschäftemachern säubert. *Länge* 54 Minuten. *Uraufführung* 10.5.1934.

THE MAN FROM UTAH

Produktion Monogram (Paul Malvern). *Regie* Robert N. Bradbury. *Buch* Lindsley Parsons. *Kamera* Archie Stout. *Schnitt* Carl Pierson. *Darsteller* JOHN WAYNE (John Weston), Polly Ann Young (Marjorie Carter), George Hayes (George Higgins), Yakima Canutt (Cheyenne Kent), Ed Peil (Barton), Lafe McKee (Richter Carter), George Cleveland (Sheriff), Anita Campillo (Dolores). *John Wayne* als Rodeoreiter, der auf das Amt des Sheriffs verzichtet, um großangelegten Wettschwindel beim Rodeo aufzuklären. *Länge* 55 Minuten. *Uraufführung* 15.5.1934.

THE TRAIL BEYOND

Produktion Monogram (Paul Malvern). *Regie* Robert N. Bradbury. *Buch* Lindsley Parsons (nach »The Wolf Hunters« von James Oliver Curwood). *Kamera* Archie Stout. *Production Design* E. R. Hickson. *Schnitt* Charles Hunt. *Darsteller* JOHN WAYNE (Rod Drew), Noah Beery sen. (George Newsome), Noah Beery jr. (Wabi), Verna Hillie (Felice Newsome), Robert Frazer (Jules LaRoque), Earl Dwire (Benoit), Iris Lancaster (Marie), Eddie Parker (Mountie Ryan). *John Wayne* auf der Suche nach einem in den kanadischen Wäldern ver-

schollenen Mädchen und als Verteidiger einer Goldmine.
Länge 55 Minuten. *Uraufführung* 27.5.1934.

RANDY RIDES ALONE

Produktion Monogram (Paul Malvern). *Regie* Harry Fraser. *Buch* Lindsley Parsons. *Kamera* Archie Stout.
Darsteller JOHN WAYNE (Randy Bowers), Alberta Vaughn (Sally Rogers), George Hayes (Matt the Mute), Yakima Canutt (Spike), Earl Dwire (Sheriff), Arthur Ortega (Schurke), Tex Phelps (Hilfssheriff).
John Wayne wieder als fälschlich des Raubmordes Beschuldigter, der aus dem Gefängnis befreit wird, damit er den Schuldigen stellen kann.
Länge 53 Minuten. *Uraufführung* 5.6.1934.

THE STAR PACKER

Produktion Monogram (Paul Malvern). *Regie* Robert N. Bradbury. *Buch* Robert N. Bradbury. *Kamera* Archie Stout. *Schnitt* Carl Pierson.
Darsteller JOHN WAYNE (John Travers), Verna Hillie (Anita), George Hayes (Matlock al. The Shadow), Yakima Canutt (Yak), Earl Dwire (Mason), George Cleveland (Pete), Arthur Ortega (Hilfssheriff), Davie Aldrich (Junge), Ed Parker (Parker), Tom Lingham (Sheriff), Tex Palmer (Kutscher).
John Wayne als Sheriff einer von Banditen terrorisierten Stadt, der mit diesen aufräumt und deren Anführer entlarvt.
Länge 54 Minuten. *Uraufführung* 30.7.1934.

LAWLESS FRONTIER

Produktion Monogram (Paul Malvern). *Regie* Robert N. Bradbury. *Buch* Robert N. Bradbury. *Kamera* Archic Stout. *Schnitt* Charles Hunt.
Darsteller JOHN WAYNE (John Tobin), Sheila Terry (Ruby), George Hayes (Dusty), Earl Dwire (Zanti), Yakima Canutt (Joe), Jack Rockwell (Sheriff), Gordon D. Woods (Miller).
John Wayne als Rächer seiner von einem mexikanischen Banditen ermordeten Eltern.
Länge 54 Minuten. *Uraufführung* 22.11.1934.

'NEATH ARIZONA SKIES

Produktion Monogram (Paul Malvern). *Regie* Harry Fraser. *Buch* B. R. Tuttle. *Kamera* Archie Stout. *Schnitt* Carl Pierson.
Darsteller JOHN WAYNE (Chris Morrell), Sheila Terry (Clara Moore), Jay Wilsey (Jim Moore), George Hayes (Matt Downing), Yakima Canutt (Sam Black), Jack Rockwell (Vic Byrd), Shirley Ricketts (Nina), Phil Keefer (Hodges), Frank Hall Crane (Expreß-Agent).
John Wayne als Vormund eines Halbblutmädchens, der Erbin erdölreichen Landes, auf der Suche nach deren verschwundenem Vater.
Länge 52 Minuten. *Uraufführung* 5.12.1934.

1935

TEXAS TERROR

Produktion Monogram (Paul Malvern). *Regie* Robert N. Bradbury.
Buch Robert N. Bradbury. *Kamera* Archie Stout. *Schnitt* Carl Pierson.
Darsteller JOHN WAYNE (John Higgins), Lucille Brown (Beth Matthews), LeRoy Mason (Joe Dickson), George Hayes (Sheriff Williams),
Buffalo Bill jr. (Blackie), Bert Dillard (Red), Lloyd Ingraham (Dan).
John Wayne als Gesetzeshüter einer Kleinstadt, der wegen des vermeintlichen Verschuldens des Todes eines Farmers den Sheriffstern ablegt.
Länge 58 Minuten. *Uraufführung* 1.2.1935.

RAINBOW VALLEY

Produktion Monogram (Paul Malvern). *Regie* Robert N. Bradbury.
Buch Lindsley Parsons. *Kamera* William Hyer. *Schnitt* Carl Pierson.
Darsteller JOHN WAYNE (John Martin), Lucille Brown (Eleanor), LeRoy Mason (Rogers), George Hayes (George Hale), Buffalo Bill jr.
(Galt), Bert Dillard (Spike), Lafe McKee (Kaufmann), Lloyd Ingraham
(Powell), Frank Ellis, Art Dillard, Frank Ball.
John Wayne als Geheimbeauftragter der Regierung, der Sheriff von
Rainbow Valley wird, um mit den Banditen, die den Straßenbau durchs
Gebirge sabotieren, aufzuräumen.
Länge 52 Minuten. *Uraufführung* 15.3.1935.

DESERT TRAIL

Produktion Monogram. *Regie* Collin Lewis (nach anderen Quellen: Cullen Lewis bzw. Lewis Collins). *Buch* Lindsley Parsons. *Kamera* Archie
Stout. *Schnitt* Carl Pierson.
Darsteller JOHN WAYNE (John Scott), Mary Kornman (Anne), Paul Fix
(Jim), Edward Chandler (Kansas Charlie), Al Ferguson (Peter), Lafe
McKee (Sheriff Barker), Henry Hall (Bankier), Carmen LaRoux (Juanita).
John Wayne als Rodeo-Star, der im Verdacht steht, einen Überfall begangen zu haben, und den wahren Schuldigen stellt.
Länge 54 Minuten. *Uraufführung* 22.4.1935.

THE DAWN RIDER

Produktion Monogram (Paul Malvern). *Regie* Robert N. Bradbury.
Buch Robert N. Bradbury (nach einer Story von Lloyd Nosler). *Kamera*
Archie Stout. *Schnitt* Carl Pierson.
Darsteller JOHN WAYNE (John Mason), Marion Burns (Alice Gordon),
Yakima Canutt (Barkeeper), Reed Howes (Ben McClure), Denny Meadows (Rudd Gordon).

Sauber und smart: John Wayne als Held der Prärie in ›Stagecoach/Ringo‹, 1939.

John Wayne als Cowboy auf der Suche nach dem Mörder seines Vaters, den er in dem Bruder seiner Freundin wiedererkennt.
Länge 56 Minuten. *Uraufführung* 20.6.1935.

PARADISE CANYON
Produktion Monogram (Paul Malvern). *Regie* Carl Pierson. *Buch* Linds-

ley Parsons, Robert Emmett. *Kamera* Archie Stout. *Schnitt* Gerald Roberts.

Darsteller JOHN WAYNE (John Wyatt), Marion Burns (Linda Carter), Earle Hodgins (Doc Carter), Yakima Canutt (Curly Joe Gale), Reed Howes (Trigger), Perry Murdock (Ike), Gordon Clifford (Mike), Gino Corrado (Captain der Rurales), Tex Palmer.

John Wayne als Geheimagent der US-Regierung im Kampf gegen Schmuggler zwischen Amerika und Mexiko.

Länge 52 Minuten. *Uraufführung* 20.7.1935.

WESTWARD HO!
Deutscher Titel **Westwärts!**

Produktion Republic (Paul Malvern). *Regie* Robert N. Bradbury. *Buch* Lindsley Parsons, Robert Emmett, Harry Friedman. *Kamera* Archie Stout. *Schnitt* Carl Pierson.

Darsteller JOHN WAYNE (John Wyatt), Sheila Mannors (Mary Gordon), Yakima Canutt (Red), Frank McGlynn jr. (Jim Wyatt), Jack Curtis (Ballard), Dickie Jones, Hank Bell.

John Wayne als Anführer der »Singing Riders«, die gegen Banditen, die Johns Eltern ermordet haben, kämpfen.

Länge 60 bzw. 50 Minuten. *Uraufführung* 19.8.1935.

NEW FRONTIER
Deutscher Titel **Flammende Grenze**

Produktion Republic (Paul Malvern). *Regie* Carl Pierson. *Buch* Robert Emmett. *Kamera* Gus Peterson. *Schnitt* Gerald Roberts.

Darsteller JOHN WAYNE (John Dawson), Muriel Evans (Hanna Lewis), Murdock MacQuarrie (Tom Lewis), Warner Richmond (Ace Holmes), Glenn Strange (Norton), Alan Cavan (Pfarrer), Al Bridge (Kit), Sam Flint (Milt Dawson), Mary McLaren.

John Wayne als Anführer eines Siedlertrecks und Sheriff der neugegründeten Stadt.

Länge 59 bzw. 52 Minuten. *Uraufführung* 5.10.1935.

LAWLESS RANGE
Produktion Republic (Paul Malvern). *Regie* Robert N. Bradbury. *Buch* Lindsley Parsons. *Kamera* Archie Stout. *Schnitt* Carl Pierson.

Darsteller JOHN WAYNE (John Middleton), Sheila Mannors (Anne), Earl Dwire (Emmett), Frank McGlynn jr. (Carter), Yakima Canutt (Burns), Jack Curtis (Marshal), Wally Howe (Mason).

John Wayne als Helfer verschuldeter Rancher im Kampf gegen Grundstücksspekulanten.

Länge 59 Minuten. *Uraufführung* 4.11.1935.

THE OREGON TRAIL

Produktion Republic (Paul Malvern). *Regie* Scott Pembroke. *Buch* Jack Natteford, Robert Emmett, Lindsley Parsons. *Kamera* Gus Peterson. *Schnitt* Carl Pierson.

Darsteller JOHN WAYNE (Captain John Delmont), Ann Rutherford (Anne Ridgley), Joe Girard (Colonel Delmont), Yakima Canutt (Tom Richards), Ben Hendricks (Major Harris), Gino Corrado (Forrenza), Frank Rice (Red), E. H. Calvert (Jim Ridgley), Harry Harvey (Tim), Fern Emmett (Minnie), Jack Rutherford (Benton), Marian Farrell (Sis), Roland Ray (Markey).

John Wayne als beurlaubter Captain der US-Army, der die Entführer eines Trecks und Mörder seines Vaters verfolgt.

Länge 59 Minuten. *Uraufführung* 18.1.1936.

THE LAWLESS NINETIES

Produktion Republic (Paul Malvern). *Regie* Joe Kane. *Buch* Joseph Poland (nach einer Story von Joseph Poland und Scott Pembroke). *Kamera* William Nobles.

Darsteller JOHN WAYNE (John Tipton), Ann Rutherford (Janet Carter), Harry Woods (Plummer), George Hayes (Major Carter), Al Bridge (Steele), Lane Chandler (Bridger), Snowflake (Mose), Hattie McDaniel (Mandy Lou), Cliff Lyons (Davis), Tom Brower (Marshal), Charles King (Hartley).

John Wayne als Untersuchungsbeauftragter der Regierung, der zur Überwachung der Volksabstimmung über den Anschluß von Wyoming an die USA entsandt wird.

Länge 55 Minuten. *Uraufführung* 15.2.1936.

KING OF THE PECOS
Deutscher Titel **Der König vom Pecos**

Produktion Republic (Paul Malvern). *Regie* Joe Kane. *Buch* Dorrell & Stuart McGowan, Bernard McConville. *Kamera* Jack Marta. *Schnitt* Joseph H. Lewis.

Darsteller JOHN WAYNE (John Clayborn), Muriel Evans (Belle), Cy Kendall (Stiles), Jack Clifford (Ash), Mary McLaren (Mrs. Clayborn), Yakima Canutt (Smith), Frank Glendon (Brewster), Herbert Heywood (Josh), Arthur Aylsworth (Hank), John Beak (Clayborn sen.), Bradley Metcalfe jr. (John als Kind).

John Wayne als Rechtsanwalt, der einem Großrancher das einst ergaunerte Land durch das Gesetzbuch und die Waffe wieder abnimmt.

Länge 54 bzw. 50 Minuten. *Uraufführung* 9.3.1936.

THE LONELY TRAIL
Deutscher Titel **Wie vom Winde verweht**
Produktion Republic (Paul Malvern). *Regie* Joe Kane. *Buch* Jack Natteford, Bernard McConville. *Kamera* William Nobles. *Schnitt* Lester Orlebeck.
Darsteller JOHN WAYNE (John Ashley), Ann Rutherford (Virginia), Cy Kendall (Holden), Raymond Hatton (Jed), Yakima Canutt (Horrell), Hattie McDaniel (Mammy), Lloyd Ingraham (Tucker), Bob Kortman (Hays), Denny Meadows, später Dennis Moore (Terry), Snowflake (Snowflake), Sam Flint (Gouverneur), Bob Burns (Rancher).
John Wayne als Kriegsheimkehrer, der bei der Texas-Polizei anmustert, um die schurkischen Umtriebe des Militärgouverneurs aufzudecken.
Länge 56 bzw. 50 Minuten. *Uraufführung* 25.5.1936.

WINDS OF THE WASTELAND
Produktion Republic (Paul Malvern, Nat Levine). *Regie* Mack V. Wright. *Buch* Joseph Poland. *Kamera* William Nobles.
Darsteller JOHN WAYNE (John Blair), Phyllis Fraser (Barbara Forsythe), Douglas Cosgrove (Cal Drake), Yakima Canutt (Smoky), Lane Chandler (Larry), Sam Flint (Dr. Forsythe), Bob Kortman (Cherokee Joe), Lew Kelly (Rocky), Joe Yrigoyen (Pike), Jack Rockwell, W. M. McCormick, Ed Cassidy, Charles Loreker, Jack Ingram.
John Wayne als ehemaliger Pony-Express-Kurier, der eine wertlose Postkutschenlinie zu einer Geisterstadt kauft, der Stadt aber wieder zu neuer Blüte verhilft.
Länge 57 Minuten. *Uraufführung* 6.7.1936.

THE SEA SPOILERS
Produktion Universal (Trem Carr). *Regie* Frank Strayer. *Buch* George Waggner (nach einer Story von Dorell & Stuart McGowan). *Kamera* Archie Stout. *Musik* Herman S. Heller. *Schnitt* H. T. Fritch, Ray Lockhart.
Darsteller JOHN WAYNE (Bob Randall), Nan Grey (Connie Dawson), William Bakewell (Lieutenant Mays), Fuzzy Knight (Hogan), Russell Hicks (Phil Morgan), George Irving (Commander Mays), Cy Kendall (Detektiv), Lotus Long (Marie).
John Wayne als Kommandant eines Küstenwachkutters, der Pelzschmugglern das Handwerk legt.
Länge 63 Minuten. *Uraufführung* 12.7.1936.

CONFLICT
Produktion Universal (Trem Carr, Paul Malvern). *Regie* David Howard. *Buch* Charles Logue, Walter Weems (nach »The Abysmal Brute« von Jack London). *Kamera* Archie Stout. *Musik* Herman S. Heller. *Schnitt* Jack Ogilvie.

Darsteller JOHN WAYNE (Pat), Jean Rogers (Maude), Tommy Bupp (Tommy), Eddie Borden (Spider), Ward Bond (Carrigan), Frank Sheridan (Sam), Margaret Mann (Ma Blake), Harry Woods (Kelly), Bryant Washburn (Redakteur), Frank Hagney (Malone).

John Wayne als auf die schiefe Bahn geratener Preisboxer, der von einer Reporterin bekehrt wird.

Länge 60 Minuten. *Uraufführung* 29.11.1936.

1937

CALIFORNIA STRAIGHT AHEAD

Produktion Universal (Trem Carr, Paul Malvern). *Regie* Arthur Lubin. *Buch* Scott Darling (nach einer Story von Herman Boxer). *Kamera* Harry Neumann. *Musik* Charles Previn. *Production Design* E. R. Hickson. *Schnitt* Charles Craft, Erma Horseley.

Darsteller JOHN WAYNE (Biff Smith), Louise Latimer (Mary Porter), Robert McWade (Corrigan), Tully Marshall, Theodore von Eltz, LeRoy Mason.

John Wayne als Manager einer Trucker-Gesellschaft, die ein Wettrennen gegen die Eisenbahn gewinnt.

Länge 67 Minuten. *Uraufführung* 2.5.1937.

I COVER THE WAR

Produktion Universal (Trem Carr, Paul Malvern). *Regie* Arthur Lubin. *Buch* George Waggner (nach einer Story von Bernard McConville). *Kamera* Harry Neumann. *Production Design* E. R. Hickson. *Schnitt* Charles Craft.

Darsteller JOHN WAYNE (Bob Adams), Gwen Gaze (Pamela), Don Barclay (Elmer Davis), Pat Somerset (Archie), Sam Harris (Colonel Armitage), Charles Brokaw (El Kadar), James Bush (Don Adams), Arthur Aylsworth (Logan), Earl Hodgins (Blake), Jack Mack (Graham), Franklyn Parker (Parker), Frank Lackteen.

John Wayne als Kameramann einer Wochenschaugesellschaft in Nordafrika.

Länge 68 Minuten. *Uraufführung* 4.7.1937.

IDOL OF THE CROWDS

Produktion Universal (Trem Carr, Paul Malvern). *Regie* Arthur Lubin. *Buch* George Waggner, Harold Buckley. *Kamera* Harry Neumann. *Production Design* Charles Clague. *Schnitt* Charles Craft.

Darsteller JOHN WAYNE (Johnny Hanson), Sheila Bromley (Helen Dale), Charles Brokaw (Jack Irwin), Huntley Gordon (Harvey Castle), Russell Hopton (Kelly), Billy Burrud (Bobby), Jane Johns (Peggy),

Frank Otto (Joe Garber), Virginia Brissac (Mrs. Dale), Clem Bevans (Andy Moore), Wayne Castle (Swiffy), George Lloyd (Spike Reagan), Hal Neiman (Squat Bates), Lloyd Ford (Hank), Lee Ford (Elmer).
John Wayne als Spieler einer Hockeymannschaft und im Kampf gegen Wettbetrüger, die ihn bestechen wollen.
Länge 60 Minuten. *Uraufführung* 10.10.1937.

ADVENTURES END

Produktion Universal (Trem Carr, Paul Malvern). *Regie* Arthur Lubin. *Buch* Ben Grauman Kohn, Scott Darling, Sid Sutherland (nach einer Story von Ben Ames Williams). *Kamera* Gus Peterson. *Schnitt* Charles Craft.
Darsteller JOHN WAYNE (Duke Slade), Diana Gibson (Janet Drew), Montagu Love (Captain Drew), Moroni Olsen (Rand Husk), Maurice Black (Blackie), George Cleveland, Ben Carter.
John Wayne als Perlentaucher in der Südsee, der auf einem amerikanischen Walfänger eine Meuterei niederschlägt.
Länge 60 Minuten. *Uraufführung* 5.12.1937.

BORN TO THE WEST
Weiterer US-Titel HELL TOWN
Produktion Paramount. *Regie* Charles T. Barton. *Buch* Stuart Anthony, Robert Yost (nach dem gleichnamigen Roman von Zane Grey). *Kamera* J. D. Jennings. *Schnitt* John Link.
Darsteller JOHN WAYNE (Dare Rudd), Marsha Hunt (Judith Worstall), Johnny Mack Brown (Tom Fillmore), Monte Blue (Bart Hammond), Lucien Littlefield, James Craig.
John Wayne als Cowboy, der unter größten Strapazen einen Viehtreck zu leiten hat.
Länge 59 Minuten. *Uraufführung* 10.12.1937.

1938

PALS OF THE SADDLE
Deutscher Titel **Freunde im Sattel**
Produktion Republic (William Berke). *Regie* George Sherman. *Buch* Betty Burbridge, Stanley Roberts (nach den »Three Mesquiteers«-Erzählungen von William Colt MacDonald). *Kamera* Reggie Lanning. *Musik* Cy Feuer. *Schnitt* Tony Martinelli.
Darsteller JOHN WAYNE (Stony Brooke), Ray Corrigan (Tucson Smith), Max Terhune (Lullaby Joslin), Doreen McKay (Ann), Joseph Forte (Richter Hastings), Frank Milan (Frank Paige), George Douglas (Paul

Hartman), Ted Adams (Henry C. Gordon), Harry Depp (Portier), Jack Kirk (Sheriff).
John Wayne als einer der drei Mesquiteers hilft einer amerikanischen Geheimagentin, ausländischen Agenten und Schmugglern das Handwerk zu legen.
Länge 55 bzw. 25 Minuten. *Uraufführung* 15.9.1938.

OVERLAND STAGE RAIDERS
Produktion Republic (William Berke). *Regie* George Sherman. *Buch* Luci Ward, Bernard McConville, Edmond Kelso (nach den »Three Mesquiteers«-Erzählungen von William Colt MacDonald). *Kamera* William Nobles. *Schnitt* Tony Martinelli.
Darsteller JOHN WAYNE (Stony Brooke), Ray Corrigan (Tucson Smith), Max Terhune (Lullaby Joslin), Louise Brooks (Beth Hoyt), Anthony Marsh (Ned Hoyt), Ralph Bowman (Bob Whitney), Gordon Hart (Mullins), Frank LaRue (Milton), Henry Otho (Sheriff), Roy James (Harmon), Olin Francis (Jake), Fern Emmett (Ma Hawkins), George Sherwood (Clanton), Archie Hall (Waddell).
John Wayne als Teilhaber eines privaten Flugunternehmens, der sich mit der Entführung einer der Maschinen konfrontiert sieht.
Länge 55 Minuten. *Uraufführung* 28.9.1938.

SANTA FE STAMPEDE
Deutscher Titel **Aufstand in Santa Fé**
Produktion Republic (William Berke). *Regie* George Sherman. *Buch* Luci Ward, Betty Burbridge (nach den »Three Mesquiteers«-Erzählungen von William Colt MacDonald). *Kamera* Reggie Lanning. *Musik* William Lava. *Schnitt* Tony Martinelli.
Darsteller JOHN WAYNE (Stony Brooke), Ray Corrigan (Tucson Smith), Max Terhune (Lullaby Joslin), William Farnum (Dave Carson), June Martel (Nancy Carson), LeRoy Mason (Gil Byron), Tom London (Marshal), Dick Rush (Sheriff), Martin Spellman (Billy Carson), Ferris Taylor (Richter).
John Wayne als Helfer eines Goldgräbers, dem man sein Land abgaunern will.
Länge 56 Minuten. *Uraufführung* 8.12.1938.

RED RIVER RANGE
Produktion Republic (William Berke). *Regie* George Sherman. *Buch* Luci Ward, Betty Burbridge, Stanley Roberts (nach den »Three Mesquiteers«-Erzählungen von William Colt MacDonald). *Kamera* Jack Marta. *Musik* William Lava. *Schnitt* Tony Martinelli.
Darsteller JOHN WAYNE (Stony Brooke), Ray Corrigan (Tucson Smith),

Max Terhune (Lullaby Joslin), Polly Moran (Mrs. Maxwell), Lorna Gray (Jane Mason), Kirby Grant (Tex Reilly), Stanley Blystone (Randall), Sammy McKim (Tommy), William Royle (Payne), Perry Ivins (Hartley), Lenore Bushman (Evelyn Maxwell), Burr Caruth (Pop Mason), Roger Williams (Sheriff).
John Wayne als Beauftragter des Gouverneurs im Kampf gegen Viehdiebe.
Länge 56 Minuten. *Uraufführung* 22.12.1938.

1939

STAGECOACH
Deutscher Titel **Ringo** *auch* **Höllenfahrt nach Santa Fé**
Produktion United Artists (Walter Wanger). *Regie* John Ford. *Buch* Dudley Nichols (nach »Stage to Lordsburg« von Ernest Haycox). *Kamera* Bert Glennon, Ray Binger. *Musik* Richard Hageman, W. Franke Harling, Leo Shuken, Louis Gruenberg, John Leipold. *Musikalische Leitung* Boris Moross. *Production Design* Alexander Toluboff. *Schnitt* Dorothy Spencer, Otho Lovering, Walter Reynolds.
Darsteller JOHN WAYNE (Ringo Kid), Claire Trevor (Dallas), John Carradine (Hatfield), Thomas Mitchell (Dr. Boone), Andy Devine (Buck Rickabaugh), Donald Meek (Samuel Peacock), Louise Platt (Lucy Mallory), George Bancroft (Sheriff Wilcox), Berton Churchill (Henry Gatewood), Tim Holt (Lieutenant Blanchard), Tom Tyler (Luke Plummer), Chris Pin Martin (Chris), Francis Ford (Billy Pickett), Walter McGrail (Captain Sickels), Chief Big Tree (Indianerscout), Yakima Canutt (Kavalleriescout), Jack Pennick (Jerry), Harry Tenbrook (Telegraphist), Elvira Rios (Yakima), Marga Daighton (Mrs. Pickett), Cornelius Keefe (Captain Whitney), Kent Odell (Billy Pickett jr.), Brenda Fowler (Mrs. Gatewood), Louis Mason (Sheriff), Chief White Horse (Geronimo), Franklyn Farnum (Hilfssheriff), Florence Lake (Mrs. Whitney), Joseph Rickson (Ike Plummer), Vester Pegg (Hank Plummer), Paul McVey (Expreß-Agent).
John Wayne als entsprungener Häftling, der auf einer Postkutschenfahrt gegen Apachen kämpft und sich am Ende rehabilitiert.
Länge 97 Minuten. *Uraufführung* März 1939.

THE NIGHT RIDERS
Deutscher Titel **Reiter in der Nacht**
Produktion Republic (William Berke). *Regie* George Sherman. *Buch* Betty Burbridge, Stanley Roberts (nach den »Three Mesquiteers«-Erzählungen von William Colt MacDonald). *Kamera* Jack Marta. *Musik* William Lava. *Schnitt* Lester Orlebeck.

Nach zahlreichen Filmen in neun erfolglosen Jahren kam mit ›Stagecoach/ Ringo‹ der große Durchbruch. Im Bild: John Wayne und Claire Trevor.

Darsteller JOHN WAYNE (Stony Brooke), Ray Corrigan (Tucson Smith), Max Terhune (Lullaby Joslin), Doreen McKay (Soledad), Ruth Rogers (Susan Randall), Tom Tyler (Jackson), Kermit Maynard (Sheriff), George Douglas (Talbot al. Don Luis de Serrano), Sammy McKim (Tim), Walter Wills (Hazelton).

John Wayne im Kampf mit einem betrügerischen Großgrundbesitzer, der mit seiner Bande die Farmer der Gegend terrorisiert.
Länge 58 bzw. 50 Minuten. *Uraufführung* 12.4.1939.

THREE TEXAS STEERS
Produktion Republic (William Berke). *Regie* George Sherman. *Buch* Betty Burbridge, Stanley Roberts (nach den »Three Mesquiteers«-Erzählungen von William Colt MacDonald). *Kamera* Ernest Miller. *Musik* William Lava. *Schnitt* Tony Martinelli.
Darsteller JOHN WAYNE (Stony Brooke), Ray Corrigan (Tucson Smith), Max Terhune (Lullaby Joslin), Carole Landis (Nancy Evans), Ralph Graves (George Ward), Ted Adams (Steve), Stanley Blystone (Rankin), Roscoe Ates (Sheriff), Colette Lyons (Lillian), Billy Curtis (Hercules), David Sharpe (Tony).
John Wayne als Helfer einer Zirkuserbin gegen Verbrecher.
Länge 57 Minuten. *Uraufführung* 19.6.1939.

WYOMING OUTLAW
Deutscher Titel **Der Bandit von Wyoming**
Produktion Republic (William Berke). *Regie* George Sherman. *Buch* Jack Natteford, Betty Burbridge (nach den »Three Mesquiteers«-Erzählungen von William Colt MacDonald). *Kamera* Reggie Lanning. *Musik* William Lava. *Schnitt* Tony Martinelli.
Darsteller JOHN WAYNE (Stony Brooke), Ray Corrigan (Tucson Smith), Raymond Hatton (Rusty Joslin), Don »Red« Barry (Will Parker), Adele Pearce, später Pamela Blake (Irene Parker), LeRoy Mason (Balsinger), Charles Middleton (Luke Parker), Elmo Lincoln (Marshal), Jack Ingram (Sheriff), Katherine Kenworthy (Mrs. Parker), Yakima Canutt.
John Wayne als Helfer der arbeitslosen Landbevölkerung, die von korrupten Politikern ausgebeutet wird.
Länge 57 bzw. 52 Minuten. *Uraufführung* 27.6.1939.

NEW FRONTIER
Produktion Republic (William Berke). *Regie* George Sherman. *Buch* Luci Ward, Betty Burbridge (nach den »Three Mesquiteers«-Erzählungen von William Colt MacDonald). *Kamera* Reggie Lanning. *Musik* William Lava. *Schnitt* Tony Martinelli.
Darsteller JOHN WAYNE (Stony Brooke), Ray Corrigan (Tucson Smith), Raymond Hatton (Rusty Joslin), Phyllis Isley, später Jennifer Jones (Celia), Eddy Waller (Major Broderick), Sammy McKim (Stevie), LeRoy Mason (Gilbert), Harrison Greene (Anwalt), Reginald Barlow (Richter Lawson), Jack Ingram (Harmon), Dave O'Brien.
John Wayne als wackerer Cowboy, der den Einwohnern einer von der Wasserversorgung abgeschnittenen Stadt hilft, eine Wasser-Pipeline

durchzusetzen.
Länge 57 Minuten. *Uraufführung* 10.8.1939.

ALLEGHENY UPRISING
Deutscher Titel **Black River**
Produktion RKO (P. J. Wolfson). *Regie* William A. Seiter. *Buch* P. J.
Wolfson (nach »The First Rebel« von Neil H. Swanson). *Kamera* Nicholas Musuraca. *Musik* Anthony Collins. *Production Design* van Nest Polglase, Albert S. d'Agostino. *Schnitt* George Crone.
Darsteller JOHN WAYNE (Jim Smith), Claire Trevor (Janie McDougle),
George Sanders (Captain Swanson), Brian Donlevy (Callendar), Wilfrid
Lawson (McDougle), Robert Barrat (Duncan), Moroni Olsen (Tom
Calhoon), Eddie Quillan (Will Anderson), Chill Wills (M'Cammon),
John F. Hamilton (Professor), Ian Wolfe (Poole), Wallis Clark (Sergeant McGlashan), Monte Montague (Morris).
John Wayne als Siedler der britischen Kolonie Pennsylvania, der sich mit
seinen Leuten gegen einen die Indianer versorgenden Waffenhändler erhebt.
Länge 81 Minuten. *Uraufführung* 10.11.1939.

1940

DARK COMMAND
Deutscher Titel **Schwarzes Kommando**
Produktion Republic (Sol C. Siegel). *Regie* Raoul Walsh. *Buch* F. Hugh
Herbert, Grover Jones, Lionel Houser, Jan Fortune (nach dem gleichnamigen Roman von W. R. Burnett). *Kamera* Jack Marta. *Musik* Victor
Young. *Production Design* John Victor Mackay. *Schnitt* Murray Seldeen, William Morgan. *Second Unit-Regie* Yakima Canutt, Cliff Lyons.
Darsteller JOHN WAYNE (Bob Seton), Claire Trevor (Mary McCloud),
Walter Pidgeon (William Cantrell), Roy Rogers (Fletch McCloud),
George Hayes (Doc Grunch), Porter Hall (Angus McCloud), Marjorie
Main (Elizabeth Adams), Raymond Walburn (Richter Buckner), Joe
Sawyer (Bushropp), Yakima Canutt, J. Farrell MacDonald, Trevor Bardette, Hal Taliaferro.
John Wayne als frischgebackener Marshal, der seinen Gegenkandidaten
und dessen Terrorbande unschädlich macht.
Länge 94 Minuten. *Uraufführung* 15.4.1940.

THREE FACES WEST
Weiterer US-Titel **THE REFUGEE**
Produktion Republic (Sol C. Siegel). *Regie* Bernard Vorhaus. *Buch*

F. Hugh Herbert, Samuel Ornitz, Joseph Moncure March, Doris Anderson. *Kamera* John Alton. *Musik* Victor Young. *Production Design* John Victor Mackay. *Schnitt* Murray Seldeen, William Morgan.

Darsteller JOHN WAYNE (John Phillips), Charles Coburn (Dr. Braun), Sigrid Gurie (Leni Braun), Spencer Charters (Dr. »Nunk« Atterbury), Roland Varno (Dr. Erich von Scherer), Trevor Bardette (Clem Higgins), Wade Boteler (Harris), Russell Simpson (Pfarrer), Charles Waldon (Dr. Thorpe), Helen MacKellar (Mrs. Welles), Sonny Bupp (Billy Welles), Wendell Niles (Radiosprecher), Dewey Robinson (Barkeeper).

John Wayne als Dakota-Farmer, der einem vor den Nazis geflohenen österreichischen Arzt und dessen Tochter in der neuen Heimat hilft.

Länge 79 Minuten. *Uraufführung* 12.7.1940.

THE LONG VOYAGE HOME

Deutscher Titel **Der lange Weg nach Cardiff**

Produktion United Artists (Walter Wanger). *Regie* John Ford. *Buch* Dudley Nichols (nach den Einaktern »The Moon of the Caribbes«, »In the Zone«, »Bound East for Cardiff« und »The Long Voyage Home« von

Eugene O'Neill). *Kamera* Gregg Toland. *Musik* Richard Hageman. *Production Design* James Basevi. *Schnitt* Sherman Todd.

Darsteller JOHN WAYNE (Ole Olsen), Thomas Mitchell (Aloysius Driscoll), Ian Hunter (Smitty), Barry Fitzgerald (Cocky), Wilfrid Lawson (Captain), Mildred Natwick (Freda), John Qualen (Axel Swanson), Ward Bond (Yank), Joe Sawyer (Davis), Arthur Shields (Donkeyman), J. M. Kerrigan (Limehouse Crimp), Jack Pennick (Johnny Bergman), Rafaela Ottiano (Eingeborene).

John Wayne als schwedischer Seemann auf einem englischen Frachter, der in seine Heimat zurück will.

Länge 105 Minuten. *Uraufführung* 8.10.1940.

SEVEN SINNERS

Deutscher Titel **Das Haus der sieben Sünden** *auch* **Sieben Sünder**

Produktion Universal (Joe Pasternak). *Regie* Tay Garnett. *Buch* John Meehan, Harry Tugend (nach einer Story von Ladislas Fodor und Laslo Vadnay). *Kamera* Rudolph Maté. *Musik* Hans J. Salter, Frank Skinner. *Lieder* Frank Loesser, Friedrich Holländer. *Musikalische Leitung* Charles Previn. *Production Design* Martin Obzina, Jack Otterson. *Schnitt* Ted J. Kent. *Kostüme* Irene, Vera West. *Ton* Bernard B. Brown.

Darsteller Marlene Dietrich (Bijou), JOHN WAYNE (Lieutenant Bruce Whitney), Albert Dekker (Dr. Martin), Broderick Crawford (Little Ned), Anna Lee (Dorothy Henderson), Misha Auer (Sasha), Billy Gilbert (Tony), Samuel S. Hinds (Gouverneur), Oscar Homolka (Antro),

Reginald Denny (Captain Church), Richard Carle (Distriktsoffizier), Vince Barnett (Barkeeper), Herbert Rawlinson (Erster Maat), James Craig (Fähnrich), William Bakewell (Fähnrich), Antonio Moreno (Rubio), Russell Hicks (erster Gouverneur), William B. Davidson (Polizeichef), Willie Fung (Händler).
John Wayne als US-Leutnant, der wegen einer Tingeltangelsängerin den Marinedienst quittieren will.
Länge 85 Minuten. *Uraufführung* 25.10.1940.

MELODY RANCH
Produktion Republic. *Regie* Joseph Santley. *Darsteller* Gene Autry, Ann Miller, Jimmy Durante, George Hayes, JOHN WAYNE.
John Wayne soll »just for fun« die Ausführung eines Stunts übernommen haben.
Länge 84 Minuten. *Uraufführung* 4.11.1940.

1941

A MAN BETRAYED
Produktion Republic (Armand Schaefer). *Regie* John H. Auer. *Buch* Tom Kilpatrick, Isabel Dawn (nach einer Story von Jack Moffitt). *Kamera* Jack Marta. *Musik* Cy Feuer. *Production Design* John Victor Mackay. *Schnitt* Murray Seldeen, Charles Craft.
Darsteller JOHN WAYNE (Lynn Hollister), Frances Dee (Sabra Cameron), Edward Ellis (Tom Cameron), Wallace Ford (Casey), Ward Bond (Floyd), Harold Huber (Morris Slade), Alexander Granach (T. Amato), Pierre Watkin (Gouverneur), Barnett Parker (George), Ed Stanley (Staatsanwalt), Tim Ryan (Wilson), Ferris Taylor (Bürgermeister).
John Wayne als Rechtsanwalt, der die üblen Machenschaften eines Politikers und einen Mord im Nachtclubmilieu aufzuklären hat.
Länge 80 Minuten. *Uraufführung* 7.3.1941.

LADY FROM LOUISIANA
Produktion Republic (Bernard Vorhaus). *Regie* Bernard Vorhaus. *Buch* Vera Caspary, Guy Endore, Michael Hogan (nach einer Story von Edward James und Francis Faragoh). *Kamera* Jack Marta. *Musik* Cy Feuer. *Production Design* John Victor Mackay. *Schnitt* Murray Seldeen, Edward Mann.
Darsteller JOHN WAYNE (John Reynolds), Ona Munson (Julie Mirbeau), Henry Stephenson (General Mirbeau), Ray Middleton (Blackie Williams), Helen Westley (Mrs. Brunot), Jack Pennick (Cuffy), Dorothy Dandridge (Felice), Shimen Ruskin (Gaston), Jacqueline Dalya (Pearl), Paul Scardon (Richter Wilson), James H. McNamara (Senator Cassidy), James C. Morton (Littlefield), Maurice Costello (Edwards).

John Wayne als junger Anwalt, der gegen eine Glücksspielmafia zu kämpfen hat und sich ausgerechnet in die Tochter eines Lotteriebosses verliebt.
Länge 82 Minuten. *Uraufführung* 22.4.1941.

THE SHEPHERD OF THE HILLS
Produktion Paramount (Jack Moss). *Regie* Henry Hathaway. *Buch* Stuart Anthony, Grover Jones (nach dem gleichnamigen Roman von Harold Bell Wright). *Kamera* (Technicolor) Charles Lang, W. Howard Greene. *Musik* Gerard Carbonara. *Production Design* Hans Dreier, Roland Anderson. *Schnitt* Ellsworth Hoagland.
Darsteller JOHN WAYNE (Matt Matthews), Harry Carey sen. (Daniel Howitt), Betty Field (Sammy Lane), Beulah Bondi (Tante Mollie), James Barton (Old Matt), Marjorie Main (Großmutter Becky), Samuel S. Hinds (Andy Beeler), John Qualen (Coot Royal), Marc Lawrence (Pete), Tom Fadden (Jim Lane), Ward Bond (Wash Gibbs), Olin Howland (Corky), Fuzzy Knight (Mr. Palestrom), Fern Emmett (Mrs. Palestrom), Dorothy Adams (Elvy Royal), John Harmon (Charles), Carl Knowles (Steuereintreiber).
John Wayne als Matt Matthews auf der Suche nach seinem Vater, welcher seine Mutter sitzenließ.
Länge 98 Minuten. *Uraufführung* 18.7.1941.

1942

LADY FOR A NIGHT
Produktion Republic (Albert J. Cohen). *Regie* Leigh Jason. *Buch* Isabel Dawn, Boyce de Gaw (nach einer Story von Garrett Ford). *Kamera* Norbert Brodine. *Musik* David Buttolph. *Production Design* John Victor Mackay. *Schnitt* Murray Seldeen, Ernest Sims.
Darsteller JOHN WAYNE (Jack Morgan), Joan Blondell (Jenny Blake), Ray Middleton (Alan Alderson), Philip Merivale (Stephen Alderson), Blanche Yurka (Julia Alderson), Edith Barrett (Katherine Alderson), Leonid Kinskey (Boris), Montagu Love (Richter), Carmel Myers (Frau des Bürgermeisters), Hattie Noel (Chloe), Dorothy Burgess (Flo), Guy Usher (Gouverneur), Ivan Miller (Bürgermeister), Patricia Knox (Mabel), Lew Payton (Napoleon), Marilyn Hare (Mary Lou).
John Wayne als Glücksspieler auf einem Mississippi-Dampfer, dessen Freundin in die bessere Gesellschaft einheiraten will.
Länge 87 Minuten. *Uraufführung* 5.1.1942.

REAP THE WILD WIND
Deutscher Titel **Piraten im Karibischen Meer**
Produktion Paramount (Cecil B. DeMille). *Regie* Cecil B. DeMille.
Buch Charles Bennett, Jesse Lasky jr., Alan LeMay, Jeanie MacPherson
(nach einer Erzählung von Thelma Strabel). *Kamera* (Technicolor) Victor Milner, William V. Skall. *Musik* Victor Young. *Production Design*
Hans Dreier, Roland Anderson. *Schnitt* Anne Bauchens. *Second Unit-Regie* Arthur Rosson. *Special effects* Gordon Jennings, Farciot Edouart,
W. L. Pereira, Dewey Wrigley. *Farbberatung* Natalie Kalmus.

Darsteller Ray Milland (Stephen Tolliver), JOHN WAYNE (Jack Stuart),
Paulette Goddard (Loxi Claiborne), Raymond Massey (King Cutler),
Robert Preston (Dan Cutler), Susan Hayward (Drusilla Alston), Lynne
Overman (Captain Philpott), Walter Hampden (Commodore Devereaux), Louise Beavers (Maum Maria), Elizabeth Risdon (Mrs. Claiborne), Janet Beecher (Mrs. Mottram), Hedda Hopper (Henrietta Beresford), Martha O'Driscoll (Ivy Devereaux), Victor Kilian (Nathias
Widgeon), Charles Bickford (Kapitän der »Tyfio«), Victor Varconi
(Lubbock), J. Farrell MacDonald (Kapitän), Lane Chandler (Maat
Sam), Raymond Hatton (Schiffbauer), Oscar Polk (»Salt Meat«), Ben
Carter (Chinkapin), William Davis (»The Lamb«), Lou Merrill (Kapitän
der »Pelican«), Frank M. Thomas (Dr. Jepson), Keith Richards (Captain Carruthers), Harry Woods (Mace), Barbara Britton, Julia Faye,
Milburn Stone, Frank Ferguson, Ameda Lambert, Dave Wengren, Byron Foulger, d'Arcy Miller.
John Wayne als Kapitän in der Karibik, der im Wettkampf um eine Frau
sogar das Schiff seines Rivalen versenken läßt, im Moment der größten
Gefahr sich aber für diesen opfert.
Länge 124 Minuten. *Uraufführung* 19.3.1942.

THE SPOILERS
Deutscher Titel **Stahlharte Fäuste** *auch* **Die Freibeuterin**
Produktion Universal/Charles K. Feldman Group (Frank Lloyd). *Regie*
Ray Enright. *Buch* Tom Reed, Lawrence Hazard (nach dem gleichnamigen Roman von Rex Beach). *Kamera* Milton Krasner. *Musik* Hans J.
Salter. *Musikalische Leitung* Charles Previn. *Production Design* Jack Otterson, John B. Goodman. *Schnitt* Clarence Kolster. *Kostüme* Vera
West. *Bauten* Russell A. Gausman, Edward R. Robinson. *Ton* Bernard
B. Brown.
Darsteller Marlene Dietrich (Cherry Malotte), JOHN WAYNE (Roy Glennister), Randolph Scott (Alexander McNamara), Margaret Lindsay
(Helen Chester), Harry Carey sen. (Dextry), Richard Barthelmess
(Broncho Kid Farrell), William Farnum (Wheaton), Marietta Canty

(Loabelle), Russell Simpson (Flapjack Sims), George Cleveland (Banty), Samuel S. Hinds (Richter Stillman), Robert W. Service (in persona), Irving Bacon (Hotelbesitzer), Chester Clute (Montrose), Harry Woods (Minenbesitzer), Charles Halton (Jonathan Struve), William Gould (Thompson), Charles McMurphy, William Haade, Art Miles (Hilfssheriffs), Willie Fung (Chinese), Lloyd Ingraham (Kelly), Robert McKenzie (Restaurateur), Jack Norton (Skinner), Robert Homans (Kapitän), Bud Osborne (Marshall), Ray Bennett (Mark).

John Wayne als Goldgräber in Alaska, den man seiner Mine berauben will.

Länge 84 Minuten. *Uraufführung* 8.5.1942.

REUNION IN FRANCE

Produktion M-G-M (Joseph L. Mankiewicz). *Regie* Jules Dassin. *Buch* Marc Connelly, Jan Lustig, Charles Hoffman, Marvin Borowsky (nach einer Story von Ladislas Bus-Fekete). *Kamera* Robert Plank. *Musik* Franz Waxman. *Production Design* Cedric Gibbons. *Schnitt* Elmo Vernon.

Darsteller Joan Crawford (Michèle de la Becque), JOHN WAYNE (Pat Talbot), Philip Dorn al. Frits van Dongen (Robert Cortot), Reginald Owen (Schultz), Albert Bassermann (General Hugo Schröder), John Carradine (Ulrich Windler), Ann Ayars (Juliette), J. Edward Bromberg (Durand), Moroni Olsen (Paul Grebeau), Henry Daniell (Emile Fleuron), Howard da Silva (Anton Stregel), Morris Ankrum (Martin), Charles Arnt (Honoré), Edith Evanson (Geneviève), Ernest Dorian (Captain), Margaret Laurence (Clothilde).

John Wayne als aus einem deutschen Lager entflohener RAF-Pilot 1940 in Paris, der in das unbesetzte Frankreich gelangen will.

Länge 104 Minuten. *Uraufführung* 24.5.1942.

IN OLD CALIFORNIA
Deutscher Titel **Der Draufgänger von Boston**

Produktion Republic (Robert North). *Regie* William McGann. *Buch* Gertrude Purcell, Frances Hyland (nach einer Story von Gladys Atwater und J. Robert Bren). *Kamera* Jack Marta. *Musik* David Buttolph. *Production Design* Russell Kimball. *Schnitt* Murray Seldeen, Howard O'Neill.

Darsteller JOHN WAYNE (Tom Craig), Binnie Barnes (Lacey Miller), Albert Dekker (Britt Dawson), Helen Parrish (Ellen Sanford), Patsy Kelly (Helga), Edgar Kennedy (Kegs McKeever), Dick Purcell (Joe Dawson), Harry Shannon (Mr. Carlin), Charles Halton (Mr. Hayes), Emmett Lynn (Whitney), Bob McKenzie (Mr. Bates), Milt Kibbee (Mr. Tompkins), Paul Sutton (Chick), Anne O'Neal (Mrs. Tompkins).

In ›In Old California/Der Draufgänger von Boston‹, 1942, spielt John Wayne den Apotheker Tom Craig – eine Rolle, die er seinem 1938 verstorbenen Vater widmete, der Apotheker war.

John Wayne als Apotheker, der den ausgebeuteten Siedlern Kaliforniens im Kampf um ihr Recht beisteht.
Länge 88 Minuten. *Uraufführung* 31.5.1942.

FLYING TIGERS
Deutscher Titel **Unternehmen Tigersprung**
Produktion Republic (Edmund Grainger). *Regie* David Miller. *Buch* Kenneth Gamet, Barry Trivers. *Kamera* Jack Marta. *Musik* Victor

Young. *Production Design* Russell Kimball. *Schnitt* Ernest Sims. *Special effects* Howard Lydecker.

Darsteller JOHN WAYNE (Jim Gordon), John Carroll (Woody Jason), Anna Lee (Brooke Elliott), Paul Kelly (Hap Davis), Gordon Jones (Alabama Smith), Mae Clarke (Verna Bales), Addison Richards (Colonel Lindsay), Edmund McDonald (Blackie Bales), Bill Shirley (Dale), Tom Neal (Reardon), Charles Lane (Flughafenbeamter), Richard Loo (Arzt), James Dodd (McIntosh), Gregg Barton (Tex Norton), John James (Selby), Chester Gan (Mike), David Bruce (Lieutenant Barton), Malcolm McTaggert (McCurdy), Tom Seidel (Barrat).

John Wayne als Geschwaderkommandant einer Freiwilligeneinheit der amerikanischen Luftwaffe, die noch vor Eintritt der USA in den 2. Weltkrieg auf Seiten Chinas gegen Japan kämpft.

Länge 100 Minuten. *Uraufführung* 8.10.1942.

PITTSBURGH

Produktion Charles K. Feldman Group/Universal (Robert Fellows). *Regie* Lewis Seiler. *Buch* Kenneth Gamet, John Twist, Tom Reed (nach einer Story von George Owen und Tom Reed). *Kamera* Robert de Grasse. *Musik* Frank Skinner, Hans J. Salter. *Production Design* John B. Goodman. *Schnitt* Paul Landres. *Musikalische Leitung* Charles Previn. *Bauten* Russell A. Gausman, Ira S. Webb. *Regieassistenz* Charles Gould. *Kostüme* Vera West. *Special effects* John P. Fulton.

Darsteller Marlene Dietrich (Josie »Hunky« Winters), JOHN WAYNE (Charles »Pitt« Markham), Randolph Scott (Cash Evans), Frank Craven (Doc Powers), Louise Allbritton (Shannon Prentiss), Ludwig Stössel (Dr. Grazlich), Thomas Gomez (Joe Malneck), Samuel S. Hinds (Morgan Prentiss), Paul Fix (Burnside), Nestor Paiva (Barney), Shemp Howard (Shorty), Sammy Stein (Killer Kane), John Dilson (Wilson), William Haade (Johnny), Charles Coleman (Butler), Harry Cording (Grubenarbeiter), Douglas Fowley (Frawley), William Gould (Burns), Harry Seymour (Theaterdirektor), Virginia Sale (Mrs. Bercovici), Wade Boteler (Grubenaufseher), Bess Flowers (Frau), Ray Walker (Reporter), Charles Arnt (Bauarbeiter), Mira McKinney (Tilda), Alphonse Martell (Carlos), Charles Sherlock (Chauffeur), Hobart Cavanaugh.

John Wayne als ehrgeiziger und rücksichtsloser Chef in der Kohle/Stahl-Industrie, der alles verliert, in sich geht und schließlich in der Rüstung seinen Beitrag für das Vaterland leistet.

Länge 91 Minuten. *Uraufführung* 11.12.1942.

1943

A LADY TAKES A CHANCE
Deutscher Titel **Der Wildwestkavalier**
Produktion RKO (Frank & Richard Ross). *Regie* William A. Seiter.
Buch Robert Ardrey, Garson Kanin (nach einer Story von Jo Swerling).
Kamera Frank Redman, Vernon Walker. *Musik* Roy Webb. *Musikalische Leitung* Constantin Bakaleinikoff. *Production Design* Albert S.
d'Agostino, Alfred Herman. *Bauten* Darrell Silvera. *Schnitt* Theron
Warth.
Darsteller Jean Arthur (Molly Truesdale), JOHN WAYNE (Duke Hudkins), Charles Winninger (Waco), Phil Silvers (Smiley Lambert), Mary
Field (Florrie Bendix), John Philliber (Kaufmann), Grady Sutton (Malcolm), Grant Withers (Bob), Hans Conreid (Gregg), Peggy Carroll (Jitterbug), Tom Fadden (Mullen), Nena Quartaro (Carmencita), Ed Waller (Busangestellter), Don Costello (Betrunkener), Ariel Heath (Flossie), Sugar Geise (Linda Belle), Joan Blair (Lilly).
John Wayne als Rodeoreiter, der sich auf einer Busreise in eine abenteuerlustige New Yorker Bankangestellte verliebt.
Länge 86 Minuten. *Uraufführung* 19.8.1943.

IN OLD OKLAHOMA
Weiterer US-Titel **WAR OF THE WILDCATS**
Deutscher Titel **Die Hölle von Oklahoma**
Produktion Republic (Robert North). *Regie* Albert S. Rogell. *Buch*
Ethel Hill, Eleanore Griffin (nach »War of the Wildcats« von Thomas
Burtis). *Kamera* Jack Marta. *Musik* Walter Scharf. *Production Design*
Russell Kimball. *Schnitt* Ernest Sims.
Darsteller JOHN WAYNE (Dan Somers), Martha Scott (Catherine Allen),
Albert Dekker (Jim »Hunk« Gardner), George Hayes (Desprit Dean),
Marjorie Rambeau (Bessie Baxter), Grant Withers (Richardson), Sidney Blackmer (Teddy Roosevelt), Paul Fix (Cherokee Kid), Irving Bacon (Ben), Dale Evans (Cuddles Walker), Cecil Cunningham (Mrs.
Ames), Byron Foulger (Wilkins), Anne O'Neal (Mrs. Peabody), LeRoy
Mason, Richard Graham, Emmett Vogan.
John Wayne als Cowboy und Indianerfreund, der auf Indianerland nach
Erdöl bohren darf.
Länge 102 Minuten. *Uraufführung* 6.12.1943.

1944

THE FIGHTING SEABEES

Deutscher Titel **Alarm im Pazifik**

Produktion Republic (Albert J. Cohen). *Regie* Edward Ludwig. *Buch* Borden Chase, Aeneas MacKenzie. *Kamera* William Bradford. *Musik* Walter Scharf. *Production Design* Duncan Cramer. *Schnitt* Richard van Enger. *Second Unit-Regie* Howard Lydecker.

Darsteller JOHN WAYNE (Wedge Donovan), Dennis O'Keefe (Lieutenant Commander Robert Yarrow), Susan Hayward (Constance Chesly), William Frawley (Eddie Powers), Leonid Kinskey (Johnny Novasky), J. M. Kerrigan (Sawyer Collins), Grant Withers (Whanger Spreckles), Paul Fix (Ding Jacobs), Addison Richards (Captain Joyce), Duncan Renaldo (Juan), Hal Taliaferro (Seabee), Ben Welden (Yump Lunkin), William Forrest (Lieutenant Kerrick), Jay Norris (Joe Brick), Tom London (Johnson), Crane Whitley (Offizier), Chief Thundercloud, Roy Barcroft.

John Wayne als Bauingenieur, der während des Zweiten Weltkriegs einen Bautrupp im Pazifik leitet.

Länge 100 bzw. 85 Minuten. *Uraufführung* 10.3.1944.

TALL IN THE SADDLE

Deutscher Titel **Mit Büchse und Lasso** *auch* **Der Fremde aus Arizona** *auch* **In Arizona ist die Hölle los.**

Produktion RKO (Robert Fellows, JOHN WAYNE). *Regie* Edwin L. Marin. *Buch* Paul Fix, Michael Hogan (nach dem gleichnamigen Roman von Gordon Ray Young). *Kamera* Robert de Grasse. *Musik* Roy Webb. *Musikalische Leitung* Constantin Bakaleinikoff. *Production Design* Albert S. d'Agostino, Ralph Berger. *Bauten* Darrell Silvera. *Schnitt* Philip Martin jr.

Darsteller JOHN WAYNE (Rocklin), Ella Raines (Arly Harolday), Ward Bond (»Judge« Garvey), Audrey Long (Clara Cardell), George Hayes (Dave), Elizabeth Risdon (Miss Martin), Russell Wade (Clint Harolday), Frank Puglia (Tala), Raymond Hatton (Zeke), Paul Fix (Bob Clews), Harry Woods (George Clews), Cy Kendall (Cap), Russell Simpson (Pat), Don Douglas (Mr. Harolday), Emory Parnell (Sheriff Jackson).

John Wayne wird als Vormann bei einer Ranch angestellt und erweist sich als ihr rechtmäßiger Erbe.

Länge 87 Minuten. *Uraufführung* 29.9.1944.

1945

FLAME OF THE BARBARY COAST
Deutscher Titel **San Francisco-Lilly**
Produktion Republic (Joe Kane). *Regie* Joe Kane. *Buch* Borden Chase
(nach einer Story von Prescott Chaplin). *Kamera* Robert de Grasse. *Musik* Morton Scott. *Production Design* Gano Chittenden. *Schnitt* Richard
L. van Enger. *Special effects* Howard und Theodore Lydecker.
Darsteller JOHN WAYNE (Duke Fergus), Ann Dvorak (Flaxen Tarry),
Joseph Schildkraut (Tito Morell), William Frawley (Wolf Wylie), Virginia Grey (Rita Dane), Russell Hicks (Cyrus Danver), Paul Fix (Calico
Jim), Adele Mara (Marie), Marc Lawrence (Joe Disko), Jack Norton
(Byline Conners), Manart Kippen (Dr. Gorman), Eve Lynne (Martha),
Butterfly McQueen (Beulah), Rex Lease (Collingswood).
John Wayne als Rancher, der in San Francisco sein ganzes Geld verspielt,
zu guter Letzt aber doch die Frau seines Herzens heimführen kann.
Länge 91 Minuten. *Uraufführung* 28.5.1945.

BACK TO BATAAN
Deutscher Titel **Stahlgewitter** *auch* **Zwei schlagen zurück**
Produktion RKO (Robert Fellows). *Regie* Edward Dmytryk. *Buch* Ben
Barzman, Richard H. Landau (nach einer Story von Aeneas MacKenzie
und William Gordon). *Kamera* Nicholas Musuraca. *Musik* Roy Webb.
Production Design Albert S. d'Agostino, Ralph Berger. *Schnitt* Marston
Fay.
Darsteller JOHN WAYNE (Colonel Joseph Madden), Anthony Quinn
(Captain Andres Bonifacio), Beulah Bondi (Bertha Barnes), Richard
Loo (Major Hasko), Philip Ahn (Colonel Kuroki), Abner Biberman (japanischer Offizier), Paul Fix (Jackson), Vladimir Sokoloff (B. J. Bello),
Fely Franquelli (Dalisay Delgado), Lawrence Tierney (Lieutenant Commander Waite), Leonard Strong (General Homma), »Ducky« Louie
(Maximo Cuenca).
John Wayne als amerikanischer Infanterie-Colonel, der nach Rückzug
der US-Armee von den Philippinen eine Guerillatruppe zusammenstellt
und gegen die Japaner weiterkämpft.
Länge 95 Minuten. *Uraufführung* 31.5.1945.

THEY WERE EXPENDABLE
Deutscher Titel **Schnellboote vor Bataan** *auch* **Ein verlorener Haufen**
Produktion M-G-M (John Ford, Cliff Reid). *Regie* John Ford. *Buch*
Frank Wead (nach dem gleichnamigen Buch von William L. White). *Kamera* Joseph H. August. *Musik* Herbert Stothart. *Production Design*
Cedric Gibbons, Malcolm Brown. *Schnitt* Frank E. Hull, Douglas Biggs.
Second Unit-Regie James C. Havens.

Anthony Quinn und John Wayne in ›Back to Bataan/Stahlgewitter‹, 1945. Ein für Wayne atypischer Film: Ob ihrer linken Tendenzen fielen Regisseur Edward Dymytryk und Drehbuchautor Ben Barzman später der McCarthy-Kampagne zum Opfer.

Darsteller Robert Montgomery (Lieutenant John Brickley), JOHN WAYNE (Lieutenant Rusty Ryan), Donna Reed (Lieutenant Sandy Davyss), Jack Holt (General Martin), Ward Bond (Boats »Irish« Mulcahey), Marshal Thompson (»Snake« Gardner), Leon Ames (Major James Morton), Donald Curtis (Lieutenant »Shorty« Long), Paul Langton (Andy Andrews), Arthur Walsh (Matrose Jones).
John Wayne als Lieutenant der US-Marine, der den Japanern auf den Philippinen einen erbitterten Seekrieg liefert.
Länge 136 bzw. 107 Minuten. *Uraufführung* 20.12.1945.

DAKOTA
Deutscher Titel **Liebe in der Wildnis** *auch* **Cowboy-Liebe**
Produktion Republic (Joe Kane). *Regie* Joe Kane. *Buch* Howard Esta-

brook, Lawrence Hazard (nach einer Story von Carl Foreman). *Kamera* Jack Marta. *Musik* Walter Scharf. *Production Design* Russell Kimball, Gano Chittenden. *Schnitt* Fred Allen. *Second Unit-Regie* Yakima Canutt.

Darsteller JOHN WAYNE (John Devlin), Vera Ralston (Sandy Poli), Walter Brennan (Kapitän Bounce), Ward Bond (Jim Bender), Hugo Haas (Marco Poli), Mike Mazurki (Bigtree Collins), Ona Munson (Jersey Thomas), Paul Fix (Carp), Robert Livingston (Lieutenant), Grant Withers (Slagin), Pierre Watkin (Wexton Geary), Olive Blakeney (Mrs. Stowe), Nicodemus Stewart (Nicodemus), Cliff Lyons, Jack LaRue, Fred Graham.

John Wayne als Cowboy in Dakota, der den Farmern hilft, sich gegen einen skrupellosen Grundstücksspekulanten zu erheben.

Länge 82 Minuten. *Uraufführung* 25.12.1945.

1946

WITHOUT RESERVATIONS
Produktion RKO (Jesse L. Lasky). *Regie* Mervyn LeRoy. *Buch* Andrew Solt (nach »Thanks, God! I'll Take It from Here« von Jane Allen und Mae Livingston). *Kamera* Milton Krasner. *Musik* Roy Webb. *Production Design* Albert S. d'Agostino, Ralph Berger. *Schnitt* Jack Ruggiero.

Darsteller Claudette Colbert (Kit Madden), JOHN WAYNE (Rusty Thomas), Don DeFore (Dink Watson), Anne Triola (Connie Callaghan), Frank Puglia (Ortega), Thurston Hall (Henry Baldwin), Ian Wolfe (Gibbs), Raymond Burr (Paul Gill), Cy Kendall (Anwalt), Cary Grant, Jack Benny, Louella Parsons (als sie selbst), Phil Brown (Soldat), Dona Drake (Dolores), Fernando Alvarado (mexikanischer Junge), Charles Williams (Louis Burt), Charles Evans (Philip Jerome), Frank Wilcox (Jack), William Benedict (Bote), Harry Hayden (Randall), Sam McDaniel (Gepäckträger), Dolores Moran, Marvin Miller, Robert »Bob« Anderson, Will Wright, Esther Howard, Minerva Urecal, Griff Barnett.

John Wayne als Marineflieger, der auf einer Bahnfahrt nach Hollywood eine inkognito reisende Bestsellerautorin kennenlernt, die ihn als Hauptdarsteller ihres Films gewinnen will.

Länge 107 Minuten. *Uraufführung* 13.5.1946.

1947

ANGEL AND THE BADMAN
Deutscher Titel **Der schwarze Reiter**
Produktion Republic (JOHN WAYNE). *Regie* James Edward Grant. *Buch* James Edward Grant. *Kamera* Archie Stout. *Musik* Richard Hageman.

Musikalische Leitung Cy Feuer. *Production Design* Ernst Fegte. *Schnitt* Harry Keller. *Second Unit-Regie* Yakima Canutt.

Darsteller JOHN WAYNE (Quirt Evans), Gail Russell (Penelope Worth), Harry Carey sen. (Marshal McClintock), Bruce Cabot (Laredo Stevens), Irene Rich (Mrs. Worth), Lee Dixon (Randy McCall), Paul Hurst (Frederick Carson), Olin Howlin (Bradley), Marshal Reed (Nelson), Hank Worden (Bürger), Stephen Grant (Johnny Worth), Tom Powers (Dr. Mangrum), John Halloran (Thomas Worth), Joan Barton (Lila Neal), Craig Woods (Ward Withers), Pat Flaherty (Baker).

John Wayne als Revolverheld, der das Schießen aufgeben und eine Quäkerin heiraten will, von seiner Vergangenheit aber eingeholt wird.

Länge 100 Minuten. *Uraufführung* 15.2.1947.

TYCOON

Deutscher Titel **Tycoon**

Produktion RKO (Stephen Ames). *Regie* Richard Wallace. *Buch* Borden Chase, John Twist (nach dem gleichnamigen Roman von C. E. Scoggins). *Kamera* (Technicolor) Harry J. Wild, W. Howard Greene. *Musik* Leigh Harline. *Production Design* Albert S. d'Agostino, Carroll Clark. *Schnitt* Frank Doyle. *Special effects* Vernon L. Walker.

Darsteller JOHN WAYNE (Johnny Munroe), Laraine Day (Maura Alexander), Sir Cedric Hardwicke (Frederick Alexander), Dame Judith Anderson (Miss Braithwhaite), Anthony Quinn (Ricky Vegas), Grant Withers (Fog Harris), Paul Fix (Joe), Fernando Alvarado (Chico), Harry Woods (Holden), Charles Trowbridge (Tobar), Michael Harvey (Curly Massinger), Martin Garralaga (Chavez).

John Wayne als Eisenbahningenieur, der in Südamerika eine Bahnlinie durch die Anden baut.

Länge 128 Minuten. *Uraufführung* 27.12.1947.

1948

FORT APACHE

Deutscher Titel **Bis zum letzten Mann** *auch* **Kampf um das Apachenfort**

Produktion Argosy (John Ford, Merian C. Cooper). *Regie* John Ford. *Buch* Frank S. Nugent (nach »Massacre« von James Warner Bellah). *Kamera* Archie Stout. *Musik* Richard Hageman. *Production Design* James Basevi. *Schnitt* Jack Murray. *Second Unit-Regie* Cliff Lyons.

Darsteller JOHN WAYNE (Captain Kirby York), Henry Fonda (Lieutenant Colonel Owen Thursday), Shirley Temple (Philadelphia Thursday), Pedro Armendariz (Sergeant Beaufort), John Agar (Lieutenant Michael O'Rourke), Ward Bond (Sergeant Major O'Rourke), Irene Rich (Mrs. O'Rourke), George O'Brien (Captain Sam Collingwood),

John Wayne als altgedienter Offizier, für den die Armee zu einem proble-
matischen Zuhause geworden ist. Links: Partner Henry Fonda in ›Fort
Apache/Bis zum letzten Mann‹, 1948. Regie: John Ford.

Anna Lee (Mrs. Collingwood), Victor McLaglen (Sergeant Mulcahy),
Dick Foran (Sergeant Quincannon), Jack Pennick (Sergeant Shattuck),
Guy Kibbee (Dr. Wilkens), Grant Withers (Silas Meacham), Miguel In-
clan (Cochise), Mae Marsh (Mrs. Gates), Movita Castenada (Guadalu-
pe), Francis Ford (Wache), Frank Ferguson (Reporter), Hank Worden
(Hick), Mickey Simpson (Offizier), Ray Hyke (Rekrut), Mary Gordon
(Ma), Archie Twitchell, William Forrest (Reporter), Cliff Clark (Kut-
scher), Fred Graham, Philip Keiffer (Kavalleristen).
John Wayne als altgedienter Kavallerie-Captain, der in seinem Fort
einen karrieresüchtigen Colonel vor die Nase gesetzt bekommt.
Länge 127 Minuten. *Uraufführung* 9.3.1948.

RED RIVER
Deutscher Titel **Red River** *auch* **Panik am roten Fluß**
Produktion Monterey/United Artists (Howard Hawks). *Regie* Howard
Hawks. *Buch* Borden Chase, Charles Schnee (nach »The Chisholm

Erstmals unter der Regie von Howard Hawks in dem zum Westernklassiker gewordenen ›Red River‹, 1948: John Wayne (als rachsüchtiger Viehbaron Tom Drunson) wird von Joanne Dru (als Tess Millay) beschwichtigt.

Trail« bzw. »The Blazing Guns on the Chisholm Trail« von Borden Chase). *Kamera* Russell Harlan. *Musik* Dimitri Tiomkin. *Production Design* John Datu Arensma. *Schnitt* Christian Nyby. *Second Unit-Regie* Arthur Rosson.

Darsteller JOHN WAYNE (Tom Dunson), Montgomery Clift (Matthew Garth), Joanne Dru (Tess Millay), Walter Brennan (Nadine Groot), Coleen Gray (Fen), Harry Carey sen. (Melville), John Ireland (Cherry Valance), Noah Beery jr. (Buster McGee), Harry Carey jr. (Dan Latimer), Paul Fix (Teeler Yacey), Hank Worden (Sims), Chief Yowlatchie, Mikkey Kuhn.

John Wayne als hartherziger Rancher, der während eines großen Viehtrecks mit seinem Adoptivsohn in argen Konflikt gerät.

Länge 125 Minuten. *Uraufführung* 17.9.1948.

THREE GODFATHERS
Deutscher Titel **Spuren im Sand**
Produktion Argosy/M-G-M (John Ford, Merian C. Cooper). *Regie* John Ford. *Buch* Frank S. Nugent, Laurence Stallings (nach der gleichnamigen Erzählung von Peter B. Kyne). *Kamera* (Technicolor) Winton C. Hoch, Charles B. Boyle. *Musik* Richard Hageman. *Production Design* James Basevi. *Schnitt* Jack Murray. *Kostüme* Ann Peck. *Farbberatung* Natalie Kalmus.
Darsteller JOHN WAYNE (Robert Marmaduke Hightower), Pedro Armendariz (Pedro Roca Fuerte), Harry Carey jr. (William Kearney, »The Abilene Kid«), Ward Bond (Buck Sweet), Mildred Natwick (Mutter im Planwagen), Charles Halton (Mr. Latham), Jane Darwell (Miss Florie), Mae Marsh (Mrs. Sweet), Guy Kibbee, Hank Worden, Jack Pennick, Dorothy Ford, Ben Johnson, Michael Dugan, Don Summers, Fred Libby, Francis Ford.

Edel sei der Mensch, hilfreich und gut: In ›Three Godfathers/Spuren im Sand‹, 1949, wird der Bandit zum edlen Retter. Als Robert Marmaduke Hightower bewahrt John Wayne einen hilflosen Säugling unter Einsatz des eigenen Lebens vor dem Verdursten. Dem Film liegen biblische Motive zugrunde.

John Wayne als Bankräuber auf der Flucht, der mit seinen Kumpanen einem Baby das Leben rettet.
Länge 106 Minuten. *Uraufführung* 14.1.1949.

WAKE OF THE RED WITCH
Deutscher Titel **Im Banne der roten Hexe** *auch* **Das Geheimnis der roten Hexe**
Produktion Republic (Edmund Grainger). *Regie* Edward Ludwig. *Buch* Kenneth Gamet, Harry Brown (nach dem gleichnamigen Roman von Garland Roark). *Kamera* Reggie Lanning. *Musik* Nathan Scott. *Production Design* James Sullivan. *Schnitt* Richard L. van Enger.
Darsteller JOHN WAYNE (Captain Ralls), Gail Russell (Angelique Desaix), Gig Young (Sam Rosen), Adele Mara (Teleia van Schreeven), Luther Adler (Mayrant Ruysdaal Sidneye), Eduard Franz (van Schreeven), Grant Withers (Captain Wilde Youngeur), Henry Daniell (Jacques Desaix), Paul Fix (Antonio »Ripper« Arrezo), Dennis Hoey (Captain Munsey), Jeff Corey (Loring), Erskine Sanford (Dr. van Arken), Henry Brandon (Kurinua), Kahanamoku (Ua-Nuke).
John Wayne als amerikanischer Abenteurer, der in der Südsee in ehrgeizigem Kampf mit einem Konkurrenten um einen geheimnisumwitterten Perlenschatz liegt.
Länge 106 Minuten. *Uraufführung* 1.3.1949.

THE FIGHTING KENTUCKIAN
Deutscher Titel **In letzter Sekunde**
Produktion Republic (JOHN WAYNE). *Regie* George Waggner. *Buch* George Waggner. *Kamera* Lee Garmes. *Musik* George Antheil. *Production Design* James Sullivan. *Schnitt* Richard L. van Enger. *Special effects* Howard & Theodore Lydecker. *Kostüme* Adele Palmer.
Darsteller JOHN WAYNE (John Breen), Vera Ralston (Fleurette de Marchand), Philip Dorn al. Frits van Dongen (Colonel), Oliver Hardy (Willie Paine), Marie Windsor (Ann Logan), John Howard (Blake Randolph), Hugo Haas (General de Marchand), Grant Withers (George Hayden), Paul Fix (Beau Merritt), Mae Marsh (Schwester Hattie), Jack Pennick (Captain Carroll), Hank Worden (Ringkampfansager), Odette Myrtil (Mme. de Marchand), Mickey Simpson (Jacques), Fred Graham (Carter Ward), Mabelle Koenig (Marie), Cliff Lyons, Chuck Roberson (Kutscher), Charles Lane (Kapellmeister).
John Wayne als Offizier der Bürgermiliz »Kentucky Riflemen«, der den Mord an einem Landvermesser aufklärt und französischen Emigranten behilflich ist.
Länge 100 Minuten. *Uraufführung* 15.9.1949.

SHE WORE A YELLOW RIBBON

Deutscher Titel **Der Teufelshauptmann**

Produktion Argosy/RKO (John Ford, Merian C. Cooper). *Regie* John Ford. *Buch* Frank S. Nugent, Laurence Stallings (nach »The Big Hunt« und »War Party« von James Warner Bellah). *Kamera* (Technicolor) Winton C. Hoch, Charles Boyle. *Musik* Richard Hageman. *Production Design* James Basevi. *Schnitt* Jack Murray. *Second Unit-Regie* Cliff Lyons.

Darsteller JOHN WAYNE (Captain Nathan Brittles), Joanne Dru (Olivia Dandridge), John Agar (Lieutenant Flint Cohill), Ben Johnson (Sergeant Tyree), Harry Carey jr. (Lieutenant Ross Pennell), Victor McLaglen (Sergeant Quincannon), Mildred Natwick (Mrs. Allshard), George O'Brien (Major Allshard), Arthur Shields (Dr. O'Laughlin), Francis Ford (Barkeeper), Harry Woods (Karl Rynders), Noble Johnson (Red Short), Cliff Lyons (Trooper Cliff), Tom Tyler (Quayne), Michael Dugan (Hochbauer), Chief Big Tree (»Pony-That-Walks«), Jack Pennick (Sergeant Major), Fred Graham (Hench), Mickey Simpson (Wagner), Frank McGrath (Trompeter), Billy Jones (Kurier), Bill Goettinger (N.C.O.), Fred Kennedy (Badger), Rudy Bowman (John Smith).

John Wayne als alter Kavallerie-Captain, der noch kurz vor seiner Pensionierung einen Krieg mit Indianern verhindern kann.
Länge 103 Minuten. *Uraufführung* Oktober 1949.

SANDS OF IWO JIMA

Deutscher Titel **Todeskommando** *auch* **Du warst unser Kamerad** *auch* **Iwo Jima – die große Schlacht**

Produktion Republic (Edward Grainger). *Regie* Allan Dwan. *Buch* James Edward Grant, Harry Brown. *Kamera* Reggie Lanning. *Musik* Victor Young. *Production Design* James Sullivan. *Schnitt* Richard L. van Enger.

Darsteller JOHN WAYNE (Sergeant John Stryker), John Agar (Private First Class Peter Conway), Adele Mara (Allison Bromley), Forrest Tukker (Corporal Al Thomas), Wally Cassell (Private First Class Benny Ragazzi), James Brown (Private First Class Charlie Bass), Arthur Franz (Corporal Robert Dunne), Peter Coe (Private First Class Hellenopolis), Richard Jaeckel (Private First Class Frank Flynn), Richard Webb (Private First Class Dan Shipley), Julie Bishop (Mary), James Holden (Private First Class Soames), D. M. Shoup, H. P. Crowe, Harold G. Shrier.

John Wayne als kampferfahrener Sergeant der US-Marine, der mit seiner Einheit auf den Philippinen gegen die Japaner kämpft.
Länge 100 Minuten. *Uraufführung* 14.2.1949.

1950

RIO GRANDE
Deutscher Titel **Rio Grande**
Produktion Argosy/Republic (John Ford, Merian C. Cooper). *Regie*
John Ford. *Buch* James Kevin McGuinness (nach »Mission With No Re-
cord« von James Warner Bellah). *Kamera* Bert Glennon, Archie Stout.
Musik Victor Young. *Lieder* Stan Jones, Dale Evans, Tex Owens. *Pro-
duction Design* Frank Hotaling. *Schnitt* Jack Murray. *Second Unit-Regie*
Cliff Lyons. *Special effects* Howard & Theodore Lydecker. *Produktions-
leitung* Herbert J. Yates.
Darsteller JOHN WAYNE (Lieutenant Colonel Kirby Yorke), Maureen
O'Hara (Mrs. Kathleen Yorke), Ben Johnson (Kavallerist Tyree),
Claude Jarman jr. (Jeff Yorke), Harry Carey jr. (Daniel Boone), Chill
Wills (Dr. Wilkins), J. Carrol Naish (General Philip Sheridan), Victor
McLaglen (Sergeant Major Quincannon), Grant Withers (Marshal-
Stellvertreter), Peter Ortiz (Captain St. Jacques), Steve Pendleton (Cap-
tain Prescott), Alberto Morin (Lieutenant), Chuck Roberson (Offizier),
Karolyn Grimes (Margaret Mary), Stan Jones (Sergeant), Fred Kennedy
(Heinze), »The Sons of the Pioneers«, Jack Pennick, Cliff Lyons, Pat
Wayne.
John Wayne als alternder Befehlshaber einer Kavallerietruppe, die den
Grenzfluß nach Mexiko vor Indianern und Outlaws zu sichern hat.
Länge 105 Minuten. *Uraufführung* 15.11.1950.

1951

OPERATION PACIFIC
Deutscher Titel **Unternehmen Seeadler.**
Produktion Warner Brothers (Louis F. Edelman). *Regie* George Wagg-
ner. *Buch* George Waggner. *Kamera* Bert Glennon. *Musik* Max Steiner.
Production Design Leo K. Kuter. *Schnitt* Alan Crosland jr.
Darsteller JOHN WAYNE (Duke Gifford), Patricia Neal (Mary Stuart),
Ward Bond (»Pop« Perry), Scott Forbes (Larry), Philip Carey (Bob Per-
ry), Paul Picerni (Jonesy), Kathryn Givney (Commander Steele), Martin
Milner (Caldwell), Jack Pennick (»The Chief«), Virginia Brissac
(Schwester Anne), William Campbell (»The Talker«), Cliff Clark (Com-
subpac), Vincent Forte (Soundman), Lewis Martin (Geschwaderkom-
mandant), Jack Morton.
John Wayne als U-Boot-Kommandant im Pazifik des Zweiten Welt-
kriegs.
Länge 111 Minuten. *Uraufführung* 27.1.1951.

›Operation Pacific/Unternehmen Seeadler‹, 1951, ist einer von John Waynes zahlreichen Kriegsfilmen. Als Marineoffizier »Duke« Gifford bewährt sich Wayne als Retter von Zivilisten.

FLYING LEATHERNECKS
Deutscher Titel **Stählerne Schwingen** *auch* **Jagdgeschwader Wildkatze** *auch* **Guadalcanal – Entscheidung im Pazifik**
Produktion RKO (Edmund Grainger). *Regie* Nicholas Ray. *Buch* James Edward Grant (nach einer Story von Kenneth Gamet). *Kamera* (Technicolor) William E. Snyder. *Musik* Roy Webb. *Production Design* Albert S. d'Agostino, James W. Sullivan. *Schnitt* Sherman Todd.
Darsteller JOHN WAYNE (Major Dan Kirby), Robert Ryan (Captain Carl Griffin), Don Taylor (Lieutenant »Cowboy« Blithe), Jay C. Flippen (Master Sergeant Clancy), William Harrigan (Lieutenant Commander Curan), Carleton Young (Captain McAllister), James Dobson (Pudge McCabe), James Bell (Colonel), Barry Kelley (General), Maurice Jara (Shorty Vegas), Adam Williams (Lieutenant Malotke), Steve Flagg (Lieutenant Jorgensen), Brett King (Lieutenant Ernie Stark), Gordon Gebert (Tommy Kirby).
John Wayne als hartgesottener Marinekampfflieger-Kommandant im Zweiten Weltkrieg.
Länge 102 Minuten. *Uraufführung* 28.8.1951.

THE QUIET MAN
Deutscher Titel **Der Sieger** *auch* **Die Katze mit den roten Haaren**
Produktion Republic/Argosy (John Ford, Merian C. Cooper). *Regie*
John Ford. *Buch* Frank S. Nugent (nach »Green Rushes« von Maurice
Walsh). *Kamera* (Technicolor) Winton C. Hoch, Archie Stout. *Musik*
Victor Young. *Production Design* Frank Hotaling. *Schnitt* Jack Murray.
Second Unit-Regie JOHN WAYNE.
Darsteller Maureen O'Hara (Mary Kate Danaher), JOHN WAYNE (Sean
Thornton), Barry Fitzgerald (Michaeleen Flynn), Ward Bond (Pater Lo-
nergan), Victor McLaglen (Red Will Danaher), Mildred Natwick (Sarah
Tillane), Francis Ford (Don Tobin), Arthur Shields (Reverend Playfair),

*Robert Ryan als Captain Carl Griffin neben John Wayne in ›Flying
Leathernecks/Stählerne Schwingen‹, 1951.*

Sean McClory (Owen Glynn), Jack McGowran (Feeney), Ken Curtis (Dermot Fahy), Mae Marsh (Pater Pauls Mutter), Eileen Crowe (Mrs. Playfair), May Craig (Frau am Bahnhof), Charles Fitzsimmons (Forbes), James Lilburn (Pater Paul), Joseph O'Dea (Maloney), Eric Gorman (Costello), Patrick Wayne, Michael Wayne, Melinda Wayne, Antonia Wayne, Elizabeth Jones (Kinder).

John Wayne als amerikanischer Boxer, der sich in seinem irischen Heimatdorf ein Gut kauft und sich in die Schwester des mit ihm verfeindeten Nachbarn verliebt.

Länge 129 Minuten. *Uraufführung* August 1952.

BIG JIM McLAIN
Deutscher Titely **Marihuana**
Produktion Wayne-Fellows (JOHN WAYNE, Robert Fellows)/Warner Brothers. *Regie* Edward Ludwig. *Buch* James Edward Grant, Eric Taylor, Richard English. *Kamera* Archie Stout. *Musik* Emil Newman, Paul Dunlap, Arthur Lange. *Production Design* Alfred Ybarra. *Schnitt* Jack Murray. *Regieassistenz* Andrew V. McLaglen.
Darsteller JOHN WAYNE (Jim McLain), Nancy Olson (Nancy Vallon), James Arness (Mal Baxter), Alan Napier (Sturak), Veda Ann Borg (Magde), Hal Baylor (Poke), Hans Conreid (Robert Henried), John Hubbard (Lieutenant Commander Clint Grey), Paul Hurst (Lexiter), Gayne Whitman (Dr. Gelster), Robert Keys (Edwin White), Soo Yong (Mrs. Namaka), Dan Liu (Polizeichef).

John Wayne als Untersuchungsbeauftragter des Komitees für unamerikanische Umtriebe auf der Jagd nach einem kommunistischen Spionagering in Hawaii.

Länge 90 Minuten. *Uraufführung* 30.8.1952.

1953

TROUBLE ALONG THE WAY
Produktion Warner Brothers (Melville Shavelson). *Regie* Michael Curtiz. *Buch* Melville Shavelson, Jack Rose (nach einer Story von Douglas Morrow und Robert Hardy Andrews). *Kamera* Archie Stout. *Musik* Max Steiner. *Production Design* Leo K. Kuter. *Schnitt* Owen Marks. *Second Unit-Regie* David C. Gardner.
Darsteller JOHN WAYNE (Steve Aloysius Williams), Donna Reed (Alice Singleton), Charles Coburn (Pater Burke), Tom Tully (Pater Malone), Sherry Jackson (Carole Williams), Marie Windsor (Anne McCormick), Tom Helmore (Harold McCormick), Dabbs Greer (Pater Mahoney), Leif Erickson (Pater Provincial), Richard Garrick (Richter), Douglas Spencer (Bevollmächtigter), Lester Matthews (Kardinal O'Shea),

Chuck Connors (Stan Schwegler), Bill Radovich (Mosse McCall), Murray Alper (Busfahrer).

John Wayne als Trainer, der dem Footballteam eines kirchlichen Colleges hilft, das Gymnasium aus den finanziellen Schwierigkeiten herauszuspielen.

Länge 110 Minuten. *Uraufführung* 4.4.1953.

ISLAND IN THE SKY

Deutscher Titel **Das letzte Signal.**

Produktion Wayne-Fellows (JOHN WAYNE, Robert Fellows)/Warner Brothers. *Regie* William A. Wellman. *Buch* Ernest K. Gann. *Kamera* Archie Stout, William H. Clothier. *Musik* Emil Newman. *Production Design* James Basevi. *Schnitt* Ralph Dawson.

Darsteller JOHN WAYNE (Captain Dooley), Lloyd Nolan (Stutz), Walter Abel (Colonel Fuller), James Arness (McMullen), Andy Devine (Moon), Allyn Joslin (J. H. Handy), James Lydon (Navigator Murray), Harry Carey jr. (Hunt), Hal Baylor (Stankowski), Sean McClory (Frank Lovatt), Wally Cassell (d'Annunzia), Gordon Jones (Walrus), Paul Fix (Miller), Robert Keys (Major Ditson), Frank Fenton (Captain Turner), Bob Steele (Wilson).

John Wayne als im eisigen Labrador notgelandeter Armeetransporter-Pilot, der bis zum Eintreffen der Rettungsmannschaften mit seinen Leuten in der Wildnis ausharren muß.

Länge 109 Minuten. *Uraufführung* 5.9.1953.

HONDO

Deutscher Titel **Man nennt mich Hondo**

Produktion Wayne-Fellows (JOHN WAYNE, Robert Fellows)/Warner Brothers. *Regie* John Farrow. *Buch* James Edward Grant (nach »The Gift of Cochise« von Louis L'Amour). *Kamera* (Warnercolor, 3-D) Robert Burks, Archie Stout. *Musik* Emil Newman, Hugo Friedhofer. *Production Design* Alfred Ybarra. *Schnitt* Ralph Dawson. *Second Unit-Regie* Cliff Lyons, John Ford.

Darsteller JOHN WAYNE (Hondo Lane), Geraldine Page (Angie Lowe), Ward Bond (Buffalo), Michael Pate (Vittorio), James Arness (Lennie), Rodolfo Acosta (Silva), Leo Gordon (Ed Lowe), Tom Irish (Lieutenant McKay), Paul Fix (Major Sherry), Lee Aaker (Johnny Lowe), Rayford Barnes (Pete).

John Wayne als Army-Scout, der in die Gewalt von Apachen fällt, als er eine Frau und ihren kleinen Sohn beschützen will.

Länge 83 Minuten. *Uraufführung* 27.11.1953.

John Wayne, Geraldine Page, Tom Irish und Ward Bond in einer Szene aus ›Hondo/Man nennt mich Hondo‹, 1954.

1954

THE HIGH AND THE MIGHTY
Deutscher Titel **Es wird immer wieder Tag**
Produktion Wayne-Fellows (JOHN WAYNE, Robert Fellows)/Warner Brothers. *Regie* William A. Wellman. *Buch* Ernest K. Gann. *Kamera* (Cinemascope, Warnercolor) Archie Stout, William H. Clothier. *Musik* Dimitri Tiomkin. *Production Design* Alfred Ybarra. *Schnitt* Ralph Dawson. *Special effects* Robert Mattey.
Darsteller JOHN WAYNE (Dan Roman), Claire Trevor (May Holst), Laraine Day (Lydia Rice), Robert Stack (Sullivan), Jan Sterling (Sally McKee), Phil Harris (Ed Joesph), Robert Newton (Gustave Pardee), David Brian (Ken Childs), Sidney Blackmer (Humphrey Agnew), Julie

Bishop (Lillian Pardee), Pedro Gonzalez-Gonzalez (Gonzalez), Paul Kelly (Flaherty), John Howard (Howard Rice), Ann Doran (Mrs. Joseph), John Qualen (José Locota), Paul Fix (Frank Briscoe), George Chandler (Ben Sneed), Wally Brown (Lenny Wilby), William Campbell (Hobie Wheeler), Joy Kim (Dorothy Chen), Michael Wellman (Toby Field).

John Wayne als Co-Pilot eines Passagierflugzeuges, das auf dem Weg nach San Franzisko durch eine Explosion Feuer fängt.

Länge 147 Minuten. *Uraufführung* 3.7.1954.

1955

THE SEA CHASE
Deutscher Titel **Der Seefuchs**
Produktion Warner Brothers (John Farrow). *Regie* John Farrow. *Buch* James Warner Bellah, John Twist (nach dem gleichnamigen Roman von Andrew Geer). *Kamera* (Cinemascope, Warnercolor) William H. Clothier. *Musik* Roy Webb. *Production Design* Franz Bachelin. *Schnitt* William Ziegler.
Darsteller JOHN WAYNE (Kapitän Karl Ehrlich), Lana Turner (Elsa Keller), David Farrar (Commander Napier), Lyle Bettger (Kirchner), Tab Hunter (Kadett Wesser), James Arness (Schlieter), Richard Davalos (Kadett Stemme), John Qualen (Schmitt), Paul Fix (Max Heinz), Alan Hale jr. (Wentz), Peter Whitney (Bachmann), Claude Akins (Winkler), John Doucette (Bos'n), Lowell Gilmore (Captain Evans), Luis van Rooten (Matz), Wilton Graff (Hepke), Alan Lee (Brounck), Adam Williams (Krüger).
John Wayne als deutscher (!) Kapitän eines Blockadebrechers im Zweiten Weltkrieg.
Länge 117 Minuten. *Uraufführung* 4.6.1955.

BLOOD ALLEY
Deutscher Titel **Der gelbe Strom**
Produktion Batjac (JOHN WAYNE)/ Warner Brothers. *Regie* William A. Wellman. *Buch* A. S. Fleischman. *Kamera* (Cinemascope, Warnercolor) William H. Clothier. *Musik* Roy Webb. *Production Design* Alfred Ybarra. *Schnitt* Fred MacDowell. *Regieassistenz* Andrew V. McLaglen.
Darsteller JOHN WAYNE (Wilder), Lauren Bacall (Cathy Grainger), Paul Fix (Mr. Tso), Joy Kim (Susu), Mike Mazurki (Big Han), Barry Kroeger (Old Feng), Anita Ekberg (Wei Ling), Victor Sen Yung (Wang), W. T. Chang (Mr. Han), George Chan (Mr. Sing), Henry Nakamura (Ingenieur Tack), Walter Soohoo (Fengs 1. Neffe), Eddie Luke (Fengs 2. Neffe), Lowell Gilmore.

›Blood Alley/Der gelbe Strom‹, 1955, wurde von John Waynes eigener Firma Batjac produziert. Inhalt: Der ›Duke‹ (als Kapitän Wilder) zusammen mit Laureen Bacall (als Cathy Grainger) im Kampf gegen rotchinesische Truppen.

John Wayne als amerikanischer Kapitän, der die gefährliche Mission übernimmt, Rotchinesen nach Hongkong ins Exil zu bringen.
Länge 115 Minuten. *Uraufführung* 27.11.1955.

1956

THE CONQUEROR
Deutscher Titel **Der Eroberer**
Produktion RKO (Dick Powell, Richard Sokolove), *Regie* Dick Powell.
Buch Oscar Millard. *Kamera* (Cinemascope, Technicolor) Joseph La-Shelle, Leo Tover, Harry J. Wild, William Snyder. *Musik* Victor Young.
Production Design Albert S. d'Agostino, Carroll Clark. *Schnitt* Stuart Gilmore, Robert Ford, Kennie Marstella. *Second Unit-Regie* Cliff Lyons.
Darsteller JOHN WAYNE (Temujin), Susan Hayward (Bortai), Pedro Armendariz (Jamuga), Agnes Moorehead (Hunlun), Thomas Gomez (Wang Khan), John Hoyt (Schamane), William Conrad (Kasar), Ted DeCorsia (Kumlek), Lee van Cleef (Chepei), Peter Mamakos (Bogur-

*Anläßlich der deutschen Uraufführung von ›The Conqueror/Der Erobe-
rer‹ kam John Wayne 1956 nach Berlin. Der stellvertretende Bürgermeister Amrehn überreichte ›Hollywoods männlichstem Typen‹ einen Berli-
ner Bären aus Porzellan.*

chi), Leo Gordon (Tataren), Richard Loo (Hauptmann von Wangs Wache), Torben Meyer (Schreiber), Fred Graham (Subuya), Michael
Wayne, Norman Powell (mongolische Wachen), Leslie Bradley (Tar-
gutai), Ray Spiker (Wache), Sylvia Lewis (Tänzerin), Jarma Lewis, Pat
McMahon (Mädchen im Bad), George E. Stone (Sam), Phil Arnold

(John), Pat Lawler, Pat Tiernan (Wangs Frauen), John George (Tromm-
ler), Weaver Levy (Mongole), Michael Granger (1. Häuptling), Fred
Aldrich (2. Häuptling), Paul Hoffman (3. Häuptling), Lane Bradford (4.
Häuptling), Carl Vernell (Merkithauptmann), Gregg Barton (Jalair),
Ken Terrell (Sorgan), Jeanne Gerson (Hochin).
John Wayne als Mongolenführer im 12. Jahrhundert, der nach harten
Kämpfen und Greueltaten zum gefürchteten Dschingis Khan wird.
Länge 111 Minuten. *Uraufführung* 2.2.1956.

THE SEARCHERS
Deutscher Titel **Der schwarze Falke**
Produktion Warner Brothers (Merian C. Cooper, C. V. Whitney, Pa-
trick Ford). *Regie* John Ford. *Buch* Frank S. Nugent (nach »The Search«
von Alan LeMay). *Kamera* (Vistavision, Technicolor) Winton C. Hoch,
Alfred Gilks. *Musik* Max Steiner. *Lieder* Stan Jones (gesungen von den
Sons of The Pioneers). *Production Design* James Basevi, Frank Hota-
ling. *Schnitt* Jack Murray. *Special effects* George Brown.

Darsteller JOHN WAYNE (Ethan Edwards), Jeffrey Hunter (Martin Paw-
ley), Vera Miles (Laurie Jorgensen), Ward Bond (Captain Reverend Sa-
muel Johnson), Natalie Wood (Debbie Edwards), John Qualen (Lars
Jorgensen), Olive Carey (Mrs. Jorgensen), Henry Brandon (Häuptling
Scar), Ken Curtis (Charlie McCorry), Antonio Moreno (Emilio Figue-
roa), Harry Carey jr. (Brad Jorgensen), Hank Worden (Mose Harper),
Pippa Scott (Lucy Edwards), Pat Wayne (Lieutenant Greenhill), Jack
Pennick (Sergeant), Peter Mamakos (Futterman), Chuck Roberson
(Lawrence), Lana Wood (Debbie als Kind), Walter Coy (Aaron Ed-
wards), Beulah Archuletta (Look), Nacho Gliando (mexikanischer
Wirt), Robert Lyden (Ben).
John Wayne als Abenteurer, der sich den Texas Rangers auf der jahre-
langen Suche nach seiner von Comanchen entführten Nichte anschließt.
Länge 119 Minuten. *Uraufführung* 13.3.1956.

1957

THE WINGS OF EAGLES
Deutscher Titel **Dem Adler gleich**
Produktion Charles Schnee/M-G-M. *Regie* John Ford. *Buch* Frank Fen-
ton, William Wister Haines (nach der Autobiographie von Frank W.
Wead). *Kamera* (Metrocolor) Paul C. Vogel. *Musik* Jeff Alexander.
Production Design William A. Horning, Malcolm Brown. *Schnitt* Gene
Ruggiero. *Special effects* A. Arnold Gillespie, Warren Newcombe.
Darsteller JOHN WAYNE (Frank »Spig« Wead), Maureen O'Hara (Min
Wead), Dan Dailey (»Jughead« Carson), Ward Bond (John Dodge),

Ein Traumpaar des amerikanischen Films in den 50er Jahren: John Wayne und Maureen O'Hara. Hier in ›The Wings of Eagles/Dem Adler gleich‹, 1957

JET PILOT
Deutscher Titel **Düsenjäger**
Produktion Howard Hughes/RKO. *Regie* Josef von Sternberg. *Buch* Jules Furthman. *Kamera* (Scope, Technicolor) Winton C. Hoch. *Musik* Bronislav Kaper. *Production Design* Albert S. d'Agostino, Field Gray. *Schnitt* James Wilkinson, Michael R. McAdam, Harry Marker, William M. Moore.

›The Wings of Eagles/Dem Adler gleich‹, 1957 (Regie John Ford): John Wayne (mit Partner) in der Rolle des gelähmten Frank ›Spig‹ Wead.

Ken Curtis (John Dale Price), Kenneth Tobey (Captain Hazard), Edmund Lowe (Admiral Moffett), James Todd (Jack Travis), Barry Kelley (Captain Jock Clark), Henry O'Neill, Bill Henry, William Tracy.
John Wayne als ausgezeichneter Marineflieger, der, durch einen Unfall gelähmt, Drehbuchautor und im 2. Weltkrieg Marineberater wird.
Länge 110 Minuten. *Uraufführung* 22.2.1957.

Darsteller JOHN WAYNE (Colonel Shannon), Janet Leigh (Anna), Jay C. Flippen (Major General Black), Paul Fix (Major Rexford), Richard Rober (George Rivers), Roland Winters (Colonel Sokolov), Hans Conreid (Colonel Matoff), Ivan Triesault (General Langrad), Denver Pyle (Mr. Simpson), Joyce Compton (Mrs. Simpson), John Bishop (Major Sinclair), Perdita Chandler (Georgia Rexford), Bill Erwin.
John Wayne als US-Luftwaffen-Colonel, der sich in eine russische Asylwerberin verliebt und diese heiratet, und nachdem sich diese als Spionin herausstellt, nun seinerseits in der UdSSR für Amerika spioniert.
Länge 112 Minuten. *Uraufführung* Oktober 1957. (1950 gedreht)

LEGEND OF THE LOST
Deutscher Titel **Stadt der Verlorenen**
Produktion Batjac (JOHN WAYNE)/United Artists (Henry Hathaway, Robert Haggiag). *Regie* Henry Hathaway. *Buch* Robert Presnell jr., Ben Hecht. *Kamera* (Technirama, Technicolor) Jack Cardiff. *Musik* Angelo Francesco Lavagnino. *Production Design* Alfred Ybarra. *Schnitt* Bert Bates.
Darsteller JOHN WAYNE (Joe January), Sophia Loren (Dita), Rossano Brazzi (Paul Bonnard), Kurt Kasznar (Präfekt Ducas), Sonia Moser, Angela Portalupi (Mädchen), Ibrahim El Hadish (Galli-Galli).
John Wayne als amerikanischer Abenteurer, der sich in Timbuktu von einem Franzosen für die Suche nach dessen Vater als Führer durch die Wüste anheuern läßt.
Länge 109 Minuten. *Uraufführung* 17.12.1957.

1958

I MARRIED A WOMAN
Deutscher Titel **Rechts und links vom Ehebett**
Produktion RKO/Universal. *Regie* Hal Kanter. *Buch* Goodman Ace. *Kamera* (teilweise Farbe) Lucien Ballard. *Musik* Cyril J. Mockridge. *Production Design* Albert S. d'Agostino, Walter E. Keller. *Schnitt* Otto Ludwig.
Darsteller George Gobel (Marshal Briggs), Diana Dors (Janice Blake), Adolphe Menjou (Sutton), Jessie Royce Landis (Schwiegermutter), Angie Dickinson (Ehefrau im Film), JOHN WAYNE (als er selbst).
John Wayne hat einen Gastauftritt in einer Film-im-Film-Sequenz.
Länge 85 Minuten. *Uraufführung* März 1958.

THE BARBARIAN AND THE GEISHA
Deutscher Titel **Der Barbar und die Geisha**
Produktion 20th Century-Fox (Eugene Frenke). *Regie* John Huston. *Buch* Nigel Balchin, Charles Grayson, Alfred Hayes (nach einer Story

von Ellis St. Joseph). *Kamera* (Scope, Eastmancolor) Charles G. Clarke. *Musik* Hugo Friedhofer. *Production Design* Lyle R. Wheeler, Jack Martin Smith. *Schnitt* Stuart Gilmore.
Darsteller JOHN WAYNE (Townsend Harris), Eiko Ando (Okichi), Sam Jaffe (Henry Heusken), So Yamamura (Baron Tumaro), Norman Thomson (Captain Edmunds), James Robbins (Lieutenant Fisher), Morita (Premierminister), Kodaya Ichikawa (Daimyo), Hiroshi Yamato (Shogun), Tokujiro (Iketaniachi), Fuji Kasai (Lord Hotta), Takashi Kumagai (Kanzler).

Unter der Regie von John Huston – mit dem er sich absolut nicht verstand – spielte John Wayne den amerikanischen Gesandten Townsend Harris in ›The Barbarian and the Geisha/ Der Barbar und die Geisha‹, 1958. Wayne strich dafür die Rekordgage von 700.000 Dollar ein.

John Wayne als Beauftragter des amerikanischen Präsidenten, mit Japan im Jahre 1856 Handelsbeziehungen anzuknüpfen.
Länge 105 Minuten. *Uraufführung* 30.9.1958.

1959

RIO BRAVO
Deutscher Titel **Rio Bravo**
Produktion Armada/Warner Brothers (Howard Hawks). *Regie* Howard Hawks. *Buch* Jules Furthman, Leigh Brackett (nach einer Story von B. H. McCampbell). *Kamera* (Technicolor) Russell Harlan. *Musik* Dimitri Tiomkin. *Liedtexte* Paul Francis Webster. *Production Design* Leo K. Kuter. *Schnitt* Folmar Blangsted. *Kostüme* Marjorie Best.

›Rio Bravo‹, 1959, Regie: Howard Hawks, wurde mit vielen namhaften Darstellern (u. a. Dean Martin, Ricky Nelson und Walter Brennan) gedreht. Die Entdeckung des Films aber war Angie Dickinson – hier mit John Wayne.

»Zeig's ihnen, Stumpy ...«. Der ›komische Alte‹ (Walter Brennan) steht seinem Freund (John Wayne) beim entscheidenden Showdown mit Dynamit bei. Szene aus ›Rio Bravo‹, 1959, Regie: Howard Hawks.

Darsteller JOHN WAYNE (Colonel David Crockett), Richard Widmark (Colonel James Bowie), Laurence Harvey (Colonel William B. Travis), Richard Boone (General Sam Houston), Frankie Avalon (Smitty), Patrick Wayne (Captain James B. Bonham), Linda Cristal (Flaca), Joan O'Brien (Mrs. Dickinson), Chill Wills (Barkeeper), Joseph Calleia (Juan Seguin), Denver Pyle (Spieler), Hank Worden (Pfarrer), Aissa Wayne (Lisa Dickinson), Ken Curtis (Captain Dickinson), Carlos Arruza (mexikanischer Leutnant), Jester Hairston (Jethro), Veda Ann Borg, Ruben Padilla, Julian Trevino, Wesley Lau, Cy Malis.
John Wayne als legendärer Scout Davy Crockett, der in San Antonio für die Unabhängigkeit Texas' gegen die mexikanische Miliz kämpft.
Länge 140 Minuten. *Uraufführung* 24.10.1960.

NORTH TO ALASKA
Deutscher Titel **Land der tausend Abenteuer**
Produktion 20th Century-Fox (Henry Hathaway). *Regie* Henry Hathaway. *Buch* John Lee Mahin, Martin Rackin, Wendell Mayes, Claude Binyon (nach »Birthday Gift« von Laslo Fodor und einer Idee von John Kafka). *Kamera* (Cinemascope, Color by DeLuxe) Leon Shamroy, L. B. Abbott. *Musik* Lionel Newman, Russell Faith. *Production Design*

Darsteller JOHN WAYNE (John T. Chance), Dean Martin (Dude), Ricky Nelson (Colorado), Angie Dickinson (Feathers), Walter Brennan (Stumpy), Ward Bond (Pat Wheeler), Harry Carey jr. (Harold), Pedro Gonzalez-Gonzalez (Carlos), Claude Akins (Joe Burdette), John Russell (Nathan Burdette), Estelita Rodriguez (Consuela), Bob Steele (Matt Harris), Malcolm Atterbury.

John Wayne als Sheriff einer von einem einflußreichen Rancher beherrschten Stadt, der einen Verhafteten zu bewachen hat, den die Leute des Ranchers befreien wollen.

Länge 141 Minuten. *Uraufführung* 4.4.1959.

THE HORSE SOLDIERS
Deutscher Titel **Der letzte Befehl**
Produktion John Lee Mahin-Martin Rackin-Mirisch Company/United Artists. *Regie* John Ford. *Buch* John Lee Mahin, Martin Rackin (nach dem gleichnamigen Roman von Harold Sinclair). *Kamera* (Color by DeLuxe) William H. Clothier. *Musik* David Buttolph, Stan Jones. *Production Design* Frank Hotaling. *Schnitt* Jack Murray.
Darsteller JOHN WAYNE (Colonel John Marlowe), William Holden (Major Hank Kendall), Constance Towers (Hannah Hunter), Althea Gibson (Lukey), Hoot Gibson (Brown), Anna Lee (Mrs. Buford), Russell Simpson (Sheriff Henry Goodbody), Hank Worden (Deacon), Carleton Young (Colonel Miles), Basil Ruysdael (Militärakademie-Kommandant), Willis Bouchey (Colonel Secord), Stan Jones (General Grant), Ken Curtis (Wilkie).

John Wayne als Nordstaaten-Colonel im amerikanischen Bürgerkrieg, der seine Leute durch konföderiertes Gebiet nach Baton Rouge bringen will.

Länge 119 Minuten. *Uraufführung* 12.6.1959.

1960

THE ALAMO
Deutscher Titel **Alamo**
Produktion Batjac (JOHN WAYNE)/United Artists (James Edward Grant). *Regie* JOHN WAYNE. *Buch* James Edward Grant. *Kamera* (Todd-AO, Technicolor), William H. Clothier. *Musik* Dimitri Tiomkin. *Liedtexte* Paul Francis Webster. *Production Design* Alfred Ybarra. *Schnitt* Stuart Gilmore. *Second Unit-Regie* Cliff Lyons. *Special effects* Lee Zavitz.

Oben: Richard Widmark in ›The Alamo/Alamo‹, 1960, als Colonel James Bowie und John Wayne als Colonel Davy Crockett.

Unten: John Wayne in ›North to Alaska/Land der tausend Abenteuer‹, 1960, mit Capucine und Stewart Granger. Regie: Henry Hathaway.

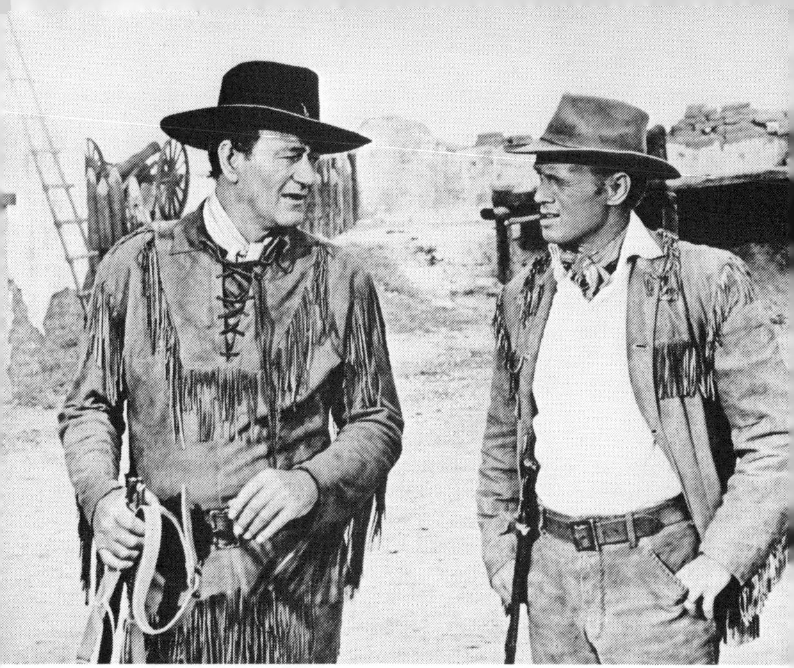

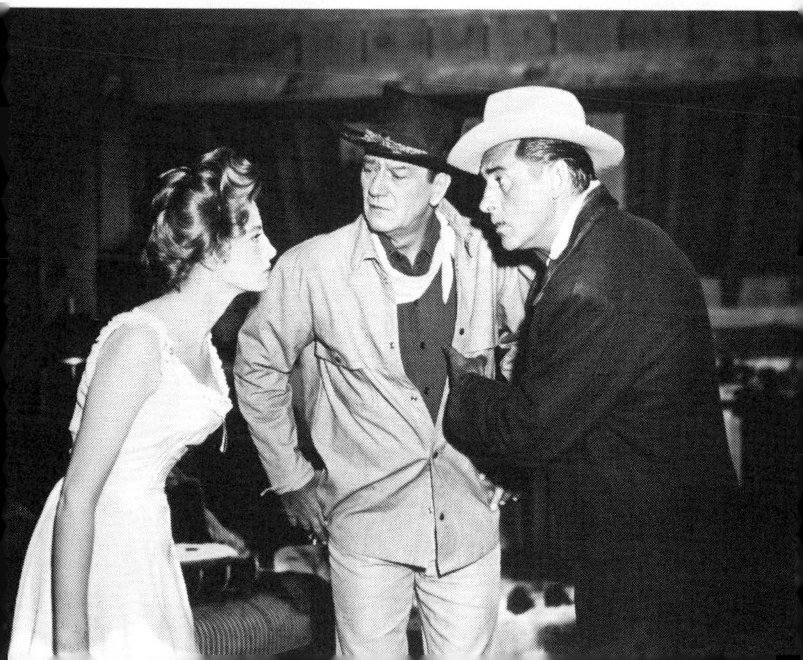

Duncan Cramer, Jack Martin Smith. *Schnitt* Dorothy Spencer. *Second Unit-Regie* Richard Talmadge. *Regieassistenz* Stanley Hough.

Darsteller JOHN WAYNE (Sam McCord), Stewart Granger (George Pratt), Ernie Kovacs (Frankie Canon), Fabian (Billy Pratt), Capucine (Michelle), Mickey Shaughnessy (Peter Boggs), Karl Swenson (Lars Nordquist), Joe Sawyer (Commissioner), Kathleen Freeman (Lena Nordquist), John Qualen (Logger), Stanley Adams (Breezy), Tudor Owen (Schiffskapitän), Marcel Hillaire (Jennys Mann), Richard Deacon (Angus), Richard Collier (Skinny Sourdough), Esther Dale (Frau beim Picknick), Fortune Gordien, Roy Jenson (Holzfäller), Fred Graham (Ole), Tom Dillon (Barbier), Stephen Courtleigh (Duggan), Douglas Dick (Lieutenant), Jerry O'Sullivan (Sergeant), Ollie O'Toole (Mack), Lilyan Cauvin (Jenny Lamont), James Griffith (Salvationist), Max Hellinger (Bish), Charles Seel, Rayford Barnes (Goldaufkäufer), Alan Carbey (Barkeeper), Peter Bourne (Olaf), Arlene Harris (Queen Lil), Oscar Beregi, Kermit Maynard, Joel Faye, Pamela Raymond, Paul Maxey, Johnny Lee, Maurice Delamore, Patty Wharton.

John Wayne als Goldgräber in Alaska, der sich mit seinem Partner zur Genüge um eine Frau und die Goldmine prügelt.

Länge 122 Minuten. *Uraufführung* 7.11.1960.

1961

THE COMANCHEROS
Deutscher Titel **Die Comancheros**
Produktion 20th Century-Fox (George Sherman). *Regie* Michael Curtiz. *Buch* James Edward Grant, Clair Huffaker (nach dem gleichnamigen Roman von Paul I. Wellman). *Kamera* (Cinemascope, Color by De-Luxe) William H. Clothier. *Musik* Elmer Bernstein. *Musikalische Leitung* Leo Shuken, Jack Hayes. *Production Design* Jack Martin Smith, Alfred Ybarra. *Bauten* Walter M. Scott, Robert Priestley. *Schnitt* Louis R. Loeffler *Second Unit-Regie* Cliff Lyons. *Regieassistenz* Jack R. Berne. *Kostüme* Marjorie Best. *Make-up* Ben Nye. *Frisuren* Helen Turpin. *Choreographie* Hal Benfer. *Ton* Alfred Bruzlin.

Darsteller JOHN WAYNE (Jake Cutter), Stuart Whitman (Paul Regret), Ina Balin (Pilar Graile), Nehemiah Persoff (Graile), Lee Marvin (Tully Grow), Michael Ansara (Amelung), Patrick Wayne (Tobe), Bruce Cabot (Major Henry), Joan O'Brien (Melinda Marshall), Jack Elam (Horseface), Edgar Buchanan (Richter Bean), Aissa Wayne (Bessie), Henry Daniell (Gireaux), Richard Devon (Estevan), Guinn »Big Boy« Williams (Ed McBain), Bob Steele (Pa Schofield), Steve Baylor (Comanchero), John Dierkes (Bill), Roger Mobley (Bob Schofield), Luisa Triana (spanische Tänzerin), George J. Lewis (Iron Shirt), Iphigenie Castiglioni (Josefina), Tom Hennessy (Grailes Leibwache), Jackie Cubat,

Leigh Snowden (Hotelgirls).
John Wayne als Captain der Texas Rangers, der gegen die Comancheros kämpft, die die Indianer mit Waffen und Alkohol beliefern.
Länge 107 Minuten. *Uraufführung* 1.11.1961.

In ›The Man who Shot Liberty Valance/Der Mann, der Liberty Valance erschoß‹, 1962, erzählt John Waynes Rolle (als Tom Doniphon) die Geschichte eines verkannten Außenseiters.

THE MAN WHO SHOT LIBERTY VALANCE
Deutscher Titel **Der Mann, der Liberty Valance erschoß**
Produktion John Ford Prod./Paramount (Willis Goldbeck). *Regie* John
Ford. *Buch* Willis Goldbeck, James Warner Bellah (nach dem gleichna-
migen Roman von Dorothy M. Johnson). *Kamera* William H. Clothier.
Musik Cyril J. Mockridge (unter Verwendung eines Themas von Alfred
Newman). *Production Design* Hal Pereira, Eddie Imazu. *Bauten* Darrell
Silvera, Sam Comer. *Schnitt* Otho Lovering. *Regieassistenz* Wingate
Smith. *Kostüme* Edith Head. *Make-up* Wally Westmore. *Ton* Philip Mit-
chell.
Darsteller James Stewart (Ransom Stoddard), JOHN WAYNE (Tom Doni-
phon), Vera Miles (Hallie Stoddard), Lee Marvin (Liberty Valance),
Edmond O'Brien (Dutton Peabody), Andy Devine (Link Appleyard),
Ken Murray (Doc Willoughby), John Carradine (Major Starbuckle),
Jeanette Nolan (Nora Ericson), John Qualen (Peter Ericson), Willis
Bouchey (Jason Tully), Carleton Young (Maxwell Scott), Lee van Cleef
(Reese), Woody Strode (Pompey), Denver Pyle (Amos Carruthers),
Strother Martin (Floyd), O. Z. Whitehead (Ben Carruthers), Paul
Birch (Major Winder), Jack Pennick (Barkeeper), Anna Lee (Postrei-
sende), Robert F. Simon (Handy Strong), Joseph Hoover (Hasbrouck),
Charles Seel (Präsident des Wahlkonzils), Earle Hodgins (Clue Dum-
phries), Shug Fisher (Betrunkener), Eva Novak, Bill Henry, Helen Gib-
son, Stuart Holmes, Dorothy Philips, Buddy Roosevelt, Slim Talbot,
Gertrude Astor, Monty Montana, John B. Whiteford, Sam Harris, Ted
Mapes.
John Wayne als Revolverheld, der einem Anwalt das Leben rettet, in-
dem er dessen Duellgegner hinterrücks erschießt.
Länge 122 Minuten. *Uraufführung* 22.4.1962.

HATARI !
Deutscher Titel **Hatari**
Produktion Malabar/Paramount (Howard Hawks, Paul Helmick). *Regie*
Howard Hawks. *Buch* Leigh Brackett (nach einer Story von Harry Kur-
nitz). *Kamera* (Technicolor) Russell Harlan, Joseph Brun. *2. Kamera*
Brian West, Jack Whitman, Roger Monteran. *Musik* Henry Mancini
(unter Verwendung eines Liedes von Hoagy Carmichael und Johnny
Mercer). *Production Design* Hal Pereira, Carl Anderson. *Bauten* Sam
Comer, Claude Carpenter. *Schnitt* Stuart Gilmore. *Second Unit-Regie*
Paul Helmick. *Regieassistenz* Tom Connors, Russ Saunders, Will R.
Poole. *Stunts* Carey Loftin. *Special effects* John P. Fulton, Dick Parker.
Kostüme Edith Head, Frank Beetson jr. *Ton* Charles Grenzbach, John
Carter.

John Wayne mit Partnerin Elsa Martinelli in ›Hatari‹, 1962.

Darsteller JOHN WAYNE (Sean Mercer), Elsa Martinelli (Anna Maria d'Allesandro, genannt Dallas), Hardy Krüger (Kurt Stahl/Kurt Müller), Red Buttons (Pockets), Gérard Blain (Chips Maurey/Chips Chalmoy), Michèle Girardon (Brandy), Bruce Cabot (Bill »Indian« Vaughn/Little Wolf), Valentin de Vargas (Luis Lopez), Eduard Franz (Dr. Sanderson), Queenie Leonard (Schwester), Sam Harris (Mann im Geschäft), Jon Chevron (Joseph), Emmett E. Smith (Barkeeper), Jack Williams (Massai-Krieger), Henry Scott (Sikh-Diener).
John Wayne als erfahrener Wildtierfänger in Tanganyika.
Länge 159 Minuten. *Uraufführung* 20.6.1962.

THE LONGEST DAY
Deutscher Titel **Der längste Tag**
Produktion Darryl F. Zanuck Prod./20th Century-Fox. *Regie* Ken Anna-kin, Andrew Marton, Bernhard Wicki. *Co-Regie* Darryl F. Zanuck (bri-tische und amerikanische Innenaufnahmen), Gerd Oswald (französische Aufnahmen). *Buch* Cornelius Ryan, Romain Gary, David Pursall, Jack Seddon, James Jones (nach dem gleichnamigen Roman von Cornelius Ryan). *Kamera* (Cinemascope), Jean Bourgoin, Walter Wottitz, Henri Persin. *2. Kamera* Guy Tabary, Pierre Levent. *Musik* Maurice Jarre, Paul Anka. *Production Design* Ted Haworth, Vincent Korda, Léon Bar-sacq. *Bauten* Gabriel Bechir. *Schnitt* Samuel E. Beetley. *Second Unit-Regie und Associate Producer* Elmo Williams. *Regieassistenz* Bernard Farrel, Tom Pevsner, Henri Sokal, Gérad Renateau, Louis Pitzelé. *Spe-cial effects* Karl Baumgartner, Karl Helmer, Augie Lohman, Alex Wel-don, Robert MacDonald. *Ton* Jo de Bretagne. *Produktionsassistenz* Ri-chard D. Zanuck.

Darsteller JOHN WAYNE (Lieutenant Colonel Benjamin Vandervoort), Robert Mitchum (General Cota), Henry Fonda (Theodore Roosevelt), Robert Ryan (General Gavin), Rod Steiger (Zerstörerkommandant), Robert Wagner, Paul Anka, Fabian, George Segal (Ranger), Richard Beymer (Schultz), Mel Ferrer (General Haines), Jeffrey Hunter (Ser-geant Fuller), Sal Mineo (Martini), Roddy McDowall (Morris), Stuart Whitman (Lieutenant Sheen), Eddie Albert (Colonel Newton), Ed-mond O'Brien (General Barton), Red Buttons (Steele), Tom Tryon (Lieutenant Wilson), Alexander Knox (General Smith), Tommy Sands (Ranger), Steve Forrest (Captain Harding), Ray Danton (Captain Frank), Henry Grace (General Eisenhower), Mark Damon (Harris), John Crawford (Colonel Caffey), Ron Randell (Williams), Nicholas Stuart (General Bradley), John Mellon (Admiral Kirk), Fred Dürr (Ranger Major); Richard Burton (RAF-Pilot), Peter Lawford (Lord Lo-vat), Kenneth More (Captain Maud), Richard Todd (Major Howard), Leo Genn (General Parker), John Gregson (Pater), Sean Connery (Flanagan), Michael Medwin (Watney), Norman Rossington (Clough), Donald Houston (RAF-Pilot), Leslie Phillips (RAF-Offizier), Christo-pher Lee, Richard Wattis (Soldaten), Jack Hedley (Befehlshabender), John Robinson (Admiral Ramsay), Patrick Barr (Captain Stagg), Trevor Reid (General Montgomery); Curd Jürgens (Generalmajor Günther Blumentritt), Werner Hinz (Feldmarschall Rommel), Paul Hartmann (von Rundstedt), Peter van Eyck (Oberstleutnant Ocker), Gert Fröbe (Feldwebel »Kaffeeklatsch«), Hans Christian Blech (Major Pluskat), Wolfgang Preiss (Generalmajor Pemsel), Heinz Reincke (»Pips« Pril-ler), Richard Münch (General Marcks), Ernst Schröder (General Sal-muth), Kurt Meisel (During), Wolfgang Lukschy (General Jodl), Diet-mar Schönherr (Luftwaffenmajor), Hans Söhnker, Robert Freitag, Vic-

*Mit internationalem Staraufgebot drehte Produzent Darryl F. Zanuck
›The Longest Day/Der längste Tag‹. John Waynes Gage für vier Tage
Drehzeit: 250.000 Dollar.*

co von Bülow, Karl John, Eugène Deckers, Wolfgang Büttner, Michael
Hinz, Heinz Spitzner; Irina Demick (Janine), Bourvil (Bürgermeister),
Jean-Louis Barrault (Pater Roulland), Christian Marquand (Kieffer),
Arletty (Mme. Barrault), Madeleine Renaud (Mutter Oberin), Georges
Wilson (Renaud), Jean Servais (Jaujard), Fernand Ledoux (Louis),
Georges Rivière (Sergeant Montlaur), Françoise Rosay, Daniel Gélin,
Pauline Carton.
John Wayne als Lieutenant-Colonel eines amerikanischen Fallschirm-
springerkommandos, das bei Nacht in Frankreich landet, um die Inva-
sion der Alliierten vorzubereiten.
Länge 180 Minuten. *Uraufführung* 4.10.1962.

HOW THE WEST WAS WON
Deutscher Titel **Das war der Wilde Westen**
Produktion Cinerama/M-G-M (Bernard Smith). *Regie* John Ford, Hen-
ry Hathaway, George Marshall. *Buch* James R. Webb. *Kamera* (Cinera-

Mit gut einem Dutzend Weltstars besetzt: ›How the West Was Won/Das war der Wilde Westen‹, 1962. John Wayne in der Rolle des Generals William T. Sherman.

ma bzw. Cinemascope, Metrocolor) Joseph LaShelle, Charles Lang jr., William H. Daniels, Milton Krasner, Harold E. Wellman. *Musik* Alfred Newman, Ken Darby. *Liedtexte* Johnny Mercer, Sammy Cahn. *Musikalische Leitung* Robert Emmett Dolan. *Production Design* George W. Davis, William Ferrari, Addison Hehr. *Bauten* Henry Grace, Don Greenwood jr., Jack Mills. *Schnitt* Harold F. Kress. *Regieassistenz*

George Marshall jr., Robert Saunders, Wingate Smith, William Shanks, William McGarry. *Special effects* A. Arnold Gillespie, Robert R. Hoag. *Kostüme* Walter Plunkett. *Make-up* William Tuttle. *Frisuren* Sydney Guilaroff. *Ton* Franklin Milton. *Sprecher der Zwischentexte* Spencer Tracy.

Darsteller JOHN WAYNE (General William T. Sherman), Henry »Harry« Morgan (General Ulysses Grant), George Peppard (Zeb Rawlings), Carroll Baker (Eve Prescott), Russ Tamblyn (Deserteur), Henry Fonda (Jethro Stuart), Karl Malden (Zebulon Prescott), Gregory Peck (Cleve van Valen), Debbie Reynolds (Lilith Prescott), James Stewart (Linus Rawlings), Walter Brennan (Colonel Hawkins), Richard Widmark (Mike King), Eli Wallach (Charlie Gant), Raymond Massey (Abraham Lincoln), Lee J. Cobb (Lou Ramsey), Carolyn Jones (Julie Rawlings), Robert Preston (Roger Morgan), Brigid Bazlen (Dora Hawkins), David Brian (Anwalt), Andy Devine (Corporal Peterson), Agnes Moorehead (Rebecca Prescott), Thelma Ritter (Agatha Clegg), Mickey Shaughnessy (Hilfssheriff), Tudor Owen (Schotte), Willis Bouchey (Wundarzt), Rodolfo Acosta (Desperado), Lee van Cleef (Marty), Jay C. Flippen (Huggins), Clinton Sundberg (Hylan Seabury), James Griffith, Walter Burke (Spieler), Joe Sawyer (Schiffsoffizier), Jack Pennick (Corporal Murphy), Barry Harvey, Jamie Ross (Schottensöhne), Kimm Charney (Sam Prescott), Bryan Russell (Zeke Prescott), Claude Johnson (Jeremiah Rawlings), Jerry Holmes (Eisenbahnbediensteter), Charles Briggs (Barker), John Larch (Grimes), Craig Duncan (James Marshall).

John Wayne als berühmter Nordstaatengeneral Sherman, der sich mit General Grant über Sinn und Unsinn des Krieges unterhält.
Länge 165 bzw. 149 Minuten. *Uraufführung* 1.11.1962.

1963

DONOVAN'S REEF
Deutscher Titel **Die Hafenkneipe von Tahiti**
Produktion John Ford Prod./Paramount. *Regie* John Ford. *Buch* Frank S. Nugent, James Edward Grant (nach einer Story von Edmund Beloin), *Kamera* (Technicolor) William H. Clothier, Brick Marquand. *2. Kamera* Tom Morris, Ed Garvin. *Musik* Cyril J. Mockridge. *Musikalische Leitung* Irving Talbot, Leo Shuken, Jack Hayes. *Production Design* Hal Pereira, Eddie Imazu. *Bauten* Darrell Silvera. *Schnitt* Otho Lovering. *Regieassistenz* Wingate Smith, Ed O'Fearna, Jack Barry, Dale Coleman. *Special effects* Farciot Edouart, Paul K. Lerpae. *Kostüme* Edith Head. *Make-up* Frank Westmore. *Ton* Hugo Grenzbach.
Darsteler JOHN WAYNE (Michael »Guns« Donovan), Lee Marvin (»Boats« Gilhooley), Elizabeth Allen (Amelia Sarah Dedham), Jack

Warden (Dr. William Dedham), Cesar Romero (Marquis André de Lage), Dorothy Lamour (Fleur), Mike Mazurki (Sergeant Menkowicz), Marcel Dalio (Pater Cluzeot), Patrick Wayne (Navy Lieutenant), Dick Foran (australischer Marineoffizier), Jacqueline Malouf (Lelani Dedham), Jon Fong (Mr. Eu), Tim Stafford (Luki), Sam Harris, Mae Marsh (Mitglieder des Familienrates), Cliff Lyons (Offizier), Chuck Roberson (Festus), Charles Seel (Atterbury), Cherylene Lee (Sally), Carmen Estraben (Schwester Gabrielle), Yvonne Peattie (Schwester Matthew), Frank Baker (Captain Martin).

John Wayne als ehemaliger US-Navy-Soldat, der nach dem Zweiten Weltkrieg in Tahiti eine Bar eröffnet.

Länge 109 Minuten. *Uraufführung* 12.6.1963.

McLINTOCK

Deutscher Titel **McLintock**
Produktion Batjac (Michael Wayne für JOHN WAYNE)/ United Artists. *Regie* Andrew V. McLaglen. *Buch* James Edward Grant. *Kamera* (Panavision, Technicolor) William H. Clothier. *Musik* Frank DeVol. *Liedtexte* »By« Dunham. *Production Design* Hal Pereira, Eddie Imazu. *Bauten* Sam Comer, Darrell Silvera. *Schnitt* Otho Lovering, Bill Lewis. *Second Unit-Regie* Cliff Lyons. *Regieassistenz* Frank Parmeter. *Kostüme* Frank Beetson jr., Ann B. Peck. *Make-up* Web Overlander. *Ton* Jack Solomon.

Darsteller JOHN WAYNE (George Washington McLintock), Maureen O'Hara (Katherine McLintock), Yvonne de Carlo (Louise Warren), Patrick Wayne (Devlin Warren), Stefanie Powers (Becky McLintock), Jack Kruschen (Birnbaum), Chill Wills (Drago), Edgar Buchanan (Bunny Dull), Bruce Cabot (Ben Sage), Aissa Wayne (Alice Warren), Michael Pate (Puma), Strother Martin (Agard), Hal Needham (Carter), Jerry van Dyke (Matt Douglas jr.), Gordon Jones (Matt Douglas), Robert Lowery (Gouverneur), Perry Lopez (Davey Elk), Chuck Roberson (Sheriff Lord), Pedro Gonzalez jr. (Carlos), Hank Worden (Jeth), Leo Gordon (Jones), Mari Blanchard (Camille), Edward Faulkner (Youngben Sage), H. W. Gim (Ching), Mary Patterson (Beth), John Hamilton (Fauntleroy), Ralph Volie, Dan Borzage (Bürger), John Stanley (Running Buffalo), Kari Noven (Millie).

John Wayne als Viehzüchter und Bankier, der sich erst mit seiner Frau, die die Scheidung verlangt, gehörig zusammenstreiten muß.

Länge 127 Minuten. *Uraufführung* 13.11.1963.

1964

CIRCUS WORLD

Deutscher Titel **Circus-Welt** *auch* **Zirkuswelt** *auch* **Held der Arena**
Produktion Samuel Bronston/Midway/Paramount. *Regie* Henry Hatha-

Claudia Cardinale (zweite von links) und Rita Hayworth neben John Wayne in ›Circus World/Zirkuswelt‹, 1964. Regie: Henry Hathaway.

way. *Buch* Ben Hecht, Julian Halevy, James Edward Grant (nach einer Story von Nicholas Ray und Philip Yordan). *Kamera* (70-mm-Super-Technirama, auch 35-mm-Kopien in Cinemascope, Technicolor) Jack Hildyard, Claude Renoir. *Musik* Dimitri Tiomkin. *Production Design* John DeCuir. *Schnitt* Dorothy Spencer. *Second Unit-Regie* Richard Talmadge, Frank Capra jr. *Regieassistenz* Terry Yorke, José Lopez Rodero. *Special effects* Alex Weldon. *Kostüme* Renie. *Make-up* Mario van Riel. *Ton* David Hildyard. *Technische Beratung* Franz Althoff.

Darsteller JOHN WAYNE (Matt Masters), Claudia Cardinale (Toni Alfredo), Rita Hayworth (Lili Alfredo), Lloyd Nolan (Captain Carson), Richard Conte (Aldo Alfredo), John Smith (Steve McCabe), Henri Dantes (Emil Schumann), Wanda Rotha (Frau Schumann), Kay Walsh (Flo Hunt), Margaret MacGrath (Anna), Katharyna (Giovana), Miles Malleson (Billy Rogers), Katherina Kath (Hilda), Moustache (Barkeeper), Katherine Ellison (Molly), Franz Althoff und sein Zirkus, José Maria Caffarel, Robert Cunningham, François Galepides.

John Wayne als Zirkusmanager, der mit seiner Wildwestshow auf Europa-patournee geht.

Länge 135 Minuten. *Uraufführung* 25.6.1964.

1965

THE GREATEST STORY EVER TOLD
Deutscher Titel **Die größte Geschichte aller Zeiten**
Produktion George Stevens Prod./United Artists (Carl Sandburg, Frank I. Davis). *Regie* George Stevens. *Buch* James Lee Barrett, George Stevens (nach dem gleichnamigen Roman von Fulton Oursler und Schriften von Henry Denker). *Kamera* (70-mm-Ultra Panavision, bzw. 35-mm-Cinerama, Technicolor) William C. Mellor, Loyal Griggs. *Musik* Alfred Newman. *Musikalische Leitung* Hugo Friedhofer, Ken Darby. *Production Design* Richard Day, William Creber. *Bauten* David Hall, Ray Moyer, Fred MacLean, Norman Rockett. *Schnitt* Harold F. Kress, Argyle Nelson jr., Frank O'Neill. *Second Unit-Regie* Richard Talmadge, William Hale. *Regieassistenz* Ridgeway Callow, John Veitch. *Special effects* A. Arnold Gillespie, J. McMillan Johnson, Robert R. Hoag. *Kostüme* Vittorio Nino Novarese, Marjorie Best. *Make-up* Del Armstrong. *Frisuren* Carmen Dirigo. *Ton* Charles Wallace, William Steinkamp. *Besetzung* Lynn Stalmaster. *Production staff* Saul Wurtzel. *Associate Producers* George Stevens jr., Antonio Vellani.

Darsteller Max von Sydow (Jesus), Carroll Baker (Veronika), Ina Balin (Martha), Pat Boone (Junger Mann am Grab), Richard Conte (Barabbas), Joanna Dunham (Maria Magdalena), José Ferrer (Herodes), van Heflin (Bar Armand), Charlton Heston (Johannes der Täufer), Martin Landau (Kaiphas), Angela Lansbury (Claudia), Janet Margolin (Maria von Bethanien), David McCallum (Judas), Roddy McDowall (Matthäus), Sal Mineo (Uriah), Donald Pleasence (Der Teufel), Sidney Poitier (Simon von Cyrene), Claude Rains (Herodes), Telly Savalas (Pilatus), Joseph Schildkraut (Nikodemus), Paul Stewart (Questor), JOHN WAYNE (Zenturion), Shelly Winters (Frau ohne Namen), Ed Wynn (Aram), Dorothy McGuire (Maria), Robert Loggia (Josef), Michael Anderson jr. (Jakob), Robert Blake (Simon der Zelot), Burt Brinckerhoff (Andreas), John Considine (Johannes), Gary Raymond (Petrus), David Sheiner (Der alte Jakob), Michael Tolan (Lazarus), Harold J. Stone (Varus), Nehemiah Persoff (Shemiah), Victor Buono (Sorak), John Crawford (Alexander), Abraham Sofaer (Josef von Arimathäa), Rodolfo Acosta (Führer der Lanzenträger), Michael Ansara (Herodes' Kommandant), Frank DeKova (Folterknecht), Joe Sirola (Dumah), Cyril Delevanti (Melchior), Frank Silvera (Kaspar), Mark Lenard (Balthasar), Jamie Farr (Thaddäus), David Hedison (Phillip), Peter Mann (Nathanael), Tom Reese (Thomas), Johnny Seven (Pilatus' Leibwache), Robert Busch (Abgesandter), Russell Johnson (Schreiber), John Lupton (Sprecher von Capernaum), Chet Stratton (Theophilus), Ron Whelan (Annas), John Abbott (Aben), Philip Coolidge (Chuza), Dal Jenkins (Phillip), Joseph Perry (Archelaus), Marian Seldes (Herodias), Victor Lundin.

John Wayne als römischer Zenturion, der Christus auf dem Kreuzweg begleitet.

Länge 221, 196, 183 bzw. 141 Minuten. *Uraufführung* 15.2.1965.

IN HARM'S WAY
Deutscher Titel **Erster Sieg**
Produktion Sigma (Otto L. Preminger)/Paramount. *Regie* Otto L. Preminger. *Buch* Wendell Mayes (nach dem gleichnamigen Roman von James Bassett). *Kamera* (Panavision) Loyal Griggs, Philip Lathrop. *2. Kamera* George Nogle. *Musik* Jerry Goldsmith. *Production Design* Lyle Wheeler, Al Roelofs. *Bauten* Morris Hoffman, Richard Mansfield. *Schnitt* George Tomasini, Hugh S. Fowler, Don Hall jr., Richard Carruth. *Regieassistenz* Daniel J. McCauley, Howard Joslin, Michael Daves. *Special effects* Farciot Edouart, Lawrence W. Butler. *Kostüme* Hope Bryce, Eric Seelig, Grace Harris. *Make-up* Web Overlander, Del Armstrong. *Ton* Charles Grenzbach, Harold Lewis. *Titel Design* Saul Bass.
Darsteller JOHN WAYNE (Captain Rockwell Torrey), Kirk Douglas (Commander Paul Eddington), Patricia Neal (Maggie Haynes), Tom Tryon (Lieutenant William McConnel), Paula Prentiss (Bev McConnel), Brandon de Wilde (Jeremiah Torrey), Jill Haworth (Annalee Dorne), Dana Andrews (Admiral Broderick), Stanley Holloway (Clayton Canfil), Burgess Meredith (Commander Powell), Franchot Tone (Cincpac I Admiral), Henry Fonda (Cincpac II Admiral), Patrick O'Neal (Com-

mander Owynn), Carroll O'Connor (Lieutenant Commander Burke), Slim Pickens (Culpepper), James Mitchum (Fähnrich Griggs), George Kennedy (Colonel Gregory), Bruce Cabot (Quoddy), Barbara Bouchet (Liz Eddington), Hugh O'Brian (Luftwaffenmajor), Larry Hagman (Lieutenant Cline), Tod Andrews (Captain Tuthill), Chet Stratton (Schiffsarzt), Soo Young (weinende Frau), Dort Clark (Boston), Stewart Moss (Fähnrich Balch), Richard Le Pore (Lieutenant Agar), Phil Mattingly (PT Bootsmann).

John Wayne als Captain eines US-Kreuzers, auf dem das Hauptquartier für den Seekrieg im Pazifik eingerichtet wird.

Länge 170 bzw. 165 Minuten. *Uraufführung* 6.4.1965.

THE SONS OF KATIE ELDER
Deutscher Titel **Die vier Söhne der Katie Elder**
Produktion Hal B. Wallis Prod. Group/Paramount (Paul Nathan). *Regie* Henry Hathaway. *Buch* William H. Wright, Harry Essex, Allan Weiss (nach einer Story von Talbot Jennings). *Kamera* (Panavision, Technicolor) Lucien Ballard. *Musik* Elmer Bernstein. *Production Design* Hal Pereira, Walter Tyler. *Bauten* Sam Comer, Ray Moyer. *Schnitt* Warren Low., *Regieassistenz* D. Michael Moore. *Special effects* Bob Peterson. *Kostüme* Edith Head. *Ton* Charles Grenzbach, Harold Lewis.
Darsteller JOHN WAYNE (John Elder), Dean Martin (Tom Elder), Michael Anderson jr. (Bud Elder), Earl Holliman (Matt Elder), Martha Hyer (Mary Gordon), Jeremy Slate (Hilfssheriff Latta), James Gregory (Morgan Hastings), Paul Fix (Sheriff Wilson), George Kennedy (Curley), Dennis Hopper (Dave Hastings), John Litel (Minister), John Doucette (Hyselman), James Westerfield (Bankier Vannar), Rhys Williams (Charlie Bob Striker), Sheldon Allman (Richter Evers), John Qualen (Charlie Biller), Rodolfo Acosta (Blondie Adams), Karl Swenson (Doc Isdell), Jerry Gatlin (Amboy), Red Morgan (Sandeman), Chuck Roberson (Bürger), Harvey Grant (Jeb), Loren Janes (Ned Reese), Ralph Volkie (bit man), Joseph Yrigoyen (Buck Mason), Jack Williams (Andy Sharp), Henry Wills (Gus Dolly), Strother Martin, Percy Helton.

John Wayne als Revolverheld, der zusammen mit seinen Brüdern die Ermordung seines Vaters aufklärt.

Länge 122 Minuten. *Uraufführung* 23.6.1965.

1966

CAST A GIANT SHADOW
Deutscher Titel **Der Schatten des Giganten** *auch* **Wirf einen großen Schatten** *auch* **Commander Stones – ihr bester Mann**
Produktion Mirisch-Llenroc-Batjac (Walter Mirisch, Michael Wayne für JOHN WAYNE)/United Artists (Melville Shavelson). *Regie* Melville Sha-

284

velson. *Buch* Melville Shavelson (nach Ted Berkmans Biographie des Colonel Markus). *Kamera* (Panavision, Color by DeLuxe) Aldo Tonti. *2. Kamera* Marko Yakovlevich. *Musik* Elmer Bernstein. *Lieder* Dov Seltzer. *Liedtexte* Dan Almagor. *Musikalische Leitung* Leo Shuken, Jack Hayes. *Production Design* Michael Stringer, Arrigo Equini. *Schnitt* Bert Bates, Gene Ruggiero. *Second Unit-Regie* Jack Reddish. *Regieassistenz* Tim Zinnemann, Charles Scott jr. *Special effects* Sass Bedig. *Kostüme* Margaret Furse. *Ton* David Bowen.

Martha Hyer spielte die weibliche Hauptrolle der Mary Gordon in ›The Sons of Katie Elder/Die vier Söhne der Katie Elder‹, 1965. Hier eine Szene mit John Wayne und Dean Martin als John und Tom Elder.

Darsteller Kirk Douglas (Colonel David »Mickey« Marcus), Yul Bryn-
ner (Asher Gonen), Senta Berger (Magda Simon), Frank Sinatra (Tal-
madge), JOHN WAYNE (General Mike Randolph), Angie Dickinson
(Emma Marcus), Luther Adler (Jacob Zion), Stathis Giallelis (Ram
Oren), James Donald (Major Safir), Gordon Jackson (James MacAfee),
Haym Topol (Abou Ibn Kadir), Ruth White (Mrs. Chaison), Michael
Shillo (André Simon), Michael Hordern (britischer Botschafter), Gary
Merrill (Stabschef im Pentagon), Allan Cuthbertson (Immigrationsbe-
amter), Jeremy Kemp, Sean Barrett (britische Offiziere), Frank Lati-
more, Ken Buckle (UN-Offiziere), Shlomo Hermon (Yussuf), Rina Ga-
nor (Rona), Roland Bartrop (Bert Harrison), Vera Dolen (Mrs. Martin-
son), Robert Gardett (General Walsh), Michael Balston, Claude Aliotti
(Wachposten), Samra Dedes (Bauchtänzerin), Michael Shagrir (Truck-
fahrer), Rodd Dana (Randolphs Adjutant), Robert Ross (Adjutant des
Stabschefs), Arthur Hansell (Offizier), Don Sturkie (Fallschirmspringer
Sergeant), Hilel Raveh (Yaakov).
John Wayne als General und Vorgesetzter eines amerikanischen Colo-
nels, welcher die israelische Armee ausbilden soll.
Länge 141 Minuten. *Uraufführung* 30.3.1966.

1967

WAR WAGON
Deutscher Titel **Die Gewaltigen**
Produktion Batjac (JOHN WAYNE)/Universal (Marvin Schwartz). *Regie*
Burt Kennedy. *Buch* Clair Huffaker (nach seinem Roman »Badman«).
Kamera (Panavision, Technicolor) William H. Clothier. *Musik* Dimitri
Tiomkin. *Liedtexte* Ned Washington (gesungen von Ed Ames). *Produc-
tion Design* Alfred Sweeney. *Bauten* Ray Moyer. *Schnitt* Harry Gerstad.
Second Unit-Regie Cliff Lyons. *Regieassistenz* Al Jennings, H. A. Silver-
man. *Special effects* Albert Whitlock. *Make-up* Bud Westmore. *Frisuren*
Larry Germain. *Unit Production Manager* Joseph Behm.
Darsteller JOHN WAYNE (Taw Jackson), Kirk Douglas (Lomax), Joanna
Barnes (Lola), Howard Keel (Levi Walking Bear), Robert Walker jr.
(Billy Hyatt), Keenan Wynn (Wes Catlin), Bruce Cabot (Frank Pierce),
Bruce Dern (Hammond), Gene Evans (Hoag), Valora Noland (Kate),
Terry Wilson (Sheriff Strike), Red Morgan (Early), Don Collier
(Shack), Sheb Wooley (Snyder), Ann McCrea (Felicia), Frank McGrath
(Barkeeper), Chuck Roberson (Brown), Hal Needham (Hite), Emilio
Fernandez (Calita), Marco Antonio (Wild Horse), Perla Walter (Rosi-
ta).
John Wayne als Outlaw, der zusammen mit einem Revolverhelden einen
Überfall auf einen schwer gesicherten Goldtransport plant.
Länge 101 Minuten. *Uraufführung* 24.5.1967.

Skeptischer Blick vor dem Happy End: John Wayne in ›The War Wagon/Die Gewaltigen‹, 1967.

EL DORADO
Deutscher Titel **El Dorado**
Produktion Laurel/Paramount (Howard Hawks, Paul Helmick). *Regie* Howard Hawks. *Buch* Leigh Brackett (nach »The Stars in Their Courses« von Harry P. M. Brown). *Kamera* (Technicolor) Harold Rosson. *Musik* Nelson Riddle, John Gabriel (gesungen von George Alexander). *Production Design* Hal Pereira, Carl Anderson. *Bauten* Ray Moyer, Robert R. Benton. *Schnitt* John Woodcock. *Regieassistenz* Andrew J. Durkus. *Special effects* Farciot Edouart, Paul K. Lerpae, David Koehler. *Kostüme* Edith Head. *Make-up* Wally Westmore. *Ton* Charles Grenzbach. *Titel Design* Olaf Wieghorst.
Darsteller JOHN WAYNE (Cole Thornton), Robert Mitchum (J. P. Harrah), James Caan (Alan Bourdillon Traherne, genannt Mississippi), Charlene Holt (Maudie), Michele Carey (Joey MacDonald), Arthur Hunnicutt (Bull Harris), R. G. Armstrong (Kevin MacDonald), Edward Asner (Bart Jason), Paul Fix (Doc Miller), Christopher George (Nelse McLeod), Robert Donner (Milt), John Gabriel (Pedro), Jim Davis (Jim Purvis), Marina Ghane (Maria), Anne Newman (Sauls Frau), Robert Rothwell (Saul MacDonald), John Crawford (Luke MacDo-

Schlägerei unter alten Freunden: Robert Mitchum (J. P. Harrah) prügelt auf John Wayne (Cole Thornton) ein – eine Szene aus ›El Dorado‹, 1967.

nald), Adam Roarke (Matt MacDonald), Diane Strom (Matts Frau), Victoria George (Jareds Frau), Olaf Wieghorst (schwedischer Büchsenmacher), Chuck Courtney (Jared MacDonald), Anthony Rogers (Dr. Donovan), Dean Smith (Charlie Hagan), Chuck Roberson.
John Wayne als Gunfighter, der von einem Rancher angeheuert wird, die Siedler der Gegend einzuschüchtern, einen alten Kumpanen als Sheriff des Ortes wiedertrifft und sich mit diesem gegen den Rancher verbündet.
Länge 126 Minuten. *Uraufführung* 7.6.1967.

1968

THE GREEN BERETS
Deutscher Titel **Die grünen Teufel**
Produktion Batjac (Michael Wayne für JOHN WAYNE)/Warner
Brothers-Seven Arts. *Regie* JOHN WAYNE, Ray Kellogg. *Ungenannte
Co-Regie* Mervyn LeRoy. *Buch* James Lee Barrett (nach dem gleichna-
migen Roman von Robin Moore). *Kamera* (Panavision, Technicolor)
Winton C. Hoch. *Musik* Miklos Rozsa. *Production Design* Walter M. Si-
monds. *Bauten* Ray Moyer. *Schnitt* Otho Lovering. *Second Unit-Regie*
Cliff Lyons. *Regieassistenz* Joe L. Cramer. *Special effects* Sass Bedig.
Make-up Dave Grayson. *Ton* Stanley Jones. *Titel Design* Wayne Fitzge-
rald.
Darsteller JOHN WAYNE (Colonel Mike Kirby), David Janssen (George
Beckworth), Jim Hutton (Sergeant Petersen), Aldo Ray (Sergeant Mul-
doon), Raymond St. Jacques (Doc McGee), Bruce Cabot (Colonel Mor-
gan), George Takei (Captain Nim), Patrick Wayne (Lieutenant Jami-
son), Luke Askew (Sergeant Provo), Irene Tsu (Lin), Jack Soo (Colonel
Cai), Edward Faulkner (Captain MacDanials), Mike Henry (Sergeant
Kowalski), Chuck Roberson (Sergeant Griffin), Chuck Bail (Sergeant
Lark), Richard Pryor (Collier), Jason Evers (Captain Coleman), Craig
Jue (Hamchunck), Eddy Donno (Sergeant Watson), William Shannon
(Sergeant White), Rudy Robins (Sergeant Parks), Bach Yen (Vietname-
se), Frank Koomen (Lieutenant Sachs), William Olds (General Phan
Son Ti), Yodying Apibal (ARVN-Soldat), Vincent Cadiente (Vietkong-
Soldat).
John Wayne als Colonel der amerikanischen Spezialtruppe »Green Be-
rets« in Vietnam im Kampf gegen den Vietkong.
Länge 141 Minuten. *Uraufführung* 19.6.1968.

HELLFIGHTERS
Deutscher Titel **Die Unerschrockenen**
Produktion Universal (Robert Arthur). *Regie* Andrew V. McLaglen.
Buch Clair Huffaker. *Kamera* (Panavision, Technicolor) William H.
Clothier. *Musik* Leonard Rosenman. *Musikalische Leitung* Joseph Ger-
shenson. *Production Design* Alexander Golitzen, Frank Arrigo. *Bauten*
John McCarthy, James S. Redd. *Schnitt* Folmar Blangsted. *Regieassi-
stenz* Terry Morse jr. *Stunt Coordinator* Hal Needham. *Special effects* Al-
bert Whitlock, Fred Knoth, Whitey McMahon, Herman Townsley. *Ko-
stüme* Edith Head. *Make-up* Bud Westmore. *Frisuren* Larry Germain.
Technische Beratung Red Adair, Boots Hansen, Coots Matthews.
Darsteller JOHN WAYNE (Chance Buckman), Katharine Ross (Tish
Buckman), Jim Hutton (Greg Parker), Vera Miles (Madelyn Buckman),
Jay C. Flippen (Jack Lomax), Bruce Cabot (Joe Horn), Edward Faulk-

ner (George Harris), Valentin de Vargas (Amal Bokru), Alberto Morin (General Lopez), Alan Caillou (Harry York), Laraine Stephens (Helen Meadows), John Alderson (Jim Hatch), Pedro Gonzalez-Gonzalez (Hernando), Chuck Roberson (Pilot), Barbara Stuart (Irene Foster), Edmund Hashim (Colonel Valdez), Frances Fong (Mme. Loo), Lal Chand Mehra (Dr. Songla), Rudy Diaz (Zamora), Bebe Louie (Gumdrop), Edward Colmans (Caldez), Richard Pryor, Big John Hamilton, Chris Chandler, William Hardy, Howard Finch, Elizabeth Germaine.

John Wayne als Chef einer Firma, die in Brand geratene Ölquellen wieder unter Kontrolle bringt.

Länge 121 bzw. 104 Minuten. *Uraufführung* 19.12.1968.

1969

TRUE GRIT
Deutscher Titel **Der Marshal**
Produktion Hal B. Wallis Prod. Group/Paramount (Paul Nathan). *Regie* Henry Hathaway. *Buch* Marguerite Roberts (nach dem gleichnamigen Roman von Charles Portis). *Kamera* (Technicolor) Lucien Ballard. *Musik* Elmer Bernstein (unter Verwendung eines Liedes von John Newton). *Liedtexte* Don Black (gesungen von Glen Campbell). *Production Design* Walter Tyler. *Bauten* Ray Moyer, John Burton. *Schnitt* Warren Low. *Regieassistenz* William W. Gray. *Special effects* Dick Johnson, Ernie Sawyer. *Kostüme* Dorothy Jeakins. *Produktionsleitung* Frank Beetson jr.
Darsteller JOHN WAYNE (Reuben J. »Rooster« Cogburn), Glen Campbell (La Boeuf), Kim Darby (Mattie Ross), Jeremy Slate (Emmett Quincy), Robert Duvall (Ned Pepper), Dennis Hopper (Moon), Alfred Ryder (Goudy), Strother Martin (Colonel Stonehill), Jeff Corey (Tom Chaney), John Fiedler (Anwalt Daggett), James Westerfield (Richter Parker), John Doucette (Sheriff), Ron Soble (Captain Boots Finch), Donald Woods (Barlow), Edith Atwater (Mrs. Floyd), Carlos Rivas (Dirty Bob), Isabel Boniface (Mrs. Bagby), H. W. Gim (Chen Lee), John Pikkard (Frank Ross), Elizabeth Harrower (Mrs. Ross), Ken Renard (Yarnell), Jay Ripley (Harold Parmalee), Kenneth Becker (Farrell Parmalee).

John Wayne als einäugiger trunksüchtiger Haudegen Rooster Cogburn, der einem Mädchen hilft, den Mörder ihres Vaters zu verfolgen.

Länge 128 Minuten. *Uraufführung* 11.6.1969.

THE UNDEFEATED
Deutscher Titel **Die Unbesiegten**
Produktion 20th Century-Fox (Robert L. Jacks). *Regie* Andrew V. McLaglen. *Buch* James Lee Barrett (nach einer Story von Stanley L. Hough). *Kamera* (Panavision, Color by DeLuxe) William H. Clothier.

*Und wieder einmal als draufgängerischer Haudegen: John Wayne als Co-
lonel Henry Thomas in ›The Undefeated/Die Unbesiegten‹, 1969.*

Musik Hugo Montenegro. *Production Design* Carl Anderson. *Bauten*
Walter M. Scott, Chester L. Bayhi. *Schnitt* Robert Simpson. *Regieassi-
stenz* Jack Cunningham. *Stunt Coordinator* Hal Needham. *Special effects*
Art Cruickshank, L. B. Abbott. *Make-up* David Grayson. *Ton* Richard
Overton.

Darsteller JOHN WAYNE (Colonel John Henry Thomas), Rock Hudson (Colonel James Langdon), Antonio Aguilar (General Rojas), Roman Gabriel (Blue Boy), Marian McCargo (Ann Langdon), Lee Meriwether (Margaret Langdon), Merlin Olsen (Little George), Bruce Cabot (Jeff Newby), Jan-Michael Vincent (Bubby Wilkes), Ben Johnson (Short Grub), Edward Faulkner (Anderson), Harry Carey jr. (Webster), Paul Fix (General Masters), Royal Dano (Major Sanders), Richard Mulligan (Dan Morse), Carlos Rivas (Diaz), John Agar (Christian), Big John Hamilton (Mudlow), Dub Taylor (McCartney), Pedro Armendariz jr. (Escalante), Melissa Newman (Charlotte Langdon), Guy Raymond (Giles), Don Collier (Goodyear), Henry Beckman (Thad Benedict), Victor Junco (Major Tapia), James Dobson (Jamison), Rudy Diaz (Sanchez), Robert Donner (Judd Mailer), Gregg Palmer (Parker), Richard Angarola (Pétain), James McEachin (Jimmy Collins), Juan Garcia (Colonel Gomez), Kiel Martin (Bote), Bob Gravage (Joe Hicks).

John Wayne als Nordstaatencolonel, der zusammen mit einem Konföderiertencolonel kurz nach dem amerikanischen Bürgerkrieg in die mexikanische Revolution verwickelt wird.

Länge 119 Minuten. *Uraufführung* 4.10.1969.

1970

CHISUM

Deutscher Titel **Chisum**

Produktion Batjac (Michael Wayne für JOHN WAYNE)/Warner Brothers (Andrew J. Fenady). *Regie* Andrew V. McLaglen. *Buch* Andrew J. Fenady. *Kamera* (Panavision, Technicolor) William H. Clothier. *2. Kamera* George Nogle. *Musik* Dominic Frontiere. *Liedtexte* Norman Gimbel, Andrew J. Fenady (gesungen von Merle Haggard). *Musikalische Leitung* Sonny Burke. *Production Design* Carl Anderson. *Bauten* Ray Moyer. *Schnitt* Robert Simpson. *Regieassistenz* Fred R. Simpson. *Stunt Coordinator* Cliff Lyons. *Special effects* Howard Jensen. *Make-up* David Grayson. *Ton* John Ferguson. *Produktionsleitung* Joseph C. Behm.

Darsteller JOHN WAYNE (John Chisum), Forrest Tucker (Lawrence Murphy), Christopher George (Dan Nodeen), Pamela McMyler (Sally Chisum), Geoffrey Deuel (Billy the Kid), Ben Johnson (James Pepper), Glenn Corbett (Pat Garrett), Bruce Cabot (Sheriff Brady), Richard Jaeckel (Jess Evans), Andrew Prine (Alex McSween), Patric Knowles (John Tunstall), Lynda Day (Sue McSween), John Agar (Patton), Ray Teal (Richter Wilson), Lloyd Battista (Neemo), Robert Donner (Morton), Edward Faulkner (Dolan), Ron Soble (Bowdre), Abraham Sofaer (White Buffalo), Alberto Morin (Delgado), William Bryant (Jeff), John Mitchum (Baker), Glenn Langan (Dudley), Alan Baxter (Gouverneur Axtell), Pedro Armendariz jr. (Ben), Christopher Mitchum (O'Folliard), Gregg Palmer (Riker), Trinidad Villa (Schmied), Josh McLaglen, Mari McLaglen, John Pickard.

John Wayne als größter Viehzüchter und Rancher New Mexikos, der zusammen mit Pat Garrett und Billy the Kid gegen einen skrupellosen Bankier kämpft.

Länge 111 Minuten. *Uraufführung* 24.6.1970.

RIO LOBO

Deutscher Titel **Rio Lobo**

Produktion Malabar/Cinema Center Films (Howard Hawks, Paul Helmick). *Regie* Howard Hawks. *Buch* Burton Wohl. Leigh Brackett. *Kamera* (Technicolor) William H. Clothier. *2. Kamera* William Dodds. *Musik* Jerry Goldsmith. *Production Design* Robert E. Smith. *Bauten* William Kiernan. *Schnitt* John Woodcock. *Second Unit-Regie* Yakima Canutt. *Regieassistenz* Mike Moder. *Special effects* A. D. Flowers, Clifford Wenger. *Make-up* Monte Westmore, David Grayson. *Ton* John Carter.

Darsteller JOHN WAYNE (Cord McNally), Jorge Rivero (Pierre Cordona), Jennifer O'Neill (Shasta Delaney), Jack Elam (Phillips), Victor French (Ketcham), Chris Mitchum (Tuscarora), Susana Dosamantes (Maria Carmen), Mike Henry (Sheriff Hendricks), David Huddleston (Dr. Jones), Edward Faulkner (Lieutenant Harris), Robert Donner (Whitey Carter), Jim Davis (Riley), Red Morgan (Zugführer), Hank Worden (Hotelportier), Chuck Roberson (Korporal), Bob Steele (Hilfssheriff), Bill Williams (Sheriff Cronin), Sherry Lansing (Amelita), Dean Smith (Bitey), Peter Jason (Lieutenant Forsythe), Robert Rothwell, Chuck Courtney, George Plimpton (Lynchkommando), William Byrne (Maschinist), Don »Red« Barry, John Ethan Wayne, José Angel Espinosa, Anthony Sparrow Hawk, Charlie Longfoot, Frank Kennedy, John McKee, Stanley Corson, Chuck Hayward, Sandra Currie, Jim Prejean, Danny Sands, Harold Cops.

John Wayne als Nordstaatencolonel, der nach dem Bürgerkrieg zusammen mit einem Südstaatenoffizier den Schuldigen für einen Raubüberfall und die Ermordung eines Freundes sucht.

Länge 114 Minuten. *Uraufführung* 16.12.1970.

1971

BIG JAKE

Deutscher Titel **Big Jake**

Produktion Batjac (Michael Wayne für JOHN WAYNE)/20th Century-Fox. *Regie* George Sherman. *Buch* Harry Julian Fink, R. M. Fink. *Kamera* (Panavision, Technicolor) William H. Clothier. *Musik* Elmer Bernstein. *Bauten* Ray Moyer. *Special effects* Albert Whitlock. *Titel Design* Wayne Fitzgerald. *Production Design* Carl Anderson. *Schnitt* Harry

In ›Big Jake‹, 1971, spielte John Wayne zum letzten Mal mit Maureen O'Hara zusammen.

Gerstad. *Second Unit-Regie* Cliff Lyons.
Darsteller JOHN WAYNE (Jacob McCandles), Richard Boone (John Fain), Maureen O'Hara (Martha McCandles), Patrick Wayne (James McCandles), Chris Mitchum (Michael McCandles), Bobby Vinton (Jeff McCandles), Bruce Cabot (Sam Sharpnose), Glenn Corbett (O'Brien), Harry Carey jr. (Dawson), John Doucette (Buck Dugan), John Ethan Wayne (Jack McCandles), John Agar (Bert Ryan), Jim Davis (Anführer des Lynchkommandos), Jerry Gatlin, Roy Jenson, Virginia Capers, John McLiam, Dean Smith, Hank Worden, Chuck Roberson.

294

John Wayne als Rancher, dessen Anwesen von Verbrechern überfallen und dessen Enkel von ihnen entführt werden.
Länge 110 Minuten. *Uraufführung* Juni 1971.

1972

THE COWBOYS
Deutscher Titel **Die Cowboys**
Produktion Sanford/Warner Brothers (Mark Rydell). *Regie* Mark Rydell. *Buch* Irving Ravetch, Harriet Frank jr., William Dale Jennings (nach dem gleichnamigen Roman von William Dale Jennings). *Kamera* (70-mm-Panavision, Technicolor) Robert L. Surtees. *Musik* John Williams. *Production Design* Philip Jefferies. *Schnitt* Robert Swink, Neil Travis. *Second Unit-Regie* Robert »Buzz« Henry.
Darsteller JOHN WAYNE (Will Andersen), Roscoe Lee Browne (Jebediah Nightlinger), Bruce Dern (Long Hair), Robert Carradine (Slim Honeycutt), A. Martinez (Cimarron), Alfred Barker jr. (Singing Fats), Nicolas Beauvy (Four Eyes), Steve Benedict (Steve), Norman Howell jr. (Wedy), Stephen Hudis (Charlie Schwartz), Slim Pickens, Colleen Dewhurst, Lonny Chapman, Charles Tyner, Sarah Cunningham.
John Wayne als Viehzüchter, der ein paar Jungen als Viehtreiber für einen Treck ausbilden muß, da ihn seine Cowboys wegen des Goldrausches verlassen haben.
Länge 128 Minuten. *Uraufführung* Januar 1972.

CANCEL MY RESERVATION
Produktion Naho/Warner Brothers. *Regie* Paul Bogart. *Darsteller* Bob Hope, Eva Marie Saint, Ralph Bellamy, JOHN WAYNE.
John Wayne hat einen Gastauftritt in einer Traumsequenz.
Länge 99 Minuten. *Uraufführung* September 1972.

1973

THE TRAIN ROBBERS
Deutscher Titel **Dreckiges Gold**
Produktion Batjac (Michael Wayne für JOHN WAYNE)/Warner-Columbia. *Regie* Burt Kennedy. *Buch* Burt Kennedy. *Kamera* (Panavision, Technicolor) William H. Clothier. *Musik* Dominic Frontiere. *Production Design* Alfred Sweeney. *Stunt Coordinator* Cliff Lyons. *Special effects* Howard Jensen.
Darsteller JOHN WAYNE (Lane), Ann-Margret (Mrs. Lowe). Rod Taylor (Grady), Ben Johnson (Jesse), Christopher George (Calhoun), Ricardo Montalban (Pinkertons Detektiv), Bobby Vinton (Ben), Jerry Gatlin (Sam).

Muß mit elf Halbwüchsigen einen schwierigen und gefährlichen Viehtreck durchstehen: John Wayne als Will Andersen in ›The Cowboys/Die Cowboys‹, 1972.

John Wayne als alternder Gunfighter, der von einer jungen Witwe engagiert wird, die Beute aus einem Eisenbahnraub ihres Mannes aufzufinden.
Länge 92 Minuten. *Uraufführung* Februar 1973.

Ein alternder Revolvermann: John Wayne in ›The Train Robbers/Drecki-ges Gold‹, 1973.

CAHILL, UNITED STATES MARSHAL
Deutscher Titel **Geier kennen kein Erbarmen**
Produktion Batjac (Michael Wayne für JOHN WAYNE)/Warner-Colum-
bia. *Regie* Andrew V. McLaglen. *Buch* Harry Julian Fink, Rita M. Fink
(nach einer Story von Barney Slater). *Kamera* (Panavision, Technicolor)
Joseph Biroc. *Musik* Elmer Bernstein (gesungen von Charlie Rich).

297

Liedtexte Don Black. *Production Design* Walter Simonds. *Schnitt* Robert L. Simpson.

Darsteller JOHN WAYNE (J. D. Cahill), George Kennedy (Abe Fraser), Gary Grimes (Danny Cahill), Neville Brand (Lightfoot), Clay O'Brien (Billy Joe Cahill), Marie Windsor (Mrs. Hetty Green), Dan Vadis (Brownie), Royal Dano (MacDonald), Hank Worden (Albert), Harry Carey jr. (Hank), Paul Fix (alter Mann), Chuck Roberson (Bandenführer), Morgan Paull (Struther), Scott Walker (Ben Tildy), Jackie Coogan, Denver Pyle, Walter Barnes, Rayford Barnes, Ken Wolper, Dan Kemp, Pepper Martin, Vance Davis.

John Wayne als US-Marshal und Vater zweier minderjähriger Söhne, die einem Gauner bei einem Banküberfall helfen.

Länge 103 Minuten. *Uraufführung* Juli 1973.

1974

McQ
Deutscher Titel **McQ schlägt zu**
Produktion Levy-Gardner-Batjac (Michael Wayne für JOHN WAYNE)/ Warner-Columbia (Lawrence Roman). *Regie* John Sturges. *Buch* Lawrence Roman. *Kamera* (Panavision, Technicolor) Harry Stradling jr. *Musik* Elmer Bernstein. *Production Design* Walter Simonds. *Schnitt* Bill Ziegler. *Second Unit-Regie* Ron R. Rondell.

Darsteller JOHN WAYNE (Lon McQ), Eddie Albert (Captain Ed Kosterman), Diana Muldaur (Lois Boyle), Colleen Dewhurst (Myra), Clu Gulager (Franklin Toms), David Huddleston (Edward »Pinky« Farrow), Al Lettieri (Manny Santiago), Roger E. Mosley (Rosey), William Bryant (Sergeant Stan Boyle), Julie Adams (Elaine Forrester), Jim Watkins (J. C. Davis), Kim Sandford (Ginger), Joe Tornatore (LaSalle).

John Wayne als Detective-Lieutenant der Polizei von Seattle, der unerbittlich mit dem Boß einer Rauschgiftbande abrechnet.

Länge 111 Minuten. *Uraufführung* 6.2.1974.

1975

BRANNIGAN
Deutscher Titel **Brannigan – ein Mann aus Stahl**
Produktion United Artists (Michael Wayne)/Wellborn (Jules Levy, Arthur Gardner). *Regie* Douglas Hickox. *Buch* Christopher Trumbo, Michael Butler, William P. McGivern, William Norton. *Kamera* (Panavision, Color by DeLuxe) Gerry Fisher. *Musik* Dominic Frontiere. *Production Design* Ted Marshall. *Schnitt* Malcolm Cooke.

Darsteller JOHN WAYNE (Brannigan), Richard Attenborough (Sir Charles Swann), Mel Ferrer (Mel Fields), Judy Geeson (Detective Sergeant Jennifer Thatcher), John Vernon (Ben Larkin), James Booth (Charlie the Handle), Anthony Booth (Freddy), Daniel Pilon (Gorman), John Stride (Traven), Del Henney (Drexel), Lesley-Anne Down, Jack Watson, Brian Glover, Ralph Meeker.

John Wayne als amerikanischer Polizist, der einen von Scotland Yard festgenommenen Verbrecher nach Chicago zurückbringen soll, wobei er mit sehr unkonventionellen Methoden vorgeht.

Länge 111 Minuten. *Uraufführung* März 1975.

ROOSTER COGBURN

Weiterer US-Titel **ROOSTER COGBURN AND THE LADY**

Deutscher Titel **Mit Dynamit und frommen Sprüchen** *auch* **Rooster Cogburn**

Produktion Universal-CIC (Hal. B. Wallis). *Regie* Stuart Millar. *Buch* Martin Julien (nach »True Grit« von Charles Portis). *Kamera* (Panavision, Technicolor) Harry Stradling jr., Rexford Merz. *Musik* Laurence Rosenthal. *Production Design* Preston Ames. *Schnitt* Robert Swink. *Second Unit-Regie* Michael Moore. *Special effects* Jack McMasters.

Darsteller JOHN WAYNE (Rooster Cogburn), Katharine Hepburn (Eula Goodnight), Anthony Zerbe (Breed), Richard Jordan (Hawk), John McIntire (Richter Parker), Strother Martin (McCoy), Paul Koslo (Luke), Jack Colvin (Red), Jon Lormer (Rev. Goodnight), Richard Romancito (Indianerjunge).

John Wayne wieder als Marshal Cogburn, der mit der ältlichen Tochter eines ermordeten Pastors die Verfolgung der Banditen aufnimmt.

Länge 108 Minuten. *Uraufführung* 1975.

1976

THE SHOOTIST

Deutscher Titel **Der Scharfschütze** *auch* **Der letzte Scharfschütze**

Produktion Dino de Laurentiis/CIC (Michael J. Frankovich, William Self). *Regie* Don Siegel. *Buch* Miles Hood Swarthout, Scott Hale (nach dem gleichnamigen Roman von Glendon Swarthout). *Kamera* (Technicolor) Bruce Surtees, Tom Del Ruth. *Musik* Elmer Bernstein. *Production Design* Robert Boyle. *Schnitt* Douglas Stewart. *Special effects* Augie Lohman. *Kostüme* Edna Taylor. *Make-up* Joe di Bella.

Darsteller JOHN WAYNE (John Bernard Books), Lauren Bacall (Bond Rogers), James Stewart (Dr. Hostetler), Ron Howard (Gillom Rogers), Richard Boone (Sweeney), Hugh O'Brian (Pulford), Henry »Harry« Morgan (Marshal Thibido), John Carradine (Beckum), Sheree North

(Serepta), Scatman Crothers (Moses), Bill McKinney (Cobb), Richard Lenz (Dobkins), Gregg Palmer (stämmiger Mann), Alfred Dennis (Barbier), Kathleen O'Malley, Melody Thomas, Dick Winslow.
John Wayne als krebskranker alter Gunfighter, der seine letzten Tage in Carson City beschließen will und zuletzt das Duell mit einigen Revolverhelden sucht, die sich durch seine Ermordung auszeichnen wollen.
Länge 100 Minuten. *Uraufführung* 1976.

John Wayne als krebskranker Revolverheld in seinem letzten Film ›The Shootist/Der Scharfschütze‹, 1976.

John Wayne im Fernsehen

1955

ROOKIE OF THE YEAR

Produktion Screen Director's Playhouse. *Regie* John Ford.
Darsteller JOHN WAYNE, Patrick Wayne, Vera Miles, Ward Bond.
John Wayne als Reporter, der die Wahrheit um einen einst berühmten
Baseballspieler verschweigt.
Erstausstrahlung Dezember 1955.

1960

THE COLTER CRAVEN STORY
Regie John Ford. *Darsteller* Ward Bond, Carleton Young, John Carradine, Hank Worden, JOHN WAYNE (unter dem Pseudonym Michael Morris).

Ein Kostüm, in dem er sich nicht so ganz wohl fühlte: John Wayne als Osterhase in einer US-Fernsehshow.

John Wayne als General Sherman, in einer Folge der TV-Serie »Wagon Train«.
Erstausstrahlung 23.11.1960.

1962

FLASHING SPIKES
Produktion Alcoa Premiere. *Regie* John Ford. *Darsteller* JOHN WAYNE, James Stewart, Patrick Wayne, Harry Carey jr.
John Wayne als Sergeant im Koreakrieg.
Erstausstrahlung 4.10.1962.

1970

SING OUT SWEET LAND
John Wayne als Gastgeber einer amerikanischen Folklore-Show, die u. a. von Johnny Cash, Bing Crosby und Ricky Nelson bestritten wird.
Erstausstrahlung November 1970.

Weiters einige Gastauftritte in Shows wie »Laugh-In«, »I Love Lucy« (Lucille Ball Show), »Dean Martin Show«.

John Wayne als Produzent

(Filme, die von John Wayne's eigener Firma produziert wurden, in denen er aber nicht mitgespielt hat).

1951

BULLFIGHTER AND THE LADY
Produktion Republic (JOHN WAYNE). *Regie* Budd Boetticher. *Buch* James Edward Grant (nach einer Story von Budd Boetticher und Ray Nazzaro). *Kamera* Jack Draper. *Musik* Victor Young. *Production Design* Alfred Ybarra. *Schnitt* Richard L. van Enger.
Darsteller Robert Stack, Gilbert Roland, Joy Page.
Länge 87 Minuten. *Uraufführung* 15.5.1951.

1953

PLUNDER OF THE SUN
Deutscher Titel **Das geheimnisvolle Testament**
Produktion WAYNE-Fellows (Robert M. Fellows). *Regie* John Farrow. *Buch* Jonathan Latimer (nach dem gleichnamigen Roman von David Dodge). *Kamera* Jack Draper. *Musik* Antonio D. Conde. *Production Design* Alfred Ybarra. *Schnitt* Harry Marker.
Darsteller Glenn Ford, Patricia Medina, Diana Lynn.
Länge 81 Minuten. *Uraufführung* 29.8.1953.

1954

RING OF FEAR
Deutscher Titel **Gala-Premiere**
Produktion WAYNE-Fellows (Robert M. Fellows). *Regie* James Edward Grant. *Buch* Paul Fix, Philip MacDonald, James Edward Grant. *Kamera* (Cinemascope, Warnercolor), Edwin B. DuPar. *Musik* Emil Newman, Arthur Lange. *Schnitt* Fred MacDowell.
Darsteller Clyde Beatty, Pat O'Brien, Mickey Spillane.
Länge 93 Minuten. *Uraufführung* 24.7.1954.

TRACK OF THE CAT
Produktion WAYNE-Fellows (Robert M. Fellows). *Regie* William A. Wellman. *Buch* A. I. Bezzerides (nach dem gleichnamigen Roman von Walter van Tilburg Clark). *Kamera* (Cinemascope, Warnercolor) Wil-

liam H. Clothier. *Musik* Roy Webb. *Production Design* Alfred Ybarra.
Schnitt Fred MacDowell.
Darsteller Robert Mitchum, Teresa Wright, Diana Lynn, Tab Hunter.
Länge 102 Minuten. *Uraufführung* 27.11.1954.

1956

GOODBYE, MY LADY

Produktion Batjac (JOHN WAYNE). *Regie* William A. Wellman. *Buch*
Sid Fleischman (nach dem gleichnamigen Roman von James Street). *Kamera* William H. Clothier. *Musik* Laurindo Almeida, George Field. *Production Design* Donald A. Peters. *Schnitt* Fred MacDowell.
Darsteller Walter Brennan, Phil Harris, Brandon de Wilde.
Länge 95 Minuten. *Uraufführung* 12.5.1956.

SEVEN MEN FROM NOW
Deutscher Titel **Der Siebente ist dran**
Produktion Batjac (Andrew V. McLaglen, Robert E. Morrison). *Regie*
Budd Boetticher. *Buch* Burt Kennedy. *Kamera* (Warnercolor) William
H. Clothier. *Musik* Henry Vars. *Production Design* Leslie Thomas.
Schnitt Everett Sutherland.
Darsteller Randolph Scott, Gail Russell, Lee Marvin, Don »Red« Barry,
Stuart Whitman.
Länge 77 Minuten. *Uraufführung* 4.8.1956.

GUN THE MAN DOWN
Produktion Batjac (Robert E. Morrison). *Regie* Andrew V. McLaglen.
Buch Burt Kennedy (nach einer Story von Sam C. Freedle). *Kamera* William H. Clothier. *Musik* Henry Vars. *Production Design* Alfred Ybarra.
Darsteller James Arness, Angie Dickinson, Harry Carey jr.
Länge 78 Minuten. *Uraufführung* November 1956.

MAN IN THE VAULT
Deutscher Titel **Der Mann in der Gruft**
Produktion Batjac (Robert E. Morrison). *Regie* Andrew V. McLaglen.
Buch Burt Kennedy (nach »The Lock And The Key« von Frank Gruber). *Kamera* William H. Clothier. *Musik* Henry Vars. *Schnitt* Eddie Sutherland.
Darsteller William Campbell, Anita Ekberg, Karen Sharpe, Paul Fix.
Länge 73 Minuten. *Uraufführung* Dezember 1956.

1958

CHINA DOLL
Deutscher Titel **China-Doll**
Produktion Romina-Batjac (Robert E. Morrison). *Regie* Frank Borza-
ge. *Buch* Kitty Buhler (nach einer Story von James B. Nablo, Thomas F.
Kelly). *Kamera* William H. Clothier. *Musik* Henry Vars. *Schnitt* Jack
Murray.
Darsteller Victor Mature, Ward Bond. Li Li Hua, Bob Mathias.
Länge 85 Minuten. *Uraufführung* August 1958.

1959

ESCORT WEST
Deutscher Titel **Patrouille westwärts**
Produktion Romina-Batjac (Robert E. Morrison, Nate H. Edwards).
Regie Francis D. Lyon. *Buch* Leo Gordon, Fred Hartsook (nach einer
Story von Steven Hayes). *Kamera* (Cinemascope) William H. Clothier.
Musik Henry Vars. *Production Design* Alfred Ybarra. *Schnitt* Otto Lud-
wig.
Darsteller Victor Mature, Elaine Stewart.
Länge 75 Minuten. *Uraufführung* 1959.

1967

HONDO AND THE APACHES
Deutscher Titel **Hondo**
Produktion Batjac-Fenady (Robert E. Morrison, Andrew J. Fenady).
Regie Lee H. Katzin. *Buch* Andrew J. Fenady (nach einer Story von
James Edward Grant). *Kamera* (Metrocolor) Lester Shorr. *Musik* Ri-
chard Markowitz. *Schnitt* Melvin Shapiro. *Make-up* William Tuttle.
Darsteller Ralph Taeger, Michael Rennie, Robert Taylor, Noah Beery
jr., Gary Merrill, Jim Davis, John Smith.
Länge 85 Minuten. *Uraufführung* September 1967.

Register

A

Abbott und Costello 76, 92
Abertson, Frank 42
Adventure's End 60, 230
Agar, John 75
Agnew, Spiro 182, 193, 194
*Alamo, The 114, 116, 118 ff.,
   130 ff., 160, 163, 164, 270*
Albert, Eddie 186
Allegheny Uprising 64, 235
All the King's Men 78
Allyson, June 78
Andre, Tom 117
*Angel and the Badman, The 72,
   247*
Anne of the Thousand Days 174
Arias, Roberto Tito 134 ff., 154
Armendariz, Pedro 102
Attenborough, Richard 192
Autry, Gene 58
Avalon, Frank 116

B

Baby Face 219
Back to Bataan 245
Bacall, Laureen 102, 198
Bacon, James 148, 149
Bancroft, George 62
Bander, Martin 201
*Barbarian and the Geisha, The
   108, 266*
Bardot, Brigitte 9
Barton, Charles 61
Baur, Esperanza 68, 71, 91, 94,
   185

Beebe, Ford 53
Beetson, Frank 117
Berger, Senta 153
Berle, Milton 124
Best Man, The 195
Big Jake, 178, 293
Big Jim McLain 81, 82, 95, 257
Big Stampede 217
Big Trail, The 42, 48 ff., 62, 212
Birdwell, Russell 121, 131, 132
Blocker, Dan 178
Blondell, Joan 73
Blood Alley 102, 198, 260
Blue Steel 56, 222
Bogart, Humphrey 72, 78, 198,
   206
Bond, Ward 40, 57, 58, 66, 68,
   69, 76, 103
Boone, Richard 116
Born to the West 61, 230
Bosworth, Howard 38
Bradbury, Robert N. 57
Brando, Marlon 179
Brannigan 192 ff., 298
Brazzi, Rossano 104
Brennan, Walter 54
Brown, Mary Margaret 12
Brynner, Yul 153
Buchanan, Edgar 144
Buckley, Mortimer J. 201
*Bullfighter and the Lady,
   The 304*
Burton, Richard 174
Bushman, Francis jr.
Buttons, Red 134

C

Cabot, Bruce 134, 162
Cahill 181, 297
*California Straight Ahead 60,
   229*

HEYNE
FILMBIBLIOTHEK

Unvergeßliche
Stars
Große Filme
Geniale
Regisseure

32/112

32/134

32/113

32/50

32/109

32/101

32/111

32/108

HEYNE
FILMBIBLIOTHEK

*Unvergeßliche
Stars
Große Filme
Geniale
Regisseure*

32/126

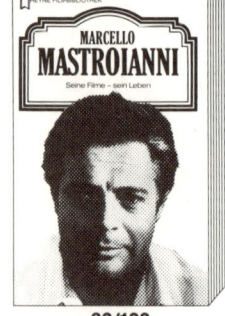

32/122

32/133

32/120

32/135

32/103

32/128

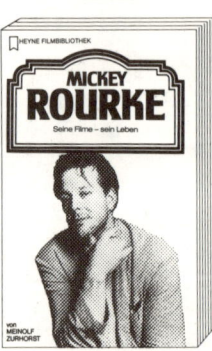

32/129

HEYNE
FILMBIBLIOTHEK

*Themenbände,
die sich mit
bestimmten
Filmarten,
wichtigen
Epochen und
Kategorien
beschäftigen.*

32/121

32/62

32/132

32/54

32/44

32/78

32/95

32/100

MOTTO:
HOCHSPANNUNG

Meisterwerke der internationalen Thriller-Literatur

50/33

50/6

01/8047

01/7754

01/6826

01/7927

01/6968

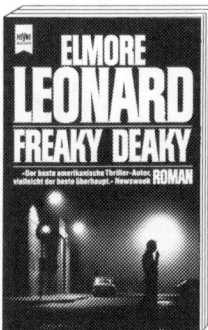

01/7938

TIP DES MONATS

Tip des Monats bringt große Romane großer Autoren als einmalige Sonderausgabe zum Aktionspreis.

2 Romane in einem Band

John **Saul**

Im Zeichen Kains
Das Gott-Projekt

Tip des Monats

23/50

3 Romane in einem Band

Alexandra **Cordes**

Geh vor dem letzten Tanz
Wenn die Drachen steigen
Und draußen blüht der Jacarandabaum

Tip des Monats

23/51

3 Romane in einem Band

Rambo

Die drei Bestseller von David Morrell zu den Filmen mit Sylvester Stallone

Tip des Monats

23/52

2 Romane in einem Band

Philippa Carr
besser bekannt als
Victoria Holt

Sturmnacht
Sarabande

Tip des Monats

23/53

2 Romane in einem Band

Eric Van **Lustbader**

Teuflischer Engel
Schwarzes Herz

Tip des Monats

23/54

3 Romane in einem Band

Barbara **Cartland**

Das Schloß der Liebe
Ein widerspenstiger Engel
Duell der Herzen

Tip des Monats

23/55

3 Romane in einem Band

Mary **Westmacott**
besser bekannt als
Agatha Christie

Das unvollendete Porträt
Spätes Glück
Singendes Glas

Tip des Monats

23/56

3 Romane in einem Band
von Felix Huby und Martin Gies

Götz George ist **Schimanski**

Der Waffenhändler
Zabou
Gebrochene Blüten

Tip des Monats

23/57